図解漬け物お国めぐり

春夏編

農文協　編

農文協

はじめに

雑誌「現代農業」では、1978年から「漬け物お国めぐり」を連載してきました。本書は、その第1回（1978年1月号）から第215回（2001年1月号）までを春夏編と秋冬編に分けてまとめたものです。四半世紀にわたり、全国の農家のお母さんたちが腕をふるってきた自慢の一品の集大成となりました。

春夏編は、山菜・みょうが・たけのこなど春の訪れを感じさせる野菜と、暑い夏を乗り切る梅・うり・きゅうり・なす・しそなどの野菜をおいしく食べる漬け物がメインです。他にもメロンやゴーヤー（にがうり）、ブルーベリーを使った漬け物も登場します。野菜だけではありません。イワシやイカを使った漬け物も多く、おかずにも酒肴にも向く品々が満載です。

豊かな旬の収穫を生かした漬け物たち。この先長く食べるための漬け物もあれば、今晩すぐに食べたいときの即席漬けもあります。

どうぞ、全国の農家の知恵と工夫を参考に、おいしくて安価で安全な手作り漬け物をご家庭で楽しんでください。

＊

それぞれの漬け物を紹介してくださったのは、全国の農家や農業改良普及センターの生活指導員など、地元の味を知り尽くした方々です。連載時は、所属やサークル名も記載していましたが、掲載から長期間を経て、異動や改変も多いことから、単行本化にあたってはそれぞれのお名前だけを掲載いたしました。

イラストは竹田京一さんと近藤泉さんです。竹田さんはこの連載のイラストを20年以上担当してきましたが、近藤さんにバトンタッチして、連載は現在も続いています。

なお、一部の漬け物については昭和初期の食事を聞き書きで再現した『日本の食生活全集』（全50巻）から作成しました。

2002年3月

社団法人　農山漁村文化協会

目　次

神奈川

新　潟

富　山

石　川

福　井

山　梨

長　野

岐　阜

静　岡

愛　知

三　重

滋　賀

京　都

大　阪

兵　庫

奈　良

和歌山

鳥　取

福　岡

佐　賀

長　崎

熊　本

大　分

宮　崎

鹿児島

沖　縄

索　引

北海道

即席漬け

たくあんときュウリのもみ漬

【材料】たくあん100g，小さめのキュウリ２本，ショウガ１かけら，塩，白ゴマ

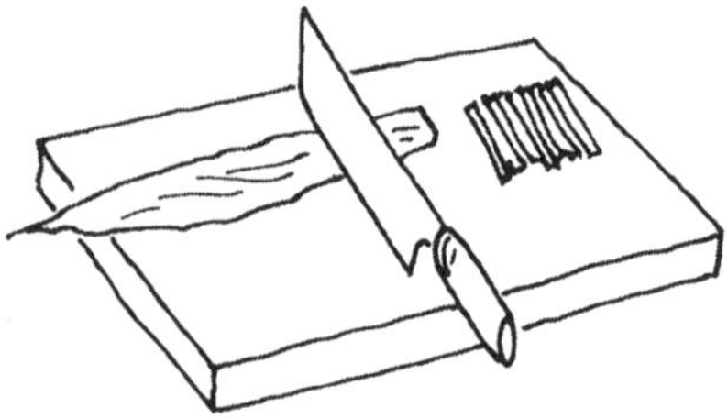

たくあんは皮をむき千切りにする。たくあんのにおいが強ければ，水洗いして水けをきる

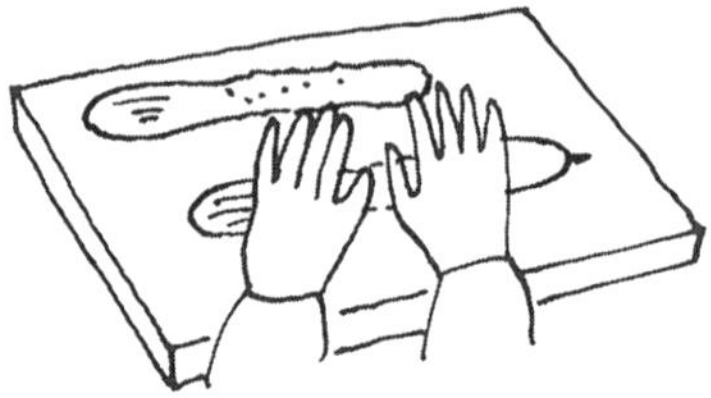

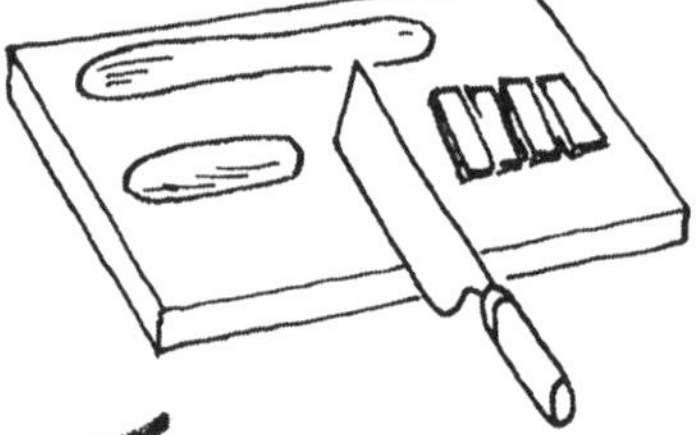

キュウリは塩をふって板ずりし，さっと洗って短冊切りに

たくあんとキュウリを混ぜて軽くもむ。千切りのショウガも混ぜる

器に盛ってから香ばしくいった白ゴマをふる

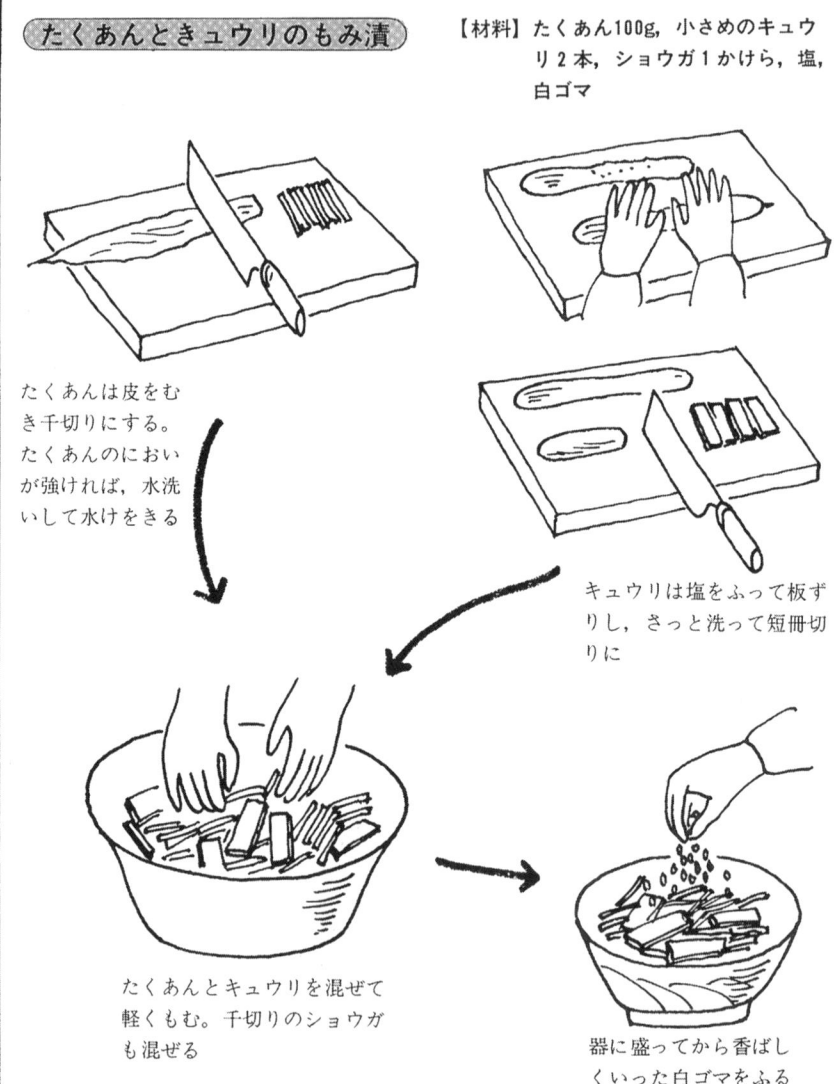

井上みよ

大根の切り漬・おかかまぶし

【材料】 大根400g，塩，しょう油，かつお節

塩（小サジ4分の3）

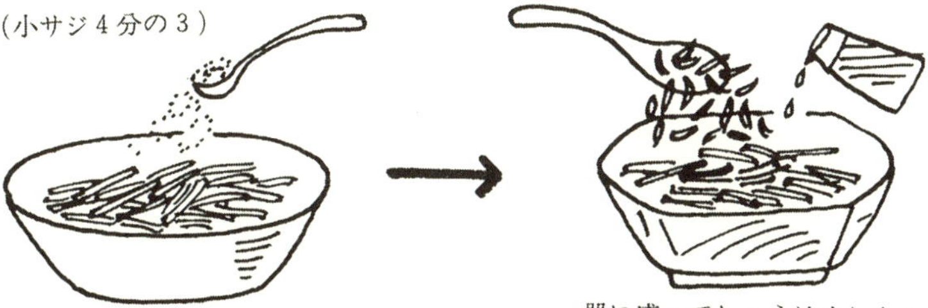

新鮮な大根をきれいに洗って皮をむく。千切りにして小サジ4分の3の塩をふり，軽くまぜしばらくおく。しんなりしたら水けをきる

器に盛ってしょう油少しをかけ，かつお節をまぶしていただく。食べる分だけつくる

スルメの切り漬（松前漬）

食事の支度《したく》に充分な時間がとれないとき，ぜひ利用したい“常備漬”です。何種類かつくっておくと便利です。

【材料】 スルメ5枚，ニンジン2本，こんぶ1本（10cm幅・長さ60cmくらい），しょう油

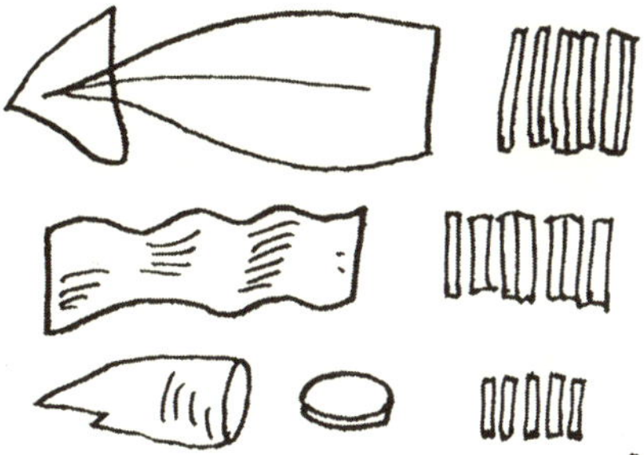

スルメ，ニンジン，こんぶをそれぞれ千切りにする

しょう油をカップ2杯半煮たたせ，冷やしておく

千切りにした材料を容器に入れ，しょう油をかけて5日ほど漬けておけばできあがり

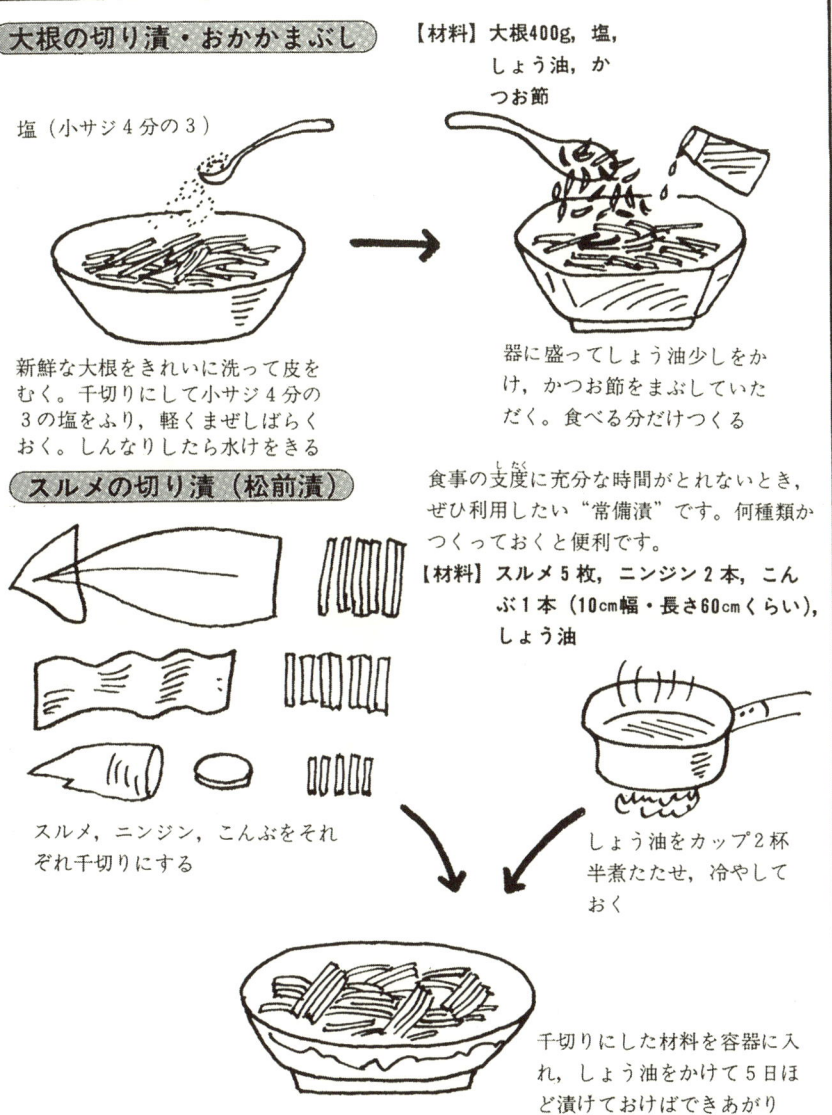

北海道

ふきの粕味噌漬け

雪がとけ始めると、黄色いふきのとうが芽を出し、田植えや畑の種おろしが終わる頃になると、フキやワラビの山菜の時期になります。どこの農家でもフキは塩蔵され、炒めもの煮物にと利用されます。ご紹介するのは、このフキを料理のほかに漬け物に使う方法です。この粕味噌漬けは、来客向けのお茶うけ、酒の肴にと調味料の調節を研究してできあがったものです。

下漬の材料

フキ	10kg
水	10 ℓ
塩	5kg

① フキは太いものを選ぶ
沢づたいによいものが採れる。

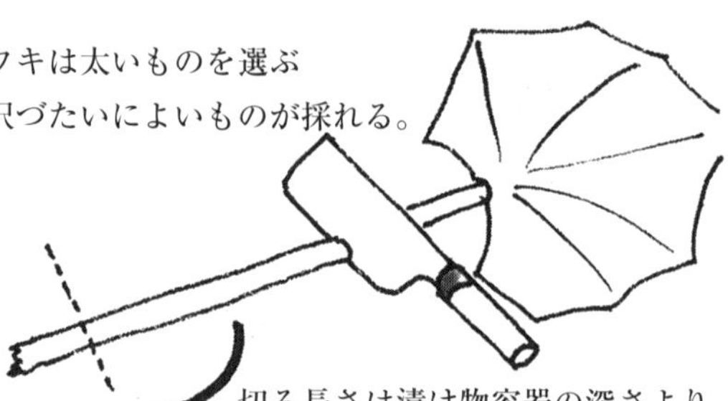

切る長さは漬け物容器の深さより10cm程短く切りそろえる。

② 容器にポリ袋を入れフキを立ててびっしり並べる。塩水をそそぎ込む。

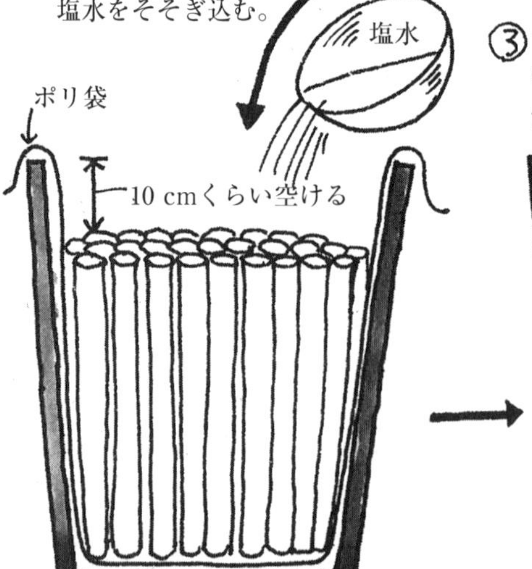
塩水
ポリ袋
10 cmくらい空ける

③ イタドリの葉を上ぶたとしてポリ袋の口をしばる。2〜3日するとスキ間ができてくるので新たなフキを補う。

イタドリでおおうとよい
（フキといっしょに採っておく）

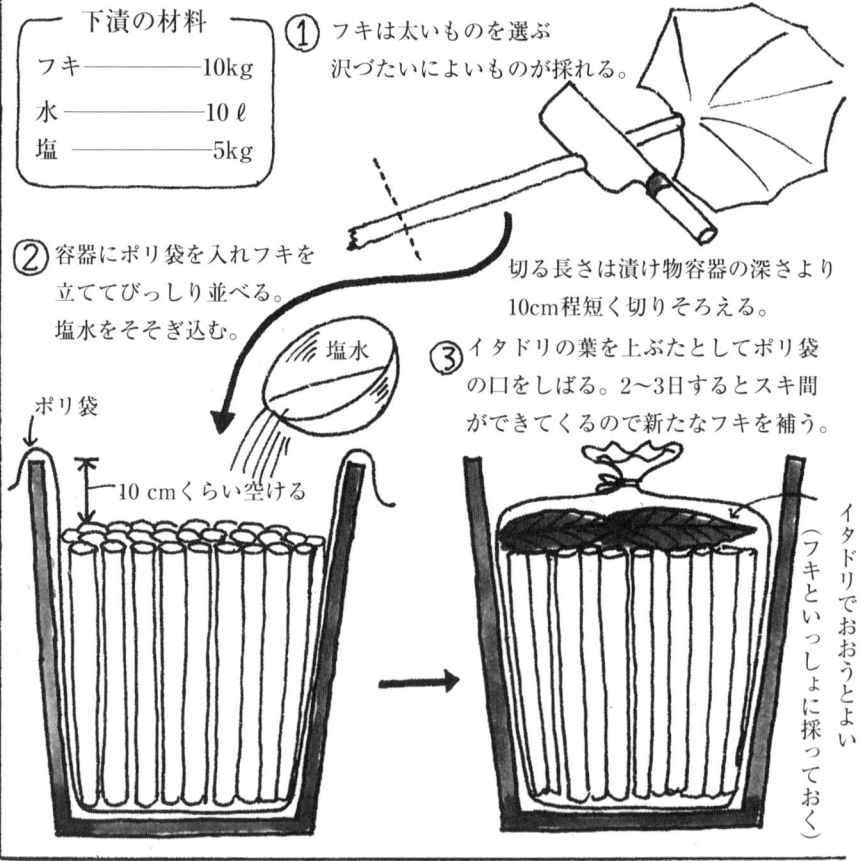

松岡寿津江
前田アイ

11月頃になったらいよいよ本漬け

本漬けの材料

皮をむいたフキ―8kg
ザラメ――――1kg
味噌――――1.5kg
酒粕――――2.0kg

① フキの皮をむいて水にさらす。

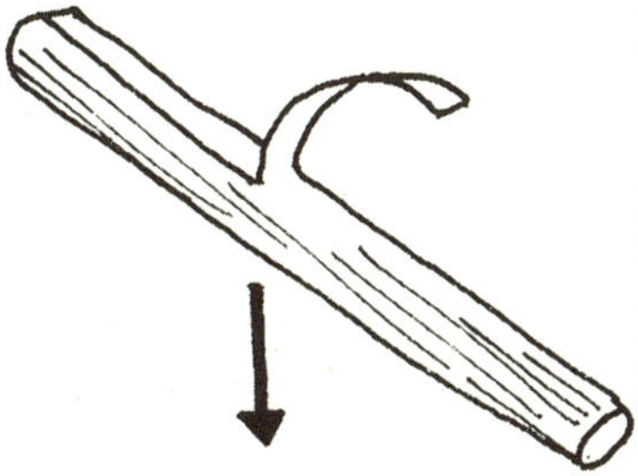

② ザルに上げて水切りを十分に行う。

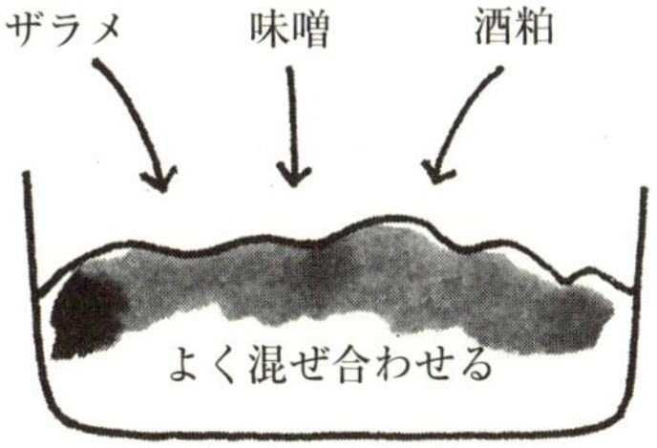
ザラメ
味噌
酒粕
よく混ぜ合わせる

本漬け用調味料

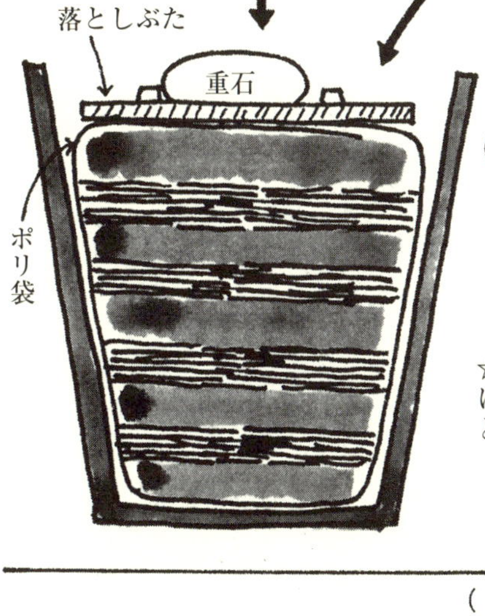
落としぶた
重石
ポリ袋

③ 仕込み
調味料とフキを交互に漬け込み、軽い重石をして保存。
本漬後10日頃より食べられる。

☆一度に多量に漬けずに、おいしいうちに食べ切れる8～10kgずつ本漬けにするとよい。

北海道　牛乳豆腐の味噌漬け

酪農王国北海道らしい「牛乳豆腐のみそ漬け」は北海道十勝管内足寄町梅田宏子さんの一品です。地域の特産物を上手に活かした農村ならではの味を、次の世代に伝えていく活動の中より生れたもの。一般的には初乳の牛乳豆腐として食べられておりますが、乳くささが残ります。そこでみそ漬けにしたところ、非常においしい新しい味のチーズもどきの一品となりました。

〈材料〉

牛乳（初乳）	4 ℓ
酢	大さじ2杯
みそ	適宜

子牛が生まれて4〜5日して搾った牛乳を火にかける。

沸とうさせないよう殺菌・加熱する。

酢を少しずつ加えてゆく。
豆腐つくりのようにふわふわと寄ってきて、液が澄んできたら

梅田宏子
鈴木浪江

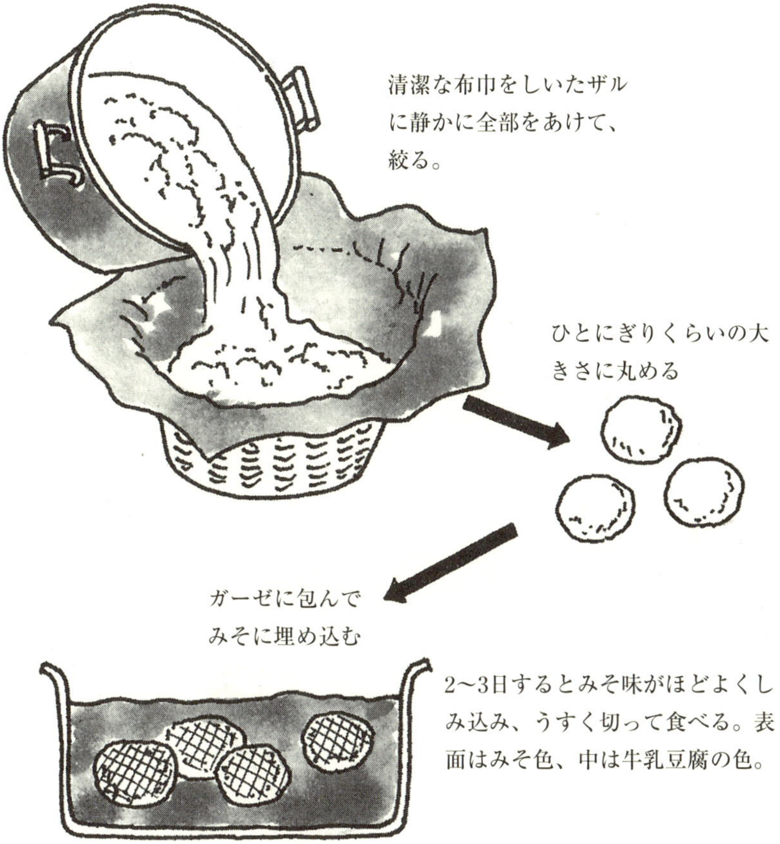
清潔な布巾をしいたザルに静かに全部をあけて、絞る。
ひとにぎりくらいの大きさに丸める
ガーゼに包んでみそに埋め込む
2〜3日するとみそ味がほどよくしみ込み、うすく切って食べる。表面はみそ色、中は牛乳豆腐の色。

つくり方のコツ

1.牛乳豆腐の固さは酢を加える時の牛乳の温度、絞り方などで異なるので、いろいろ工夫してください。
2.みその味をつけたいばあいは、みそにみりん、砂糖、酒、おろしショウガなどを加えて味に変化を与えます。

青森　キャベツの香り漬け

いかの町青森県八戸にはいかの珍味がたくさんあります。さきいかのくずものを使って漬けてみたら、味もよく、保存もきく漬け物になりました。年中漬けられます。

〈材料〉

下漬	キャベツ	4kg
	塩	140g
	水	5カップ
	にんじん	50g
	りんご	1コ
	いかの珍味	100g
	生姜	20g
	白ごま	大さじ1
	唐がらし	少々
	さとう	1/2カップ
	塩	少々
	3%の塩水	3カップ

〈漬け方〉

① きれいに洗ったキャベツを4つ割りにして塩水で下漬けする。

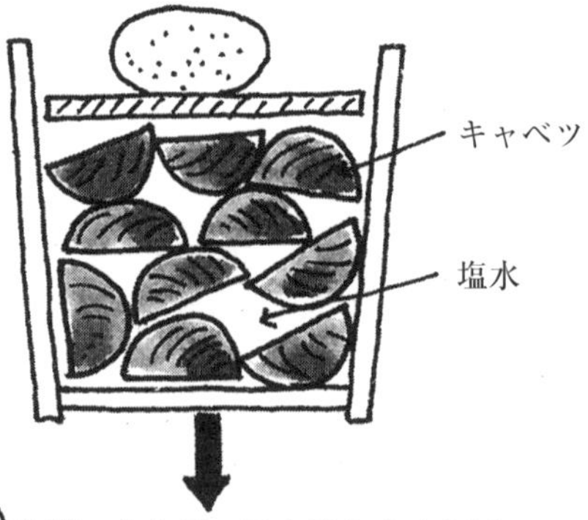

② 生姜、りんご、にんじんをせん切りにする。

山田フジエ
上田節子

③ 下漬けしてしんなりしたキャベツを水きりする。

④ 薬味をまぜ合わせる。

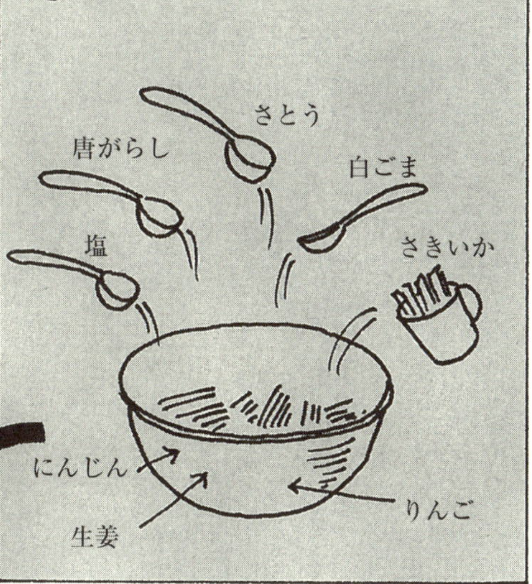

⑤ キャベツの間に薬味をはさんで外葉でつつむようにする。

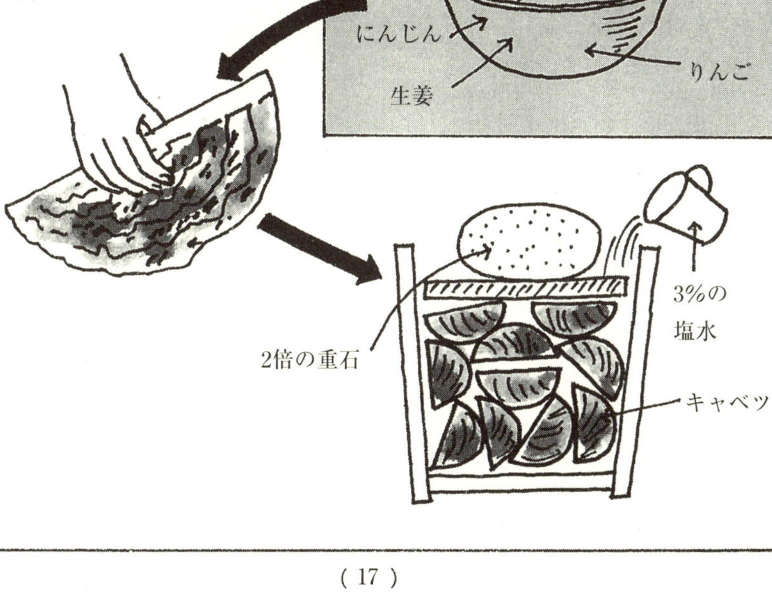

青森　たけのこずし

材料

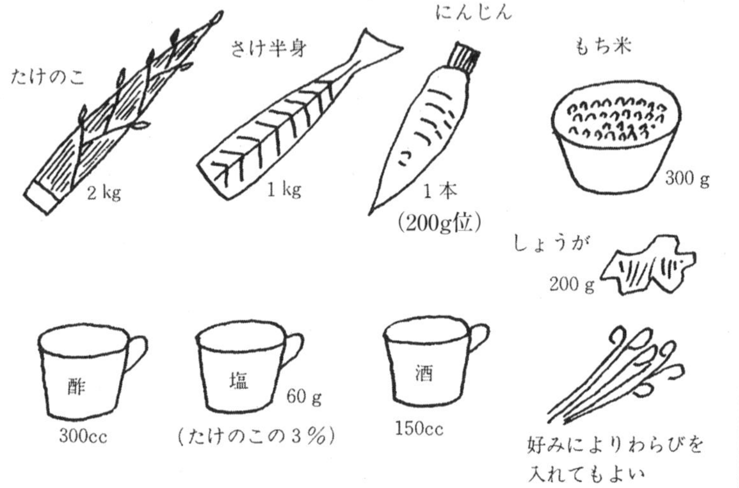

下ごしらえ

①さけの中骨，小骨，
皮をとり除く。

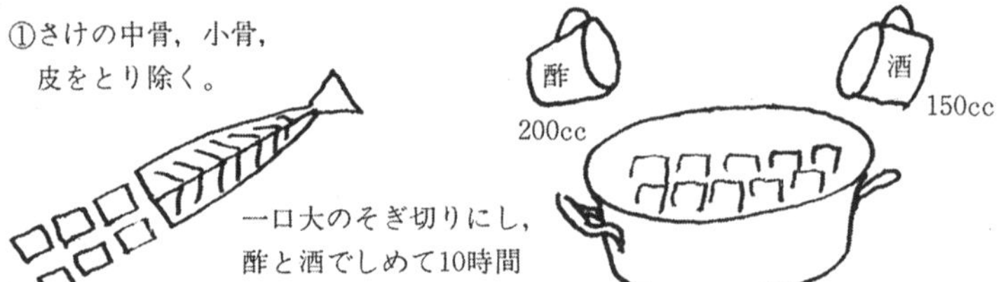

一口大のそぎ切りにし，
酢と酒でしめて10時間
ほどおく。

②たけのこの皮をむいて，ふしをとってから
さっとゆで，ザルにあげてさましておく。

③もち米を軟らかいごはん
のように炊きあげる。

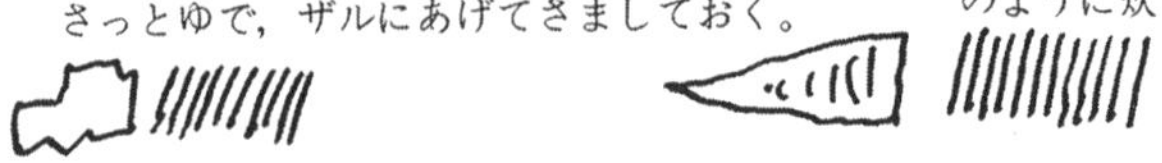

④しょうがとにんじんをそれぞれ千切りにする。

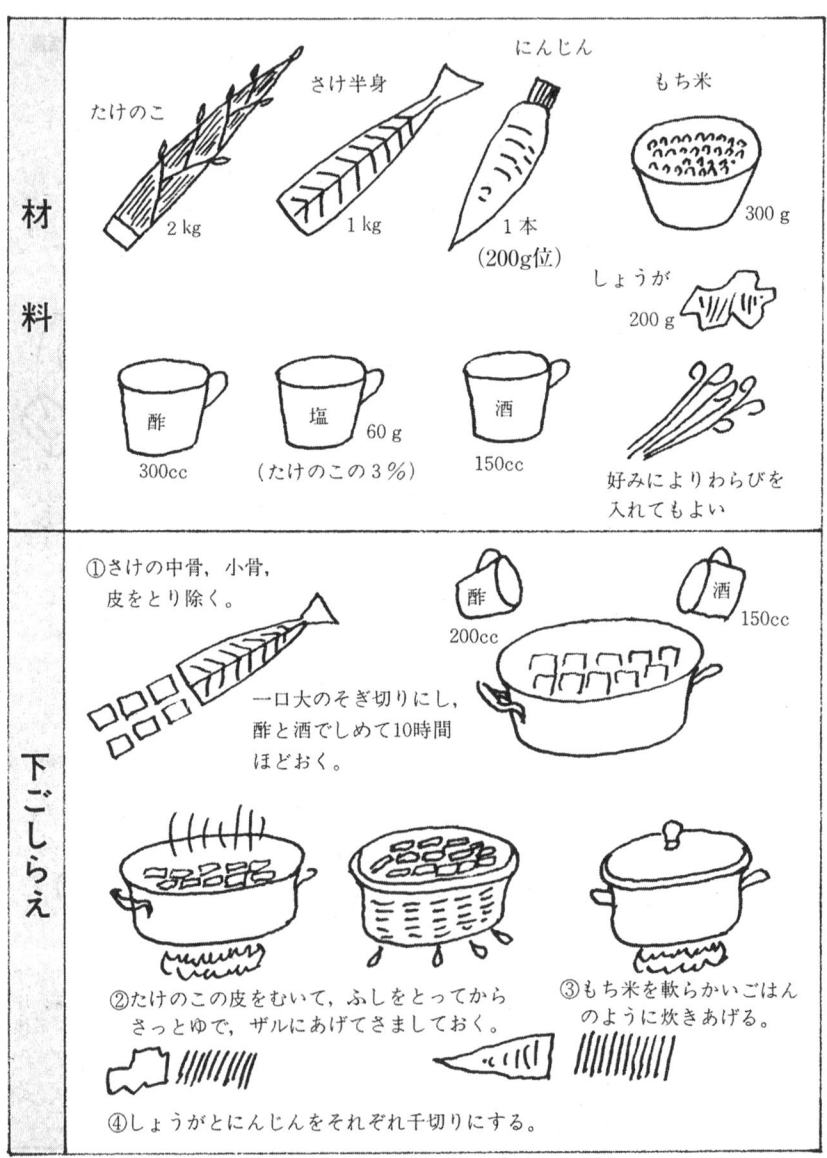

須郷良子

本漬け

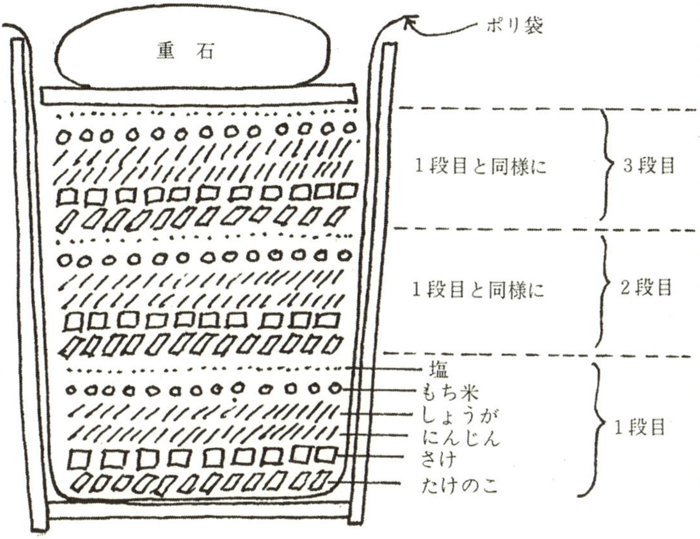

①樽にポリ袋を広げ，下からたけのこ，さけ，にんじん，しょうが，もち米ごはん，塩（さけの塩味に注意して少なめにする）小さじ2～3杯の順に入れる。2段目，3段目も同様に重ねる。(容器により段数はちがう)
②3～4段ぐらい重ねたら，残りの酢(100cc) をふりかける。ポリ袋でしめて，木のふたをし，材料の3～4倍の重石をして10～12時間ほどおく。

食べごろ

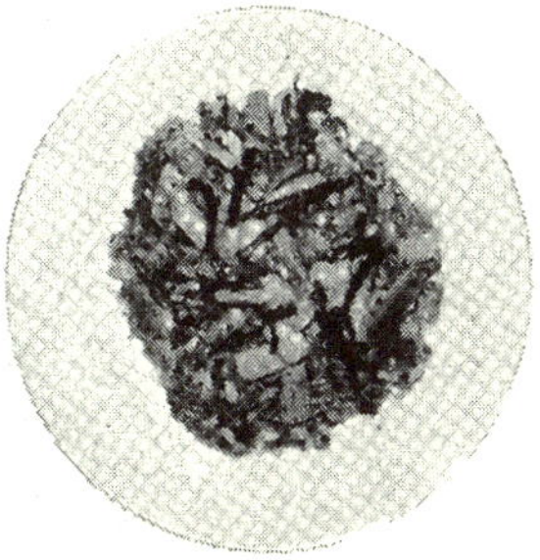

※水があがってくるので，その水を捨ててしまう。涼しい場所におくと3日目くらいが食べ頃である。その後は別の容器に移して冷蔵庫に入れると7～10日間保存できる。
※水があがって水を捨てたあとは，重石はいらない。

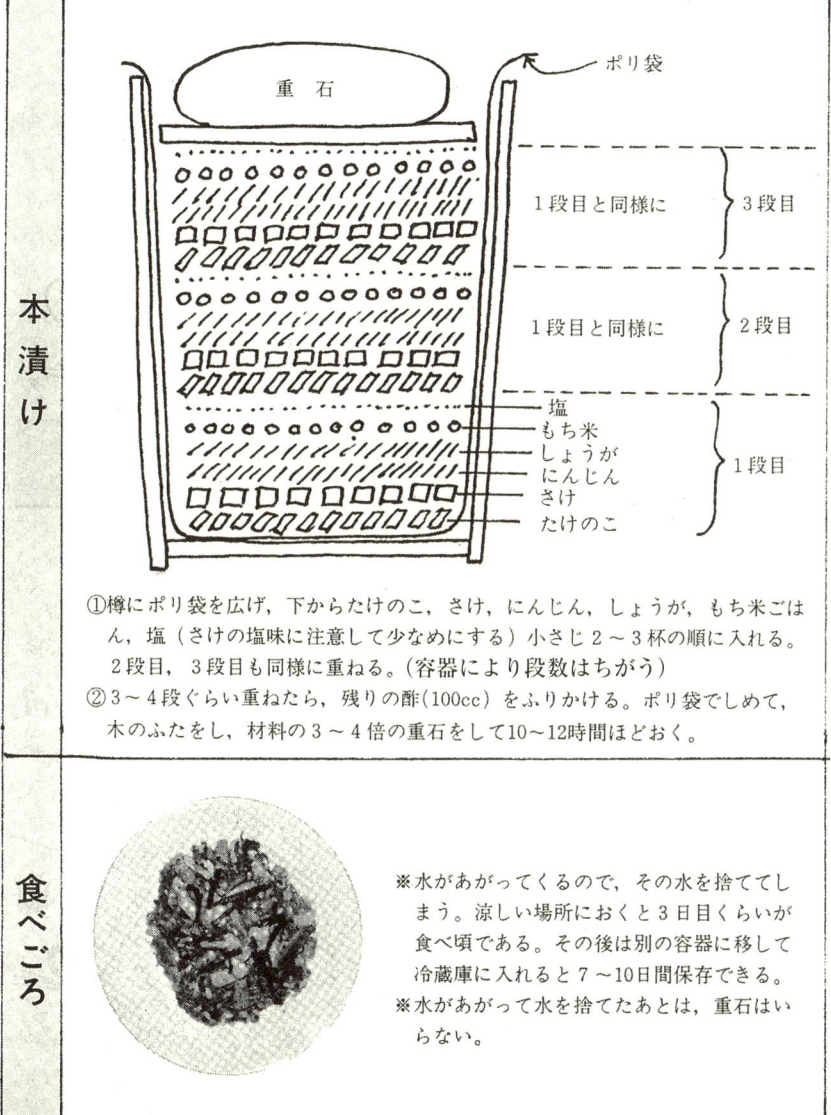

青森　きざみ梅

梅漬の塩分を減らし、若い人にも子供にも喜んで食べてもらえるように工夫して作ってみましたら皆に喜ばれました。希望者も多く販売もしています。

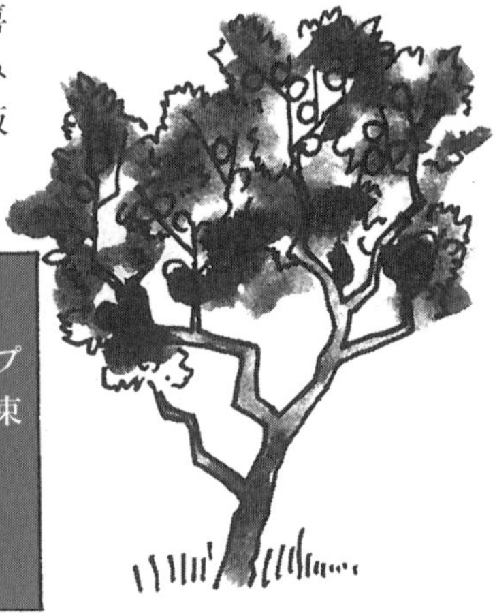

〈材料〉

少し色づいた梅	10kg	酢	1カップ
塩	1.2kg	しその葉	10束
ざらめ	2kg	梅酢	
はちみつ	1カップ		

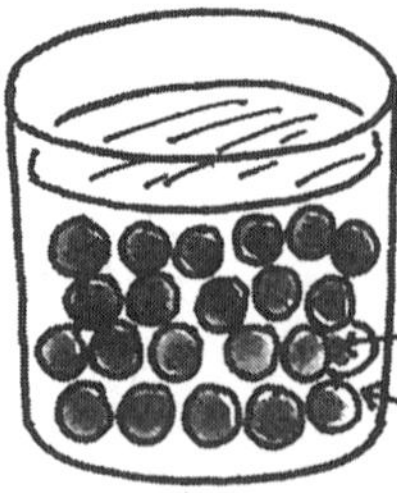

②きれいに洗った梅を3%の塩水に入れて一晩おく。

①しその葉はきれいに洗ってせん切りにする。これに梅酢を少しかけてよくもんでぎっちりしぼってアクをとる。それにまた梅酢をかけてつけておく。

③梅を2つ割りにして種子をとり水をきる。

山田フジエ
上田節子

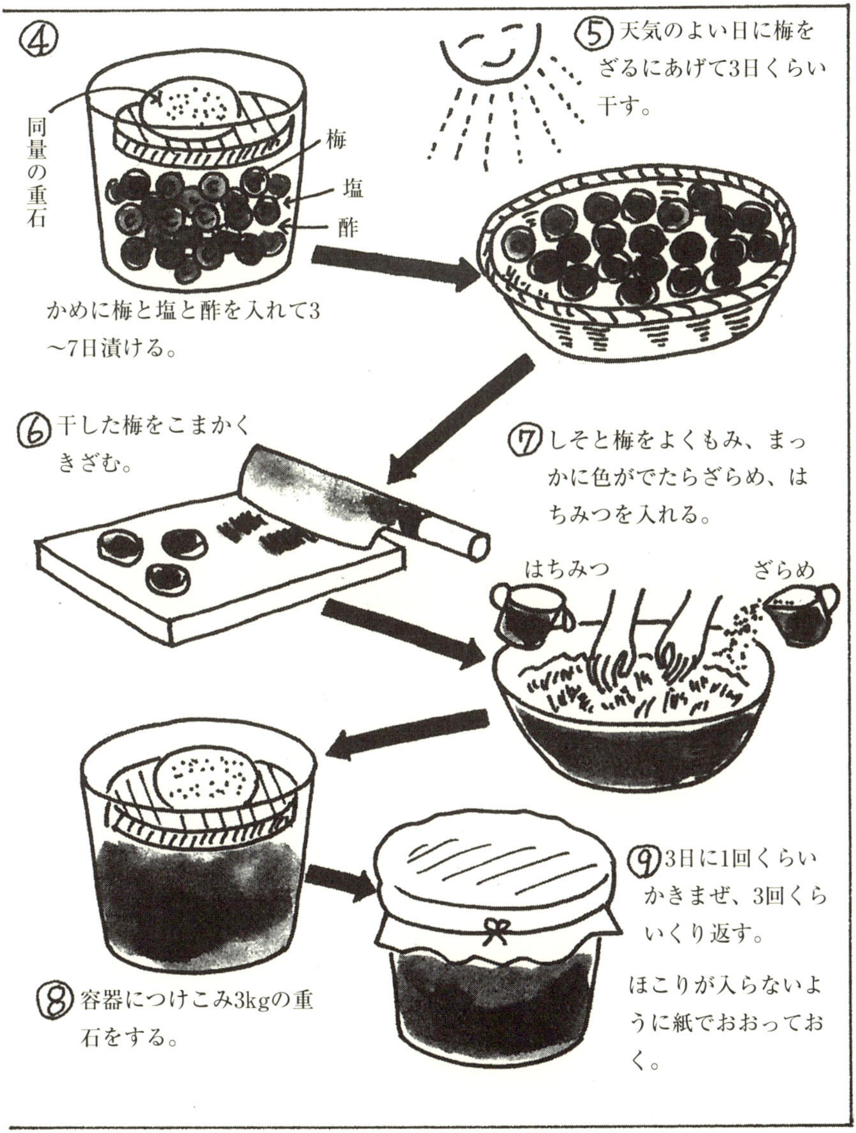
④
同量の重石
梅
塩
酢
かめに梅と塩と酢を入れて3
～7日漬ける。
⑤天気のよい日に梅を
ざるにあげて3日くらい
干す。
⑥干した梅をこまかく
きざむ。
⑦しそと梅をよくもみ、まっ
かに色がでたらざらめ、は
ちみつを入れる。
はちみつ
ざらめ
⑧容器につけこみ3kgの重
石をする。
⑨3日に1回くらい
かきまぜ、3回くら
いくり返す。
ほこりが入らないよ
うに紙でおおってお
く。

青森　イカとキャベツの漬け物

青森県下北半島の前沖でとれた新鮮な真イカたっぷり、しょうがの辛さと香りがほどよい漬け物です。甘塩なので作りおきはできませんが、野菜の繊維も豊富な健康食。昔からどこの家でも作られています。(即席漬けなので長期保存は無理ですが、冷蔵庫で10日くらいなら大丈夫。)

〈材料〉

イカ――――2尾
キャベツ――300g
生しょうが―50g
人参――――50g
塩―――――150g

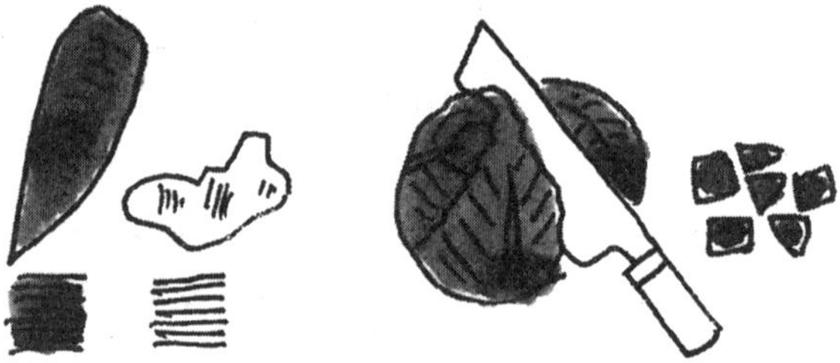

① 生しょうがと人参は皮をむき、せんぎり。キャベツはザク切りにする。

②

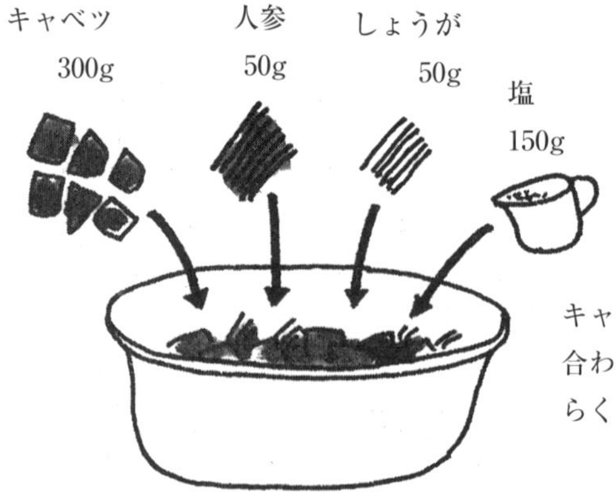

キャベツと人参、しょうがを合わせ、塩で軽くもみ、しばらくおく。

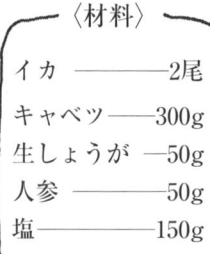

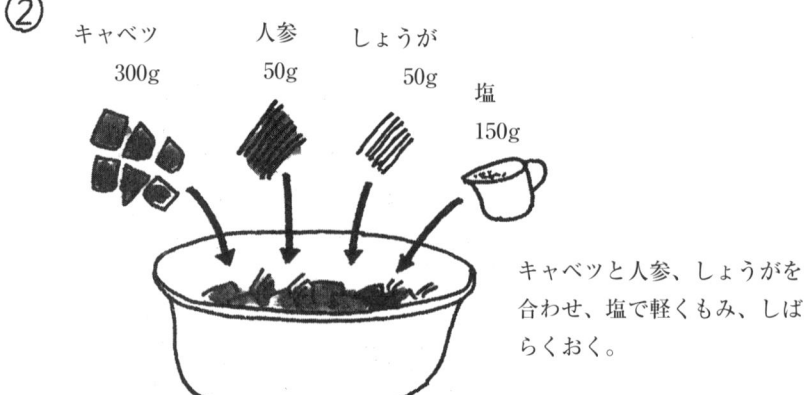

太田江美子

③

煮たてたお湯に、わたと軟骨を取ったイカを入れ3分位ゆで、火を止め、ゆで汁にイカを漬けたまま20分放置しておく。

④ピンク色になったイカの皮をむき、胴は1口大のそぎ切り、足は3センチに切る。

⑤塩もみした野菜にイカを加え軽い重石をのせ、1日置く。

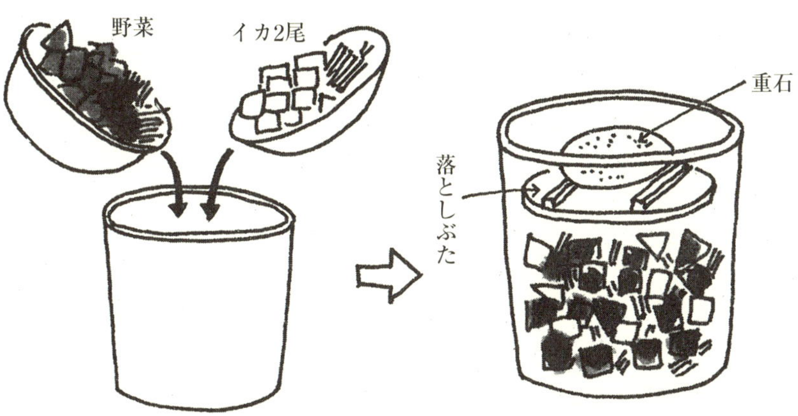

青森　イカの野菜ずし

八戸はイカの水あげ日本一の町で、イカをたくさん食べたいと思い、キャベツとショウガを組み合わせてみました。つやがあり、ピンク色のとてもきれいな漬物です。

〈材料〉

	イカ	10尾
下漬	キャベツ	1kg
	ニンジン	中1本
	塩	40g
本漬	塩	小さじ2
	酢	大さじ3
調味料	酢	1カップ
	酒	大さじ3
	さとう	大さじ2
	ショウガ	中1コ

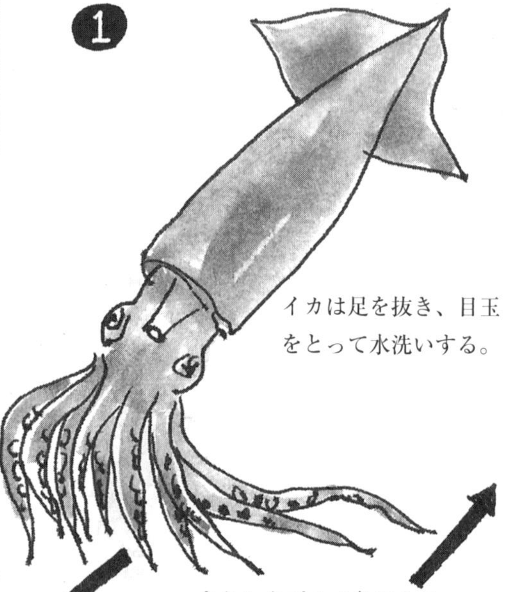
1
イカは足を抜き、目玉をとって水洗いする。

2
きれいなピンク色になる。
イカをゆでて皮をむき、水洗いする。

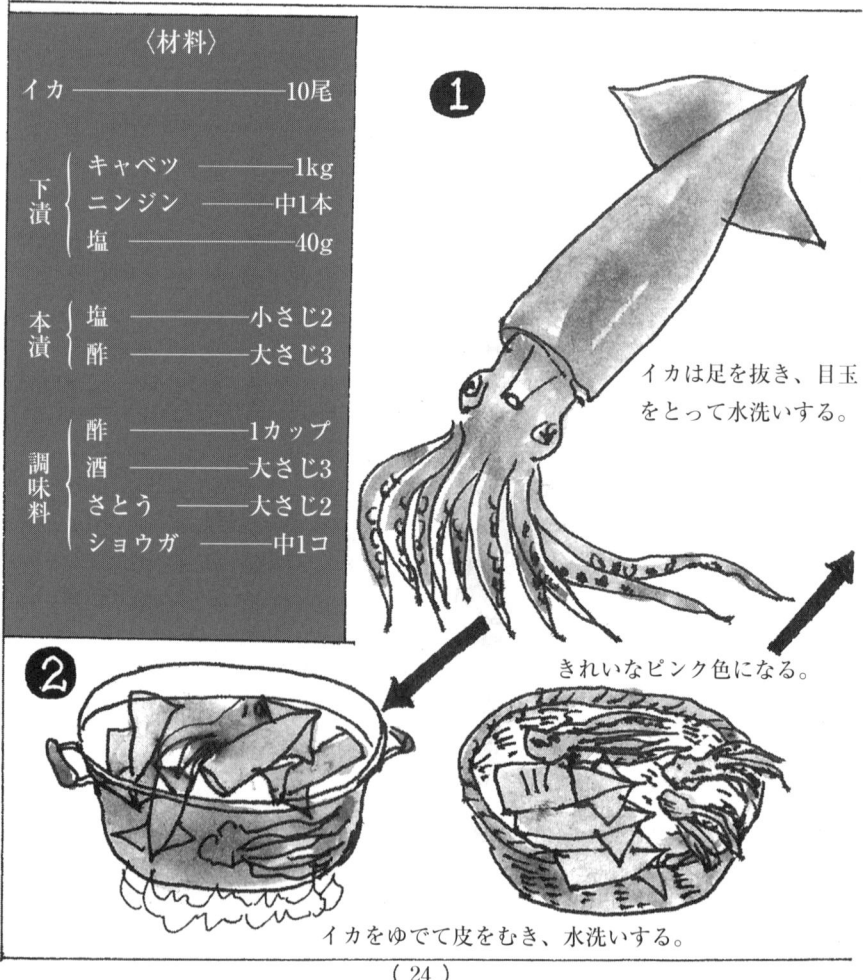

沢田ハツヨ
上田節子

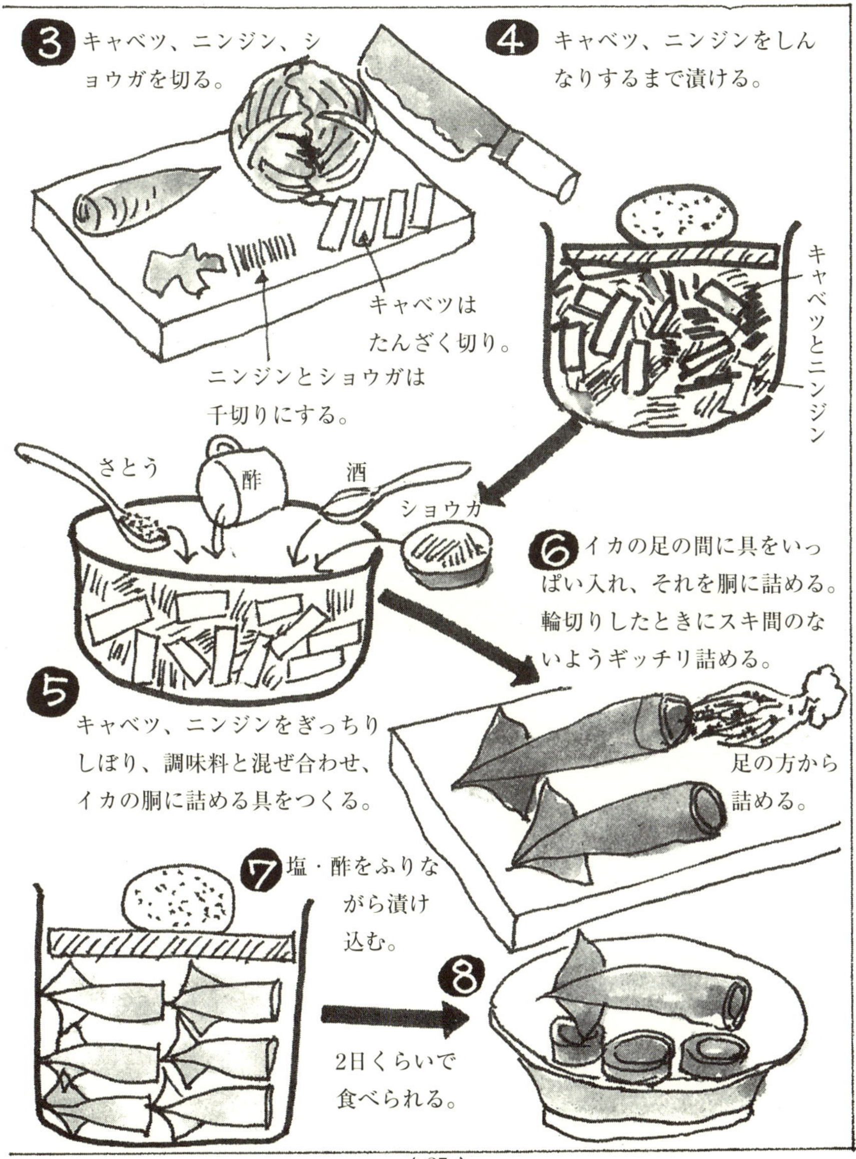

3 キャベツ、ニンジン、ショウガを切る。
キャベツはたんざく切り。
ニンジンとショウガは千切りにする。
4 キャベツ、ニンジンをしんなりするまで漬ける。
キャベツとニンジン
さとう
酢
酒
ショウガ
5 キャベツ、ニンジンをぎっちりしぼり、調味料と混ぜ合わせ、イカの胴に詰める具をつくる。
6 イカの足の間に具をいっぱい入れ、それを胴に詰める。輪切りしたときにスキ間のないようギッチリ詰める。
足の方から詰める。
7 塩・酢をふりながら漬け込む。
2日くらいで食べられる。
8

岩手

きゅうりのしょうゆ漬け

一関の中心を流れる磐井川ぞいを菜の花が咲きほこる春から、須川岳が雪帽子をかぶる初冬まで収穫した野菜を塩蔵しておいて、冬、雪にとざされて露路野菜がなくなるころ二次加工して食卓に、お茶うけにと使っています。数年前都合で干しすぎてしまった大根を、きゅうりのしょうゆ漬に加えたら、パリパリと歯ざわりもよく、皆から好評でした。

〈材料〉

キュウリ
大根
八重桜
シソの実
根しょうが
酒
（以上）適量

＜調味液割合＞

しょうゆ ―――1.8 ℓ
ザラメ ――700～1kg
ナンバン ―――適量

この割合で作って、あまれば冷蔵庫で保管しておいて次に使う。

一次加工

1  ＜春＞八重桜の花は3%の塩で漬け冷蔵庫で保管。

2 

＜夏＞キュウリは5%の塩で漬け、上にたくさんのシソの葉（カビ止め）をのせて保存しておく。

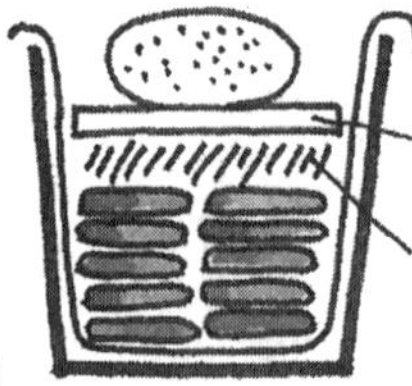
ビニール袋
フタをして重石はたっぷり
シソの葉（黒くなるので最後はすてる）

3 ＜秋＞シソの実には、3%の塩水を沸騰させたものにクエン酸を少々混ぜ（青くしあがる）たものを冷めたところでかけ、重石をしておく。

4 

＜初冬＞大根は外葉をはずし、葉つきのままの字にできるくらいまで干す。（少し干しすぎるくらいがよい）

阿部勝子

二次加工

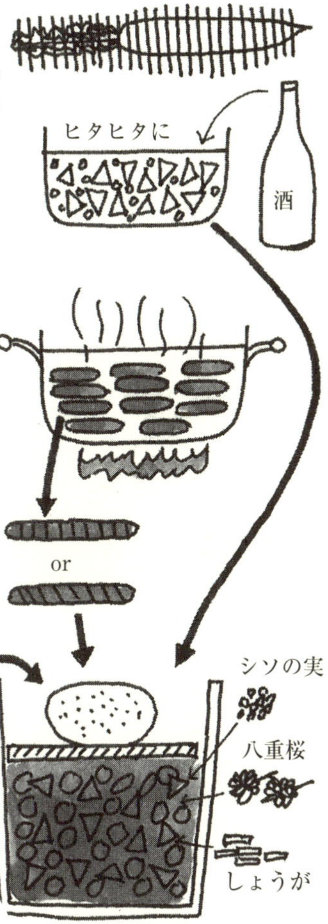
ヒタヒタに
酒
or
シソの実
八重桜
しょうが

❶ 干し大根はうすいイチョウ切り、葉は細かくきざみ、容器に入れて、タップリの酒で2～3日かけてもどす。(足りない時は酒を加える)

❷ ナベにタップリの水を入れ、塩づけキュウリを入れて火にかけ、沸騰寸前で火を止めてそのまま半日～1日おき、サッと塩味を残す。食べやすい大きさに切って容器に入れる。

❸ 調味料を沸騰させて、熱いうちにキュウリにかける。(パリパリになる)

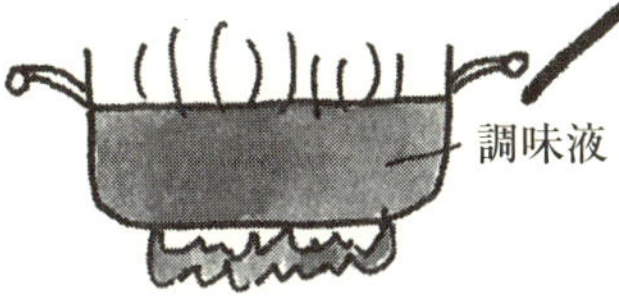
調味液

❹ ③が冷めたら、もどした大根、きざみしょうが、桜とシソの実はそのまま水気を切ってキュウリの容器に加え、よくかきまぜて軽い重石をする。2～3日で食べられます。

※食べごろになると変色するので小分けして、冷凍保存して食べています。

岩手　うらなりかぼちゃのこうじ漬け

これまで捨てていた、うらなりのかぼちゃをひと工夫して漬けてみたら、パリパリッとしておいしく、漬け物の盛り合わせにも色どりよくて、家族やお客さんにも好評です。お盆のお赤飯ともよくあいます。

❶ かぼちゃは4つ割りにして種をとり除く。

皮が硬くなる前の、実が黄色くなった頃のカボチャ。

❷ 3%ぐらいの塩水に下漬けする。3日（夏）～10日（秋）ほど。

これをそのまま食べてもおいしい。

斉藤フヂコ

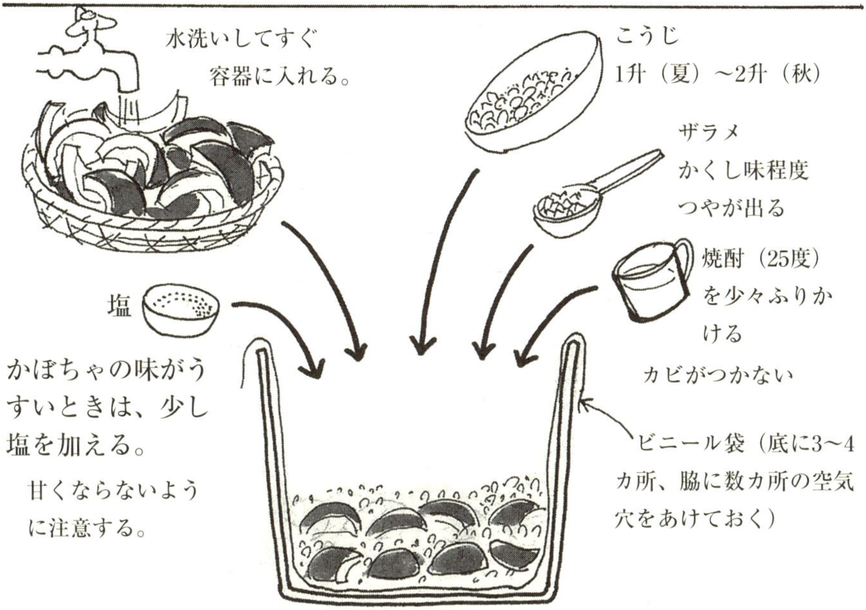
水洗いしてすぐ
容器に入れる。
こうじ
1升（夏）～2升（秋）
ザラメ
かくし味程度
つやが出る
焼酎（25度）
を少々ふりか
ける
カビがつかない
塩
かぼちゃの味がう
すいときは、少し
塩を加える。
甘くならないよう
に注意する。
ビニール袋（底に3～4
カ所、脇に数カ所の空気
穴をあけておく）

❸ かぼちゃを並べたらこうじをパラパラふってよくなじませ、ザラメを軽くふる。またカボチャを並べ、何段か重ねたら強く重石をする。

❹ 水があがったら重石を軽くして、1カ月ぐらいで味がなじむ。

〈材料〉

うらなりかぼちゃ ――――――約3kg
こうじ ――――1升（夏）～2升（秋）
ザラメ・焼酎 ―――――――――少々
塩 ―――――――――――必要に応じて

量はいつも“目づもり”“手づもり”ですがそれでおいしくできます。

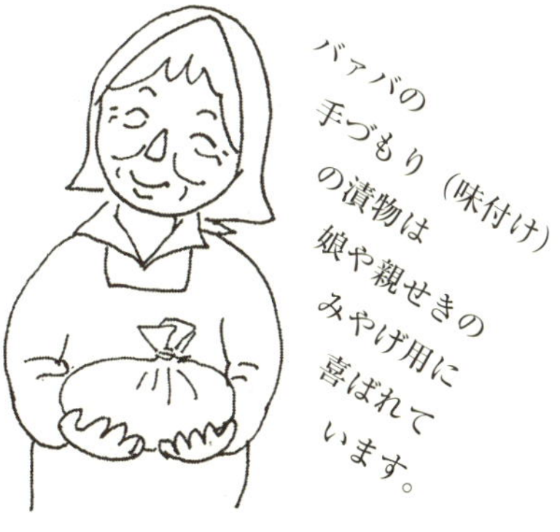
バァバの
手づもり（味付け）
の漬物は
娘や親せきの
みやげ用に
喜ばれて
います。

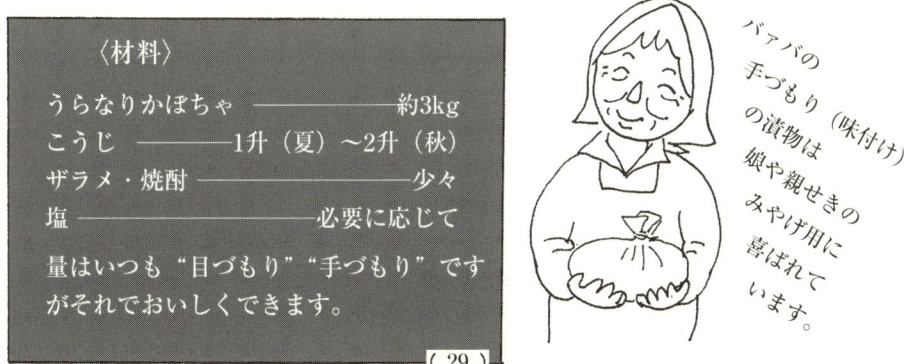

岩手　山菜漬け

春、山菜が顔を出し始めると、みなそわそわしだします。ワラビ、フキ、たけのこ、それに“山のアスパラ”と言われるションデコ……。そんな春の香りを一杯につめこんだのが、御紹介する“山菜漬け”です。

食べるだけ漬けて、一番おいしいときにいただく。春だけの、とてもぜいたくな漬け物なんです。

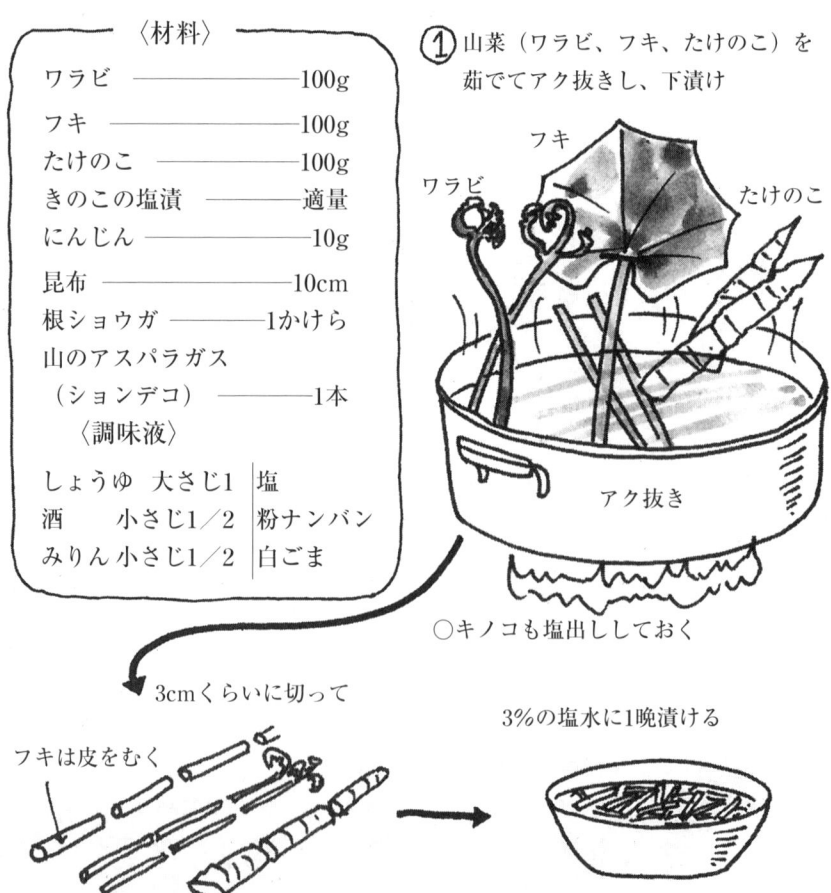

〈材料〉

ワラビ	100g
フキ	100g
たけのこ	100g
きのこの塩漬	適量
にんじん	10g
昆布	10cm
根ショウガ	1かけら
山のアスパラガス（ションデコ）	1本

〈調味液〉

しょうゆ	大さじ1	塩
酒	小さじ1／2	粉ナンバン
みりん	小さじ1／2	白ごま

①山菜（ワラビ、フキ、たけのこ）を茹でてアク抜きし、下漬け

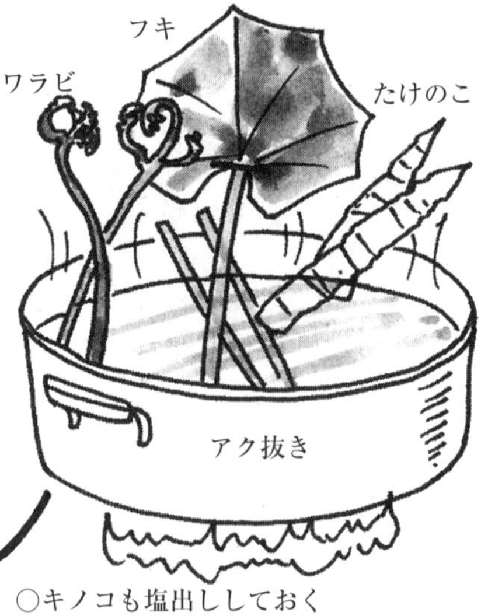

○キノコも塩出ししておく

3cmくらいに切って

3%の塩水に1晩漬ける

大倉陽子
田中イサ子

②にんじん、昆布、根しょうがは、せん切り
昆布、根ショウガ
にんじん
③にんじんだけ、さっと塩をふって、水気をしぼる
④ションデコをさっと茹で、3cmくらいに切る
⑤調味液をつくる
しょうゆ、酒、みりん
ひと煮立ちさせて、冷ます
⑥調味液が冷めたら材料（ワラビ、フキ、たけのこ、キノコ、昆布、根ショウガ、ションデコ）を加えて混ぜる
ナンバン
白ごま
若芽も若葉も食べることができる
太い若茎はまさに山のアスパラガス
ユリ科の多年草

宮城　大根の焼酎漬け

一年中栽培できる身近な材料の一つ、大根は、数多くの漬け物を味わうことができます。

夏場の酸化しやすい時期の生漬は日持ちが悪いのが欠点です。しかし、焼酎漬にすると日持ちもよく、よく漬け上がると歯ざわりもよく、甘酸っぱさが出ておいしく、好評です。特に酒の席ではよろこばれます。

〈材料〉

大根 ――――――1kg
塩 ――――――2%
焼酎 ――――――300cc
酢 ――――――100cc
砂糖 ――――――100g
しその実（塩漬）――大さじ2
トウガラシ――――適宜

① 大根を太めのたんざくに切る。

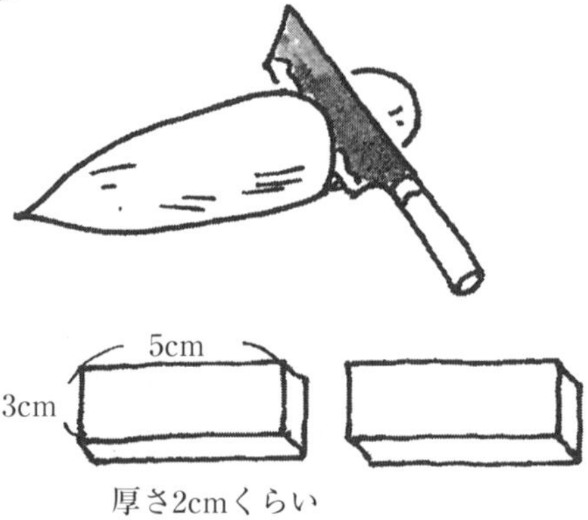

② 水に30分くらい浸す。

③ 充分に水切りをする。ザルに上げる。

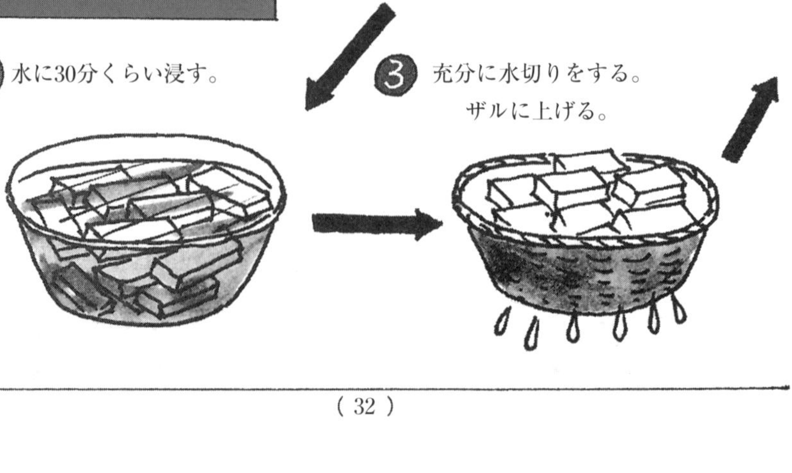

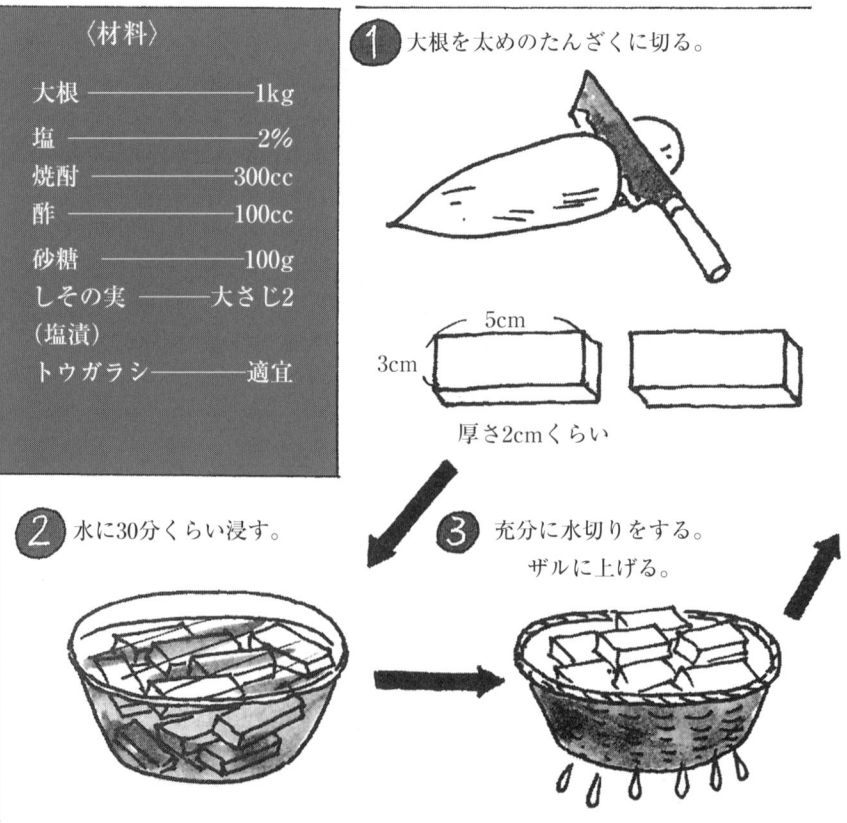

横田みつ

4

大根以外の材料をよく混ぜ合わせる。

5

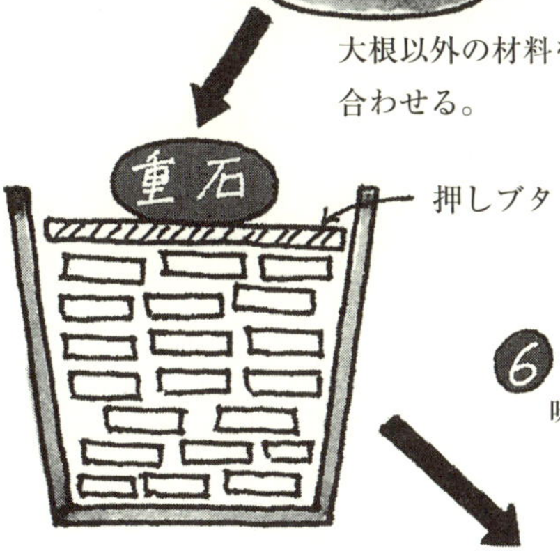

漬物桶に水切り大根を入れ、他の混ぜ合わせた材料を注ぎ、押ブタ、重石をする。

水が上がってきたら上下取り替えてやる。

6 5日目頃より食べられるが、味がしみ込むとなおおいしい。

賞味期間
桶の中に入れたままで20日。

宮城　大根の紅花漬け

「色は自然のものがよい」──朝市を楽しみに来てくれるお客様の声です。私も漬物や野菜を出しているのですが、「それなら、紅花は健康食品だから、これを入れて漬けてみたらどうか」と思ったのが、この漬物の始まりです。最初は紅花だけを使ったのですが、どうも気に入った色が出ません。そこで、紅花にクチナシの実を5粒ほど混ぜてみたところ、ほどよい色に仕上がりました。お店に並べてみるととても好評です。次から次へと人が集まり、2日間で売る予定がその日のうちに売れてしまいました。

〈材料〉

大根	10kg
塩	大根の4%
紅花	1にぎり
クチナシの実	5粒
酢	200cc
砂糖	1kg

① 大根の皮を厚くむく
太めの大根は2つ割か4つ割に

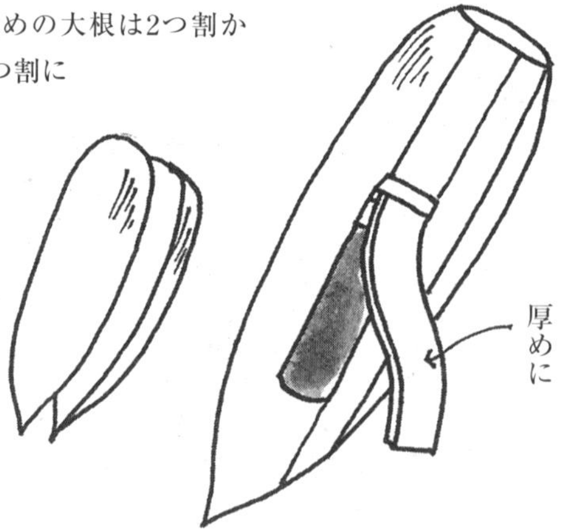

② 2時間、水に漬ける

③ よく水切りして

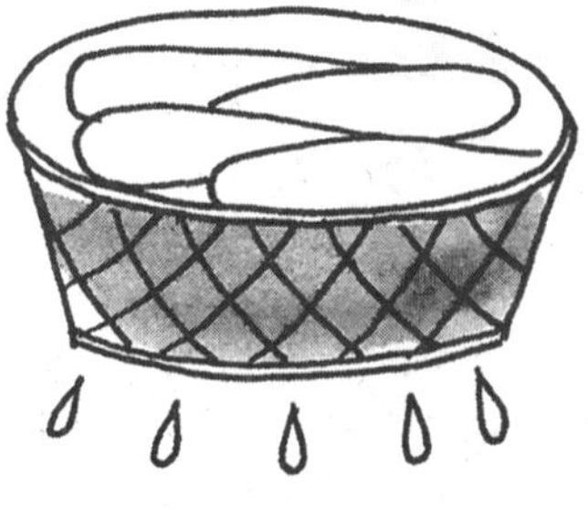

鎌田さつき

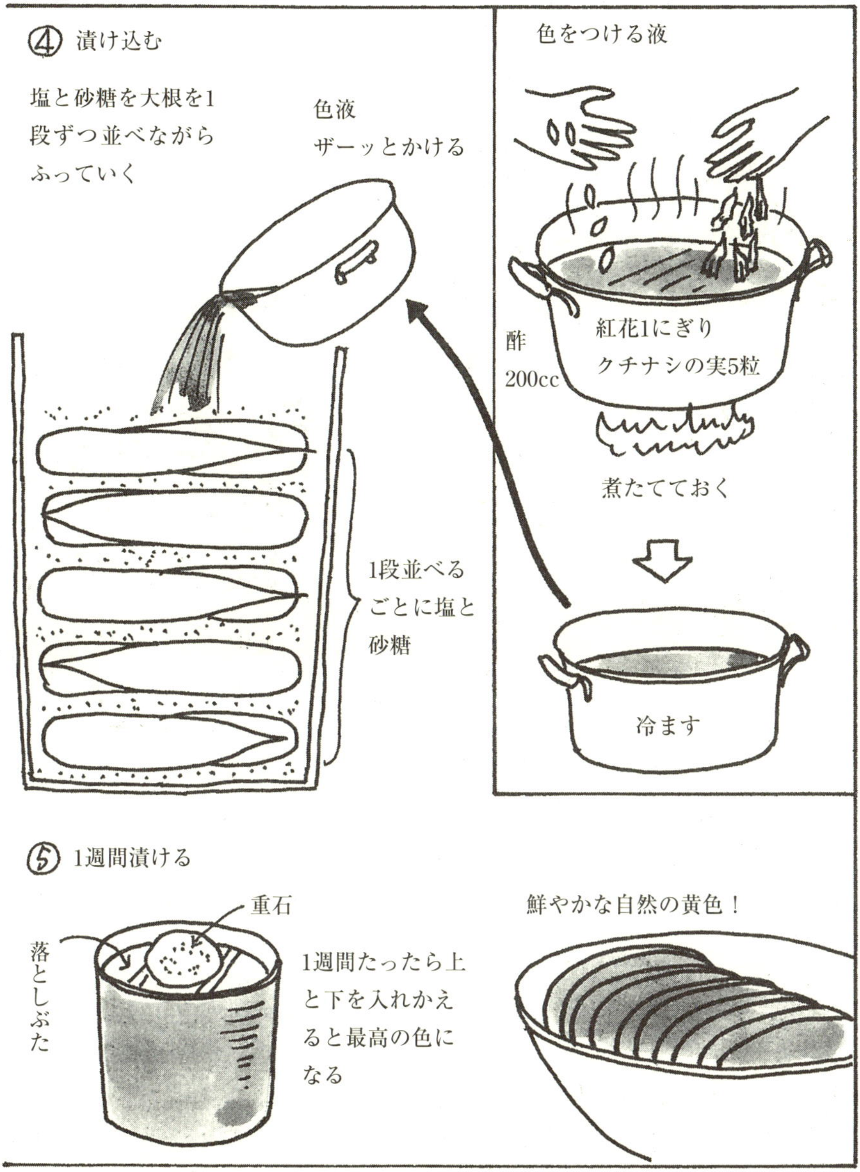

④ 漬け込む
塩と砂糖を大根を1段ずつ並べながらふっていく
色液
ザーッとかける
1段並べるごとに塩と砂糖
色をつける液
酢
200cc
紅花1にぎり
クチナシの実5粒
煮たてておく
冷ます
⑤ 1週間漬ける
重石
落としぶた
1週間たったら上と下を入れかえると最高の色になる
鮮やかな自然の黄色！

宮城　しそ巻きらっきょう

らっきょうの歯ざわりがカリカリとして，ハチ蜜入りの甘酢がしその香りとともに，まろやかに口のなかにとけこんできます。
夏の食欲のないときや，お酒の友としての一口が，何ともいえないさわやかさを残してくれます。

下漬け

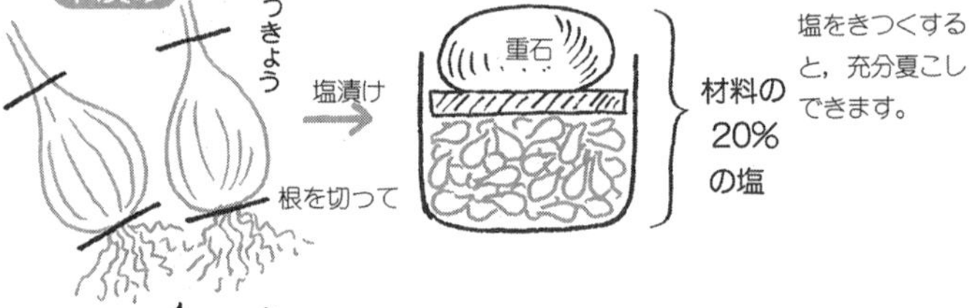

らっきょう
根を切って
塩漬け
重石
材料の
20%
の塩
＊これくらいに
塩をきつくすると，充分夏こしできます。

赤の大葉しそ → 10%の塩で2日位漬けて、アク抜きをする。 → 水気を絞って白梅酢を入れ20%の塩で漬け込む。

塩出し

らっきょうはしその葉で巻く前に、塩出しをして甘酢漬けにする。

塩出し
2～3日
ちょっと、しょっぱさが残るくらい
＊3%くらいの塩分
水切り

酢・砂糖を加えひと煮立ちさせて、充分冷ます。別の容器にらっきょうを詰め、冷めた甘酢を加える。(10日位おく)

しその葉は漬け込み前に、半日位水出しして、塩出しをする。

農産加工グループ
高橋雅子

漬け込み

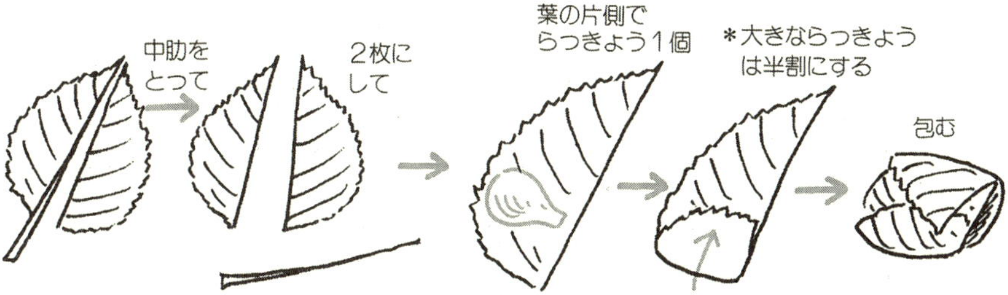
中肋を
とって
2枚に
して
葉の片側で
らっきょう1個
*大きならっきょう
は半割にする
包む

しその葉を葉先から半分に手でさく。

らっきょうを葉先におき、
込み巻きにする。

調味液に漬ける

〈調味液〉

酢	約2.5 ℓ
砂糖	3kg
はちみつ	適量

（らっきょう1kgで500〜600cc）

調味液を煮立てて冷ます。

②容器に積み重ねて
調味液をかける

③漬込み約1週間
（2週間で最高の味）

軽い重石(落としぶた)

いただきマース！

☞あたためると歯ざわりが悪くなるので,
冷蔵庫で保存します。

秋田　あんずのしそ巻き漬け

①あんずの実（黄色く熟したもの）

②水洗い

③水切り

④塩まぶし

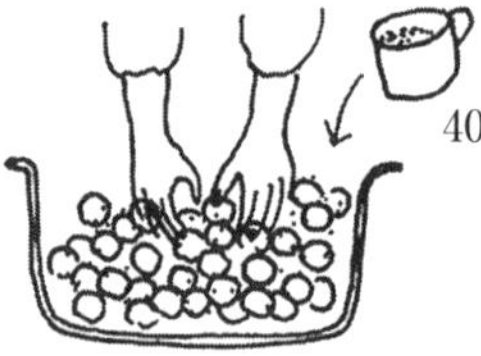
400g

⑤そのまま漬け込む

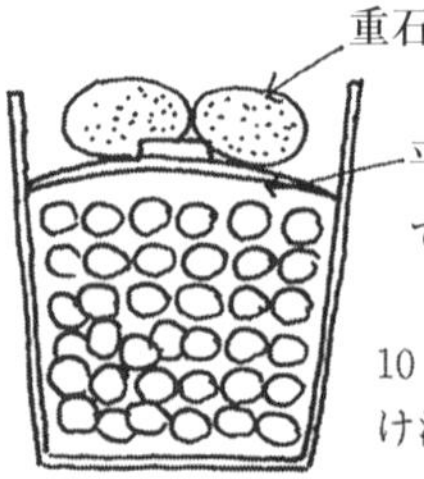
重石
平たい皿
で落としぶた

10日ほどおく。漬け汁はとっておく。

あんずの漬け方

中に入れる材料

あんず	1.2kg（約30粒）
塩	120g
砂糖	400g（うち100gは、保存のつけ込み用に）

⑥あんずを２つ割り

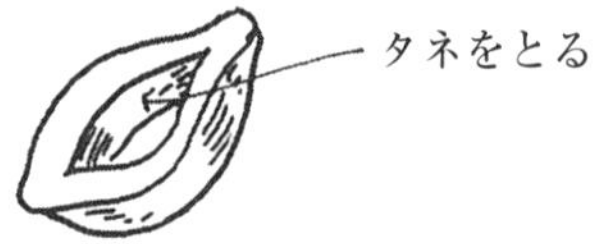
タネをとる

⑦日に干す（１～２日）

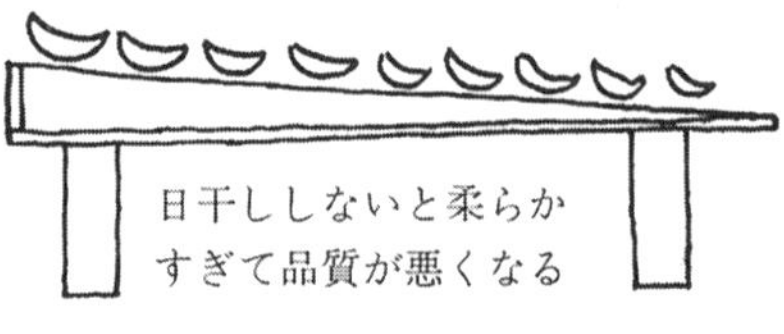
日干ししないと柔らか
すぎて品質が悪くなる

⑧砂糖で漬け込む（半月以上）

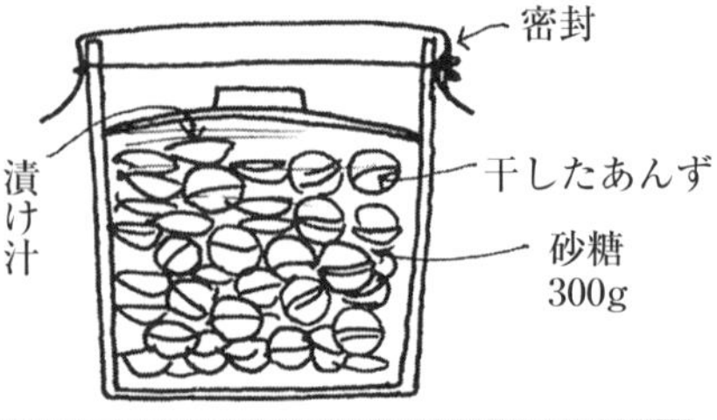
密封
漬け汁
干したあんず
砂糖
300g

長崎京子

包む材料

赤じその葉	約200枚
塩	200g
あんずの漬け汁	2カップ

鹿角名物あんずのしそ巻き

あんずはいちじくとともに，秋田県が北限だといわれており，鹿角地方で庭先果樹としてよく植えられています。春は清純な花が楽しめ，初夏は青い実でつくった果実酒，熟れたら生でも食べられ，しそ巻きにも最高。しそ巻きはこの地方の名産物なのです。

しその葉の漬け方

①しその葉の水洗い

②束ねる（10枚ほど）

③塩で漬け込み
アク抜き(5日間)

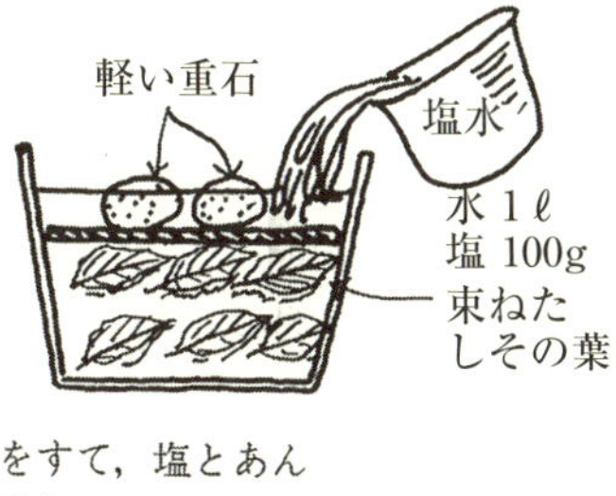
軽い重石
塩水
水1ℓ
塩 100g
束ねた
しその葉

④汁をすて，塩とあんずの漬け汁で漬け込む
（7日）

重石

アク抜きした
しその葉 塩30g
あんずの漬け
汁2カップ

※食酢などを加えると紅色がいっそうあざやかになる。

しその巻き方と漬け方

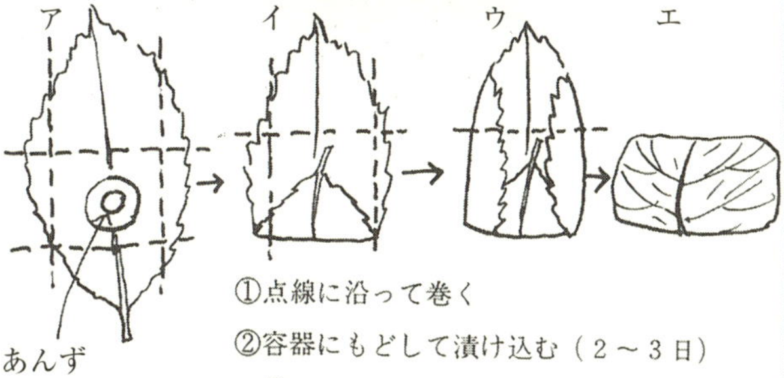
ア
イ
ウ
エ
あんず

①点線に沿って巻く

②容器にもどして漬け込む（2～3日）

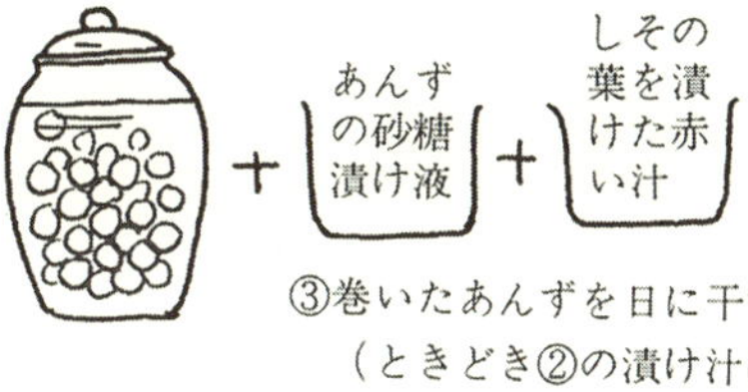
あんずの砂糖漬け液
しその葉を漬けた赤い汁

③巻いたあんずを日に干す
（ときどき②の漬け汁にひたして2～3日干す）

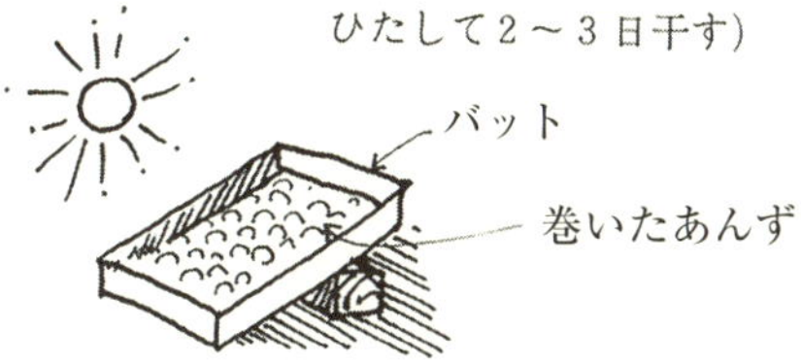
バット
巻いたあんず

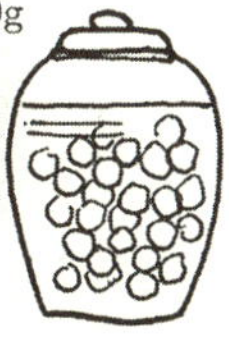

④容器にもどして漬け込む——
保存・熟成 約1カ月
（残りの砂糖と汁をかける）

砂糖100g
漬け汁の残り

※保存はいつも汁が材料の上にあるよう落としぶたをする

山形　きゅうりの即席からし漬け

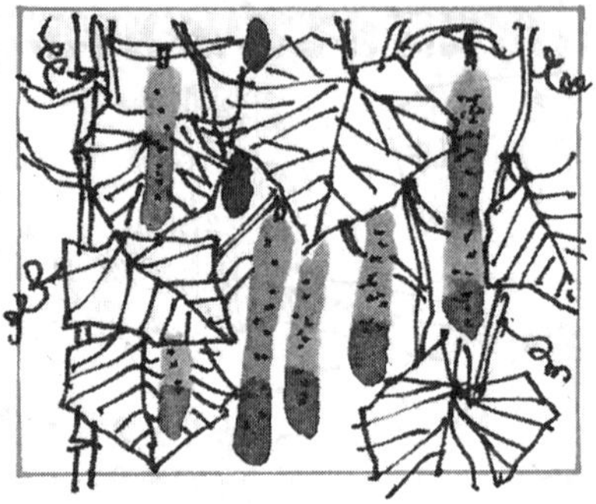

いく分早もぎした細めのキュウリを１本丸ごと、ナイロン袋を使って冷蔵庫に入れて漬けます。ひんやりと冷たくて、これからの暑さにはもってこい。漬け方もいたって簡単です。ぜひおためしください。

①材料

キュウリ……20本

からし……市販のもの　１袋の半分

（好みに応じて入れる）

砂糖………200 g

塩………… 適量

②下漬け

早もぎした細めのキュウリを水洗いする。

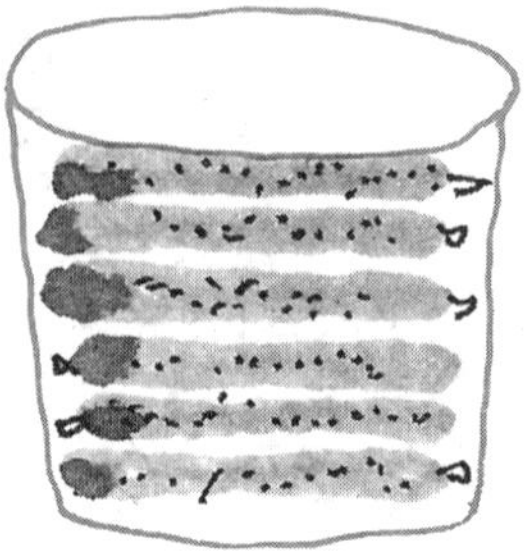

普通よりいく分多めの塩で一晩塩漬けする。

大河原英子

③本漬けの準備

からし（ねりでも粉でもよい）
と砂糖を混ぜ合わせる。

一晩塩漬けしたキュウリを
ボールに入れ、調合したか
らしと混ぜ合わせる。

④本漬け

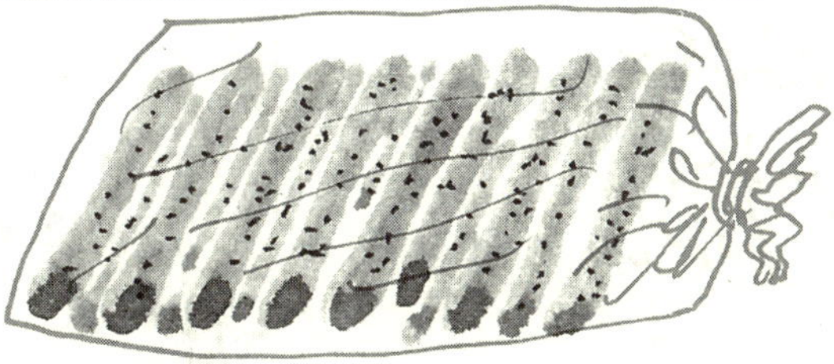

ナイロン袋（少し厚
めのもの）にキュウ
リを横に並べて入れ、
空気を抜いて口をと
める。

冷蔵庫に入れる。１昼夜おけば食べられる。４～５日保存できるので、忙しいときなどは多めに漬けるとよいでしょう。

食べ終わった後のつけつゆは、塩とからしを足して２～３回利用できる。

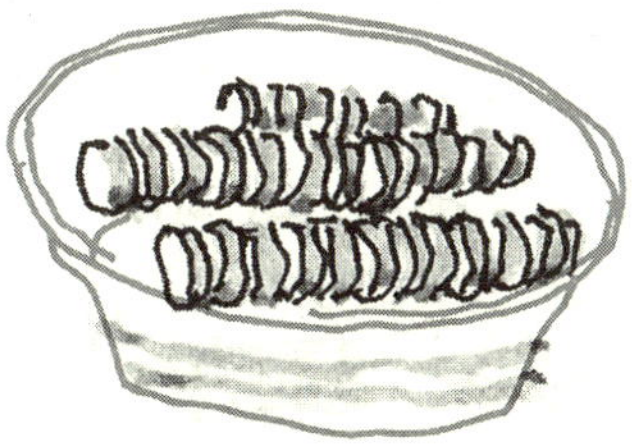

山形 つけうりの鉄砲漬け

約半年間が雪の中という山形では，春雪が消えるともう翌年の冬の準備……。クキタチ干しで始まり，ワラビ，ゼンマイ，フキ，ウド，夏になればキュウリ，ナス，ササゲ，うり，秋にはいろいろなキノコと，どこの家でも数えればきりがないほど，長い冬にそなえてがっちり塩漬けしておきます。それを秋の穫り入れが終わったころから塩抜きし，同じ材料でも家々代々千差万別の漬物に変わるわけです。何かの寄り集まりも漬物の品評会のようなにぎわい。そんな山形の名物がつけうりの鉄砲漬けです。

①塩抜き

夏の間にうり，ワラビ，ササゲなどを塩漬けにしておき，秋に塩抜き

うりは直径３～４㎝くらいのものを，両端を切ってワタを出してから漬ける

②水切り

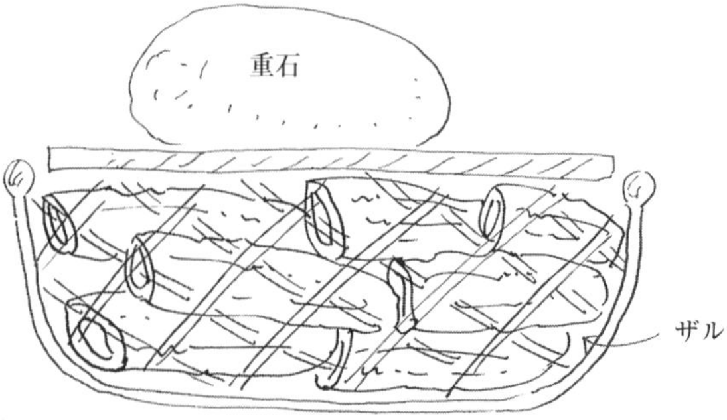

塩抜きしたうりをザルに入れて水切り

大河原英子

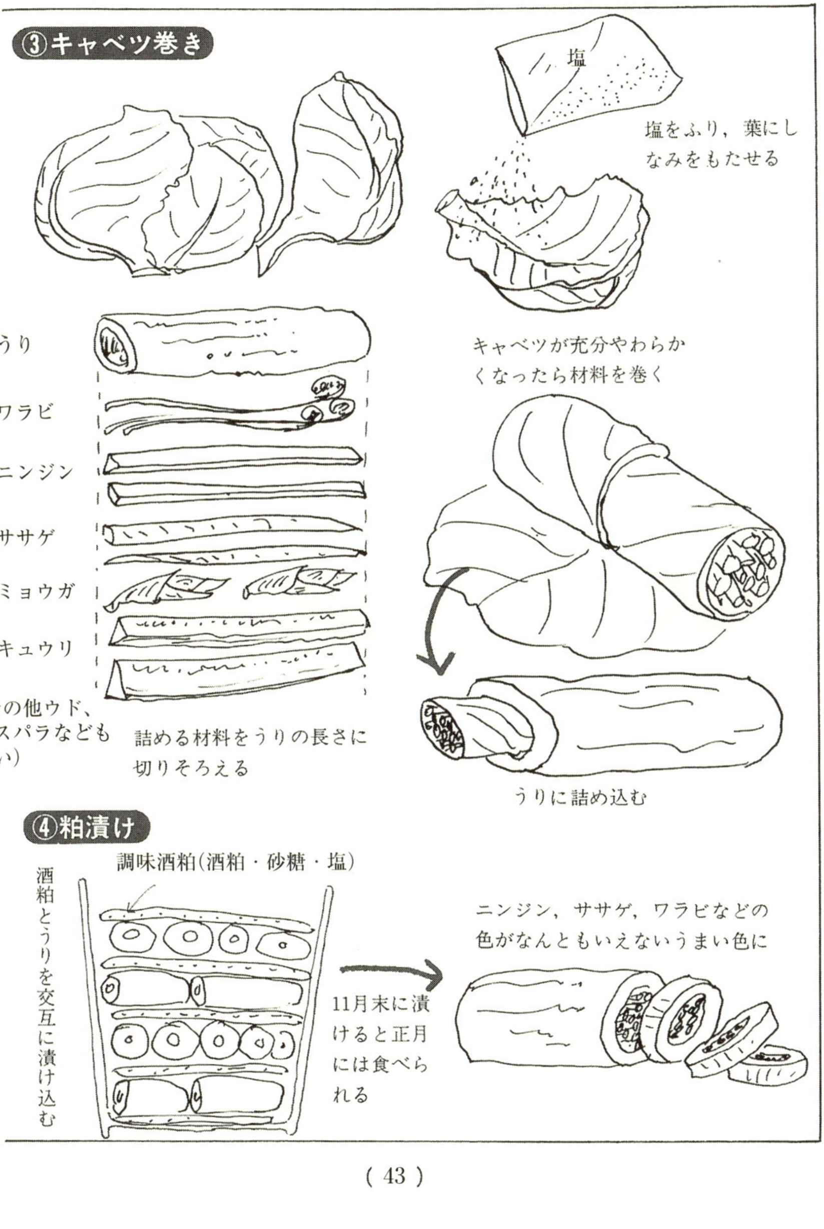
③キャベツ巻き
塩
塩をふり，葉にしなみをもたせる
うり
ワラビ
ニンジン
ササゲ
ミョウガ
キュウリ
(その他ウド、アスパラなどもよい)
詰める材料をうりの長さに切りそろえる
キャベツが充分やわらかくなったら材料を巻く
うりに詰め込む
④粕漬け
調味酒粕(酒粕・砂糖・塩)
酒粕とうりを交互に漬け込む
11月末に漬けると正月には食べられる
ニンジン，ササゲ，ワラビなどの色がなんともいえないうまい色に

山形

ぺそら漬け

わが家では夏一番収穫が多いナスをぺそら漬けにして食べています。こちらの言葉で柔らかくなることを「ぺそらっとなる」といいます。塩漬けのナスもおいしいのですが、日持ちが悪いので、日持ちのよいぺそら漬けはたいへん助かります。

辛さと酸味がちょうどよい味で、夏の食欲のない時には食がすすみます。また、お父さんの酒のお供にもよい漬け物です。ナスは朝とってすぐのものを使うと色がきれいにぬけます。

〈材料〉

ナス ―――― 4 kg
塩 ―――― 350g
夏ミョウガ ―――― 3、4 個
シソの実 ―――― 2 本分
※しごきとって水につけて軽くアク抜きする。
青ナンバ（トウガラシ） ―――― 15〜20本
※ないときは赤ナンバやシシトウ10〜15本、もしくはピーマン10個のざく切りでもよいが、青ナンバが香りがでて一番おいしい。

1 塩づけして色ぬき

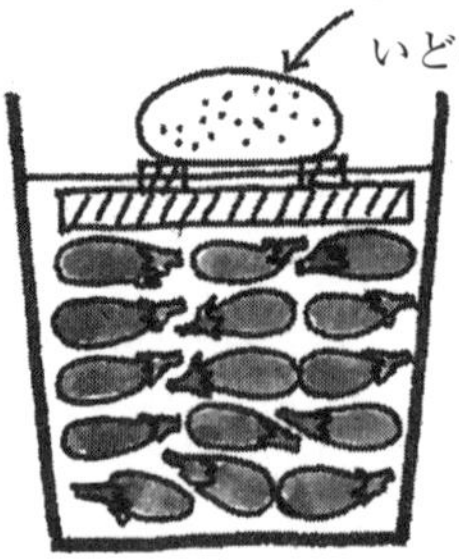
ナスが浮いてこない、ていどの重石。
※ナスが水面より表にでると、色が黒くなってしまうので、空気にふれないようにする。

ヘタつきのナスをおけに入れ、ナスがくぐるくらいの水と、塩ひとにぎり（分量外）を入れて、24時間ぐらいつける。

※重石が重すぎたり、塩が少ないと柔らかくなりすぎてしまうので注意する。

星川セイ子

2 ナスの色が白っぽくきれいになったら、ザルにとって洗い、またおけに入れる。

3 本漬け

①のときと同じ水の量と、他の材料を入れて、毎日かきまぜる。

ポリ袋のような大きい袋に水を入れて、口をしばり、ナスが見えないくらいに重石をする。

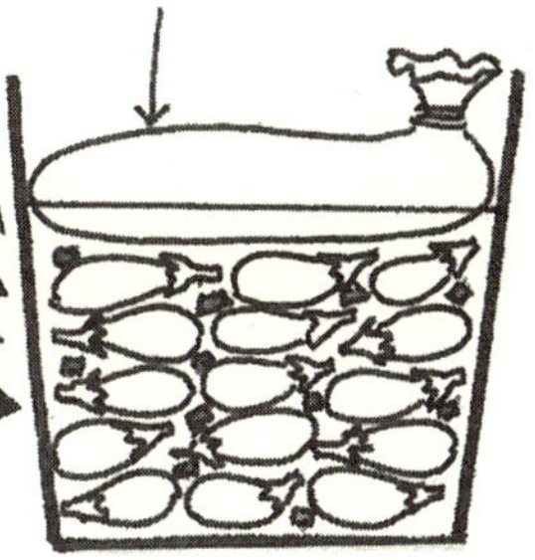

4 5、6日漬けたら、
半分くらい水をとりかえる。味見して辛みが足りないようだったら、塩とナンバを加えて好みの辛さにしてゆく。

5 辛さにもよるが、1/4ぐらいに切って出すとちょうどよい。

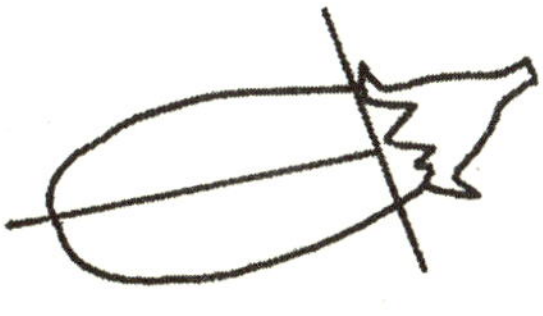

※③のときの水袋の水は2～3日に1回とりかえると、味がかわりにくい。すずしいところだと2、3週間もつが、つゆごと冷凍保存すると冬でも食べられる。

山形

オクラの中華風漬け

水稲単作地帯の庄内平野に住んでいるすぎな会の7人のグループ員は、稲の育苗のあとのハウスを利用し、連作障害に比較的強いといわれているオクラを栽培し、規格外品を漬物にと、昭和63年より取り組みました。味付けには試作を重ね、各種イベントに参加して宣伝販売したり、1.5次産品の加工集団の集いでは、指導者より「おいしいの一言！」と太鼓判を押されるまでになりました。

〈材料〉

	オクラ	1kg
（下漬）	にんにく	25g
	青ニラ	30g
	塩	100g
（本漬）	しょうゆ	200cc
	みりん	60cc
	砂糖	250g
	赤唐辛子	2本
	食酢	40cc
	焼酎	80cc（25度）
	冷凍しその実	100g

熱湯にオクラを入れ、
青くなったらひっくり返して、
ザルに上げ急激に冷やす。
大量の場合は扇風機を利用。

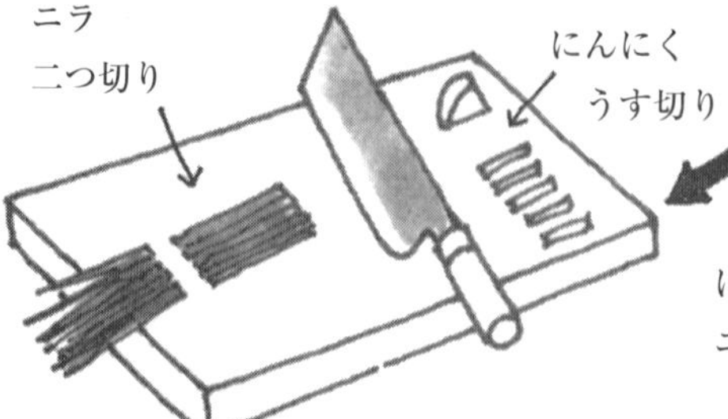

にんにくは皮をむいてうす切り。
ニラは長さを二つに切る。

佐藤さかえ・佐藤小申
池田姚子

下漬

オクラ、にんにく、ニラ、塩を交互に振って同量の重石をして10日間くらい下漬する。
水が揚がったら重石は軽くする。

にんにく、ニラを取り去って

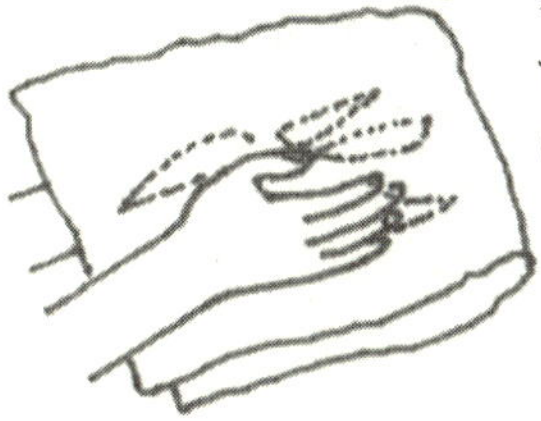

オクラをタオルにはさんで水分を切る。
(大量のときは脱水機に5秒ほどかける)

砂糖
みりん
しょうゆ
赤唐辛子

沸騰寸前で止める。

酢
焼酎
調味液

冷めてから酢、焼酎を加える。

冷凍しその実をオクラの間に振り込んで調味液をかける。

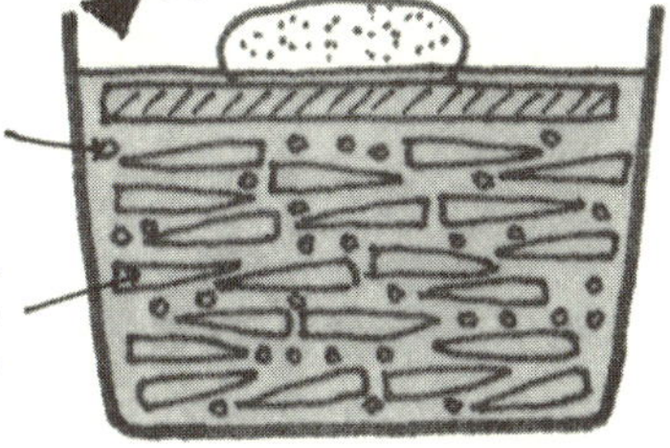
冷凍しその実
オクラ

押しぶたの上に調味液がのる程度の重石をする。
7～10日くらいたつと食べられる。

しその実の冷凍法

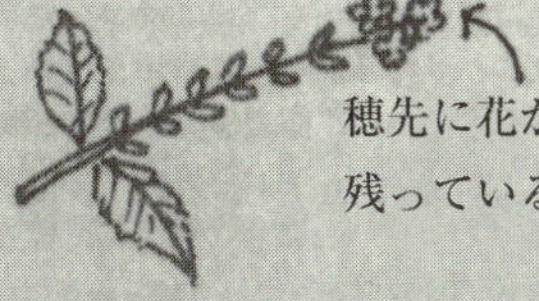

穂先に花が3～4個残っている時に収穫。

さっとゆがいて水にとり、冷めたらそのまま3～4時間水にさらしてアク抜き。ザルに上げて水切りして、ビニール袋に入れて冷凍する。

山形

オクラの粕漬け

イネの育苗が終ったハウスで後作としてオクラをつくっていたとき、規格外が出て困りました。そのとき漬け物に加工したらというアドバイスをもとにつくったのが、このオクラの粕漬けです。サクサクとした歯ざわりがおいしく、珍しいと喜ばれています。

〈材料〉

下漬	オクラ	1kg
	酒粕	200g
	塩	100g
本漬	酒粕	250g
	砂糖	250g
	焼酎（25°）	20cc

1 熱湯にオクラを入れ、さっと色が変わったらひっくり返して、ザルに上げる。

2 ザルに上げて急激に冷やす。量が多いときは扇風機を利用。

佐藤さかえ
池田姚子

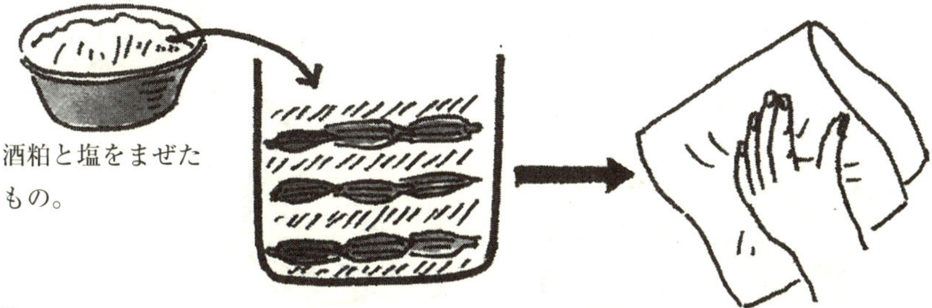

❸ 酒粕と塩をまぜて、オクラの間々にのせて7～10日間下漬する。
同量より少なめの重石をし、水が上がったら軽くする。

❹ 下漬の酒粕と水分をキッチンタオルでよく拭きとる。

❺ 酒粕、砂糖、焼酎をよくまぜておく。

❻ 酒粕、砂糖、焼酎をまぜたものをオクラの間々にのせて漬ける。
ぬめりが出るので絶対にかきまぜない。
重石は不要。10日くらいから食べられる。

山形　あざやか減塩梅干し

この梅干しは従来の梅干しより塩分が少なく、梅本来の味が生きており、色が鮮やかなので評判がよかった。漬け込むさいには、白梅酢を全部入れないので、出来上がりの梅干しの塩分は15%よりも少なくなる。また、当地方では、梅の収穫期と、しその収穫期がずれている（梅の方がしそより早く収穫になる）ので、しそを収穫する時期までに梅の準備ができるという長所がある。

〈材料〉

梅――2kg
塩――300g（15%）
しその葉――300g
焼酎――50〜70cc

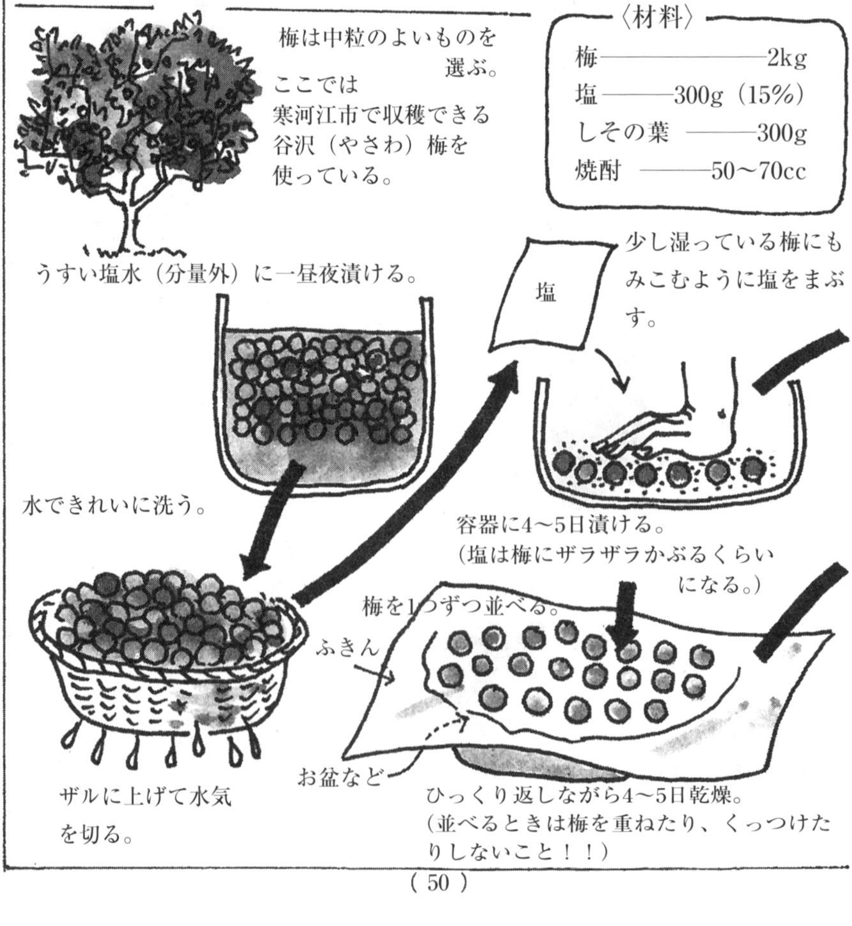

梅は中粒のよいものを選ぶ。
ここでは寒河江市で収穫できる谷沢（やさわ）梅を使っている。
うすい塩水（分量外）に一昼夜漬ける。
水できれいに洗う。
ザルに上げて水気を切る。
塩
少し湿っている梅にもみこむように塩をまぶす。
容器に4〜5日漬ける。（塩は梅にザラザラかぶるくらいになる。）
梅を1つずつ並べる。
ふきん
お盆など
ひっくり返しながら4〜5日乾燥。（並べるときは梅を重ねたり、くっつけたりしないこと！！）

安食フジ子
中村邦子

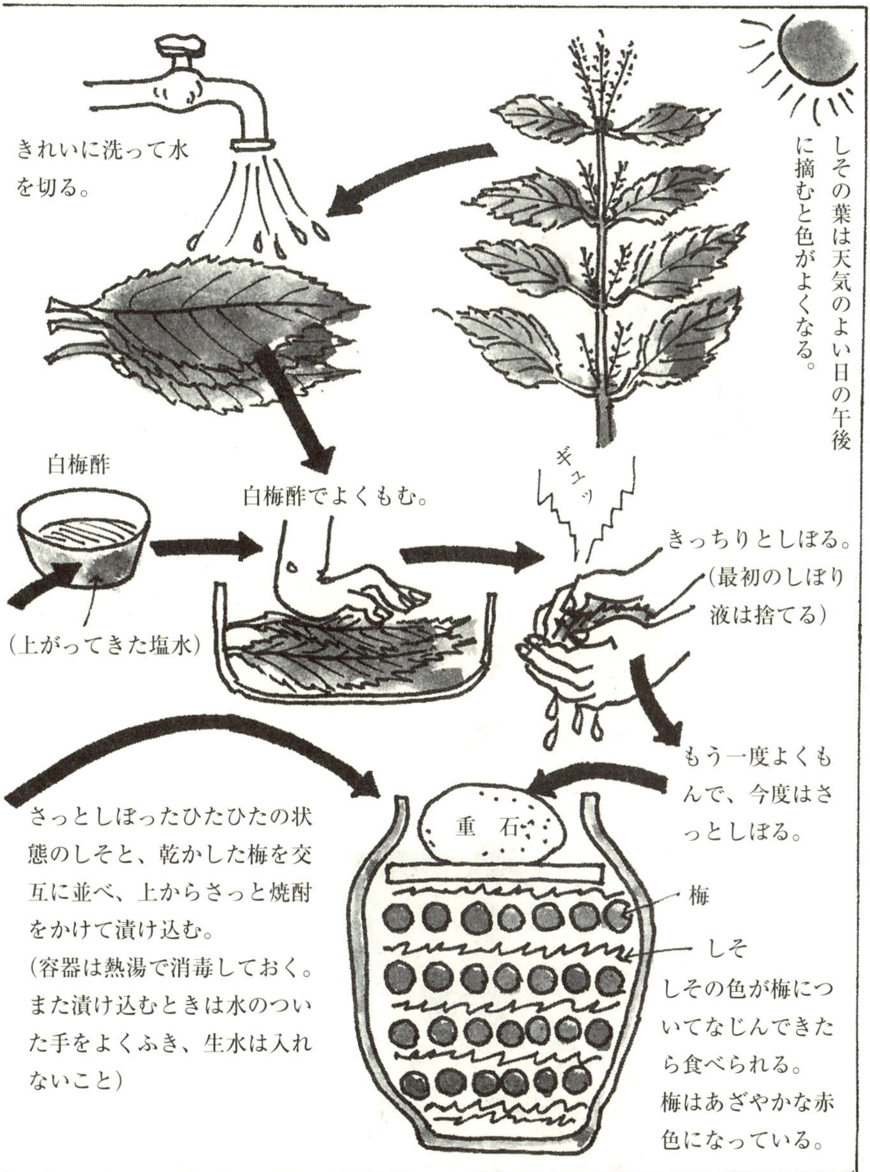
しその葉は天気のよい日の午後に摘むと色がよくなる。
きれいに洗って水を切る。
白梅酢
白梅酢でよくもむ。
(上がってきた塩水)
ギュッ
きっちりとしぼる。
(最初のしぼり液は捨てる)
もう一度よくもんで、今度はさっとしぼる。
重石
梅
しそ
さっとしぼったひたひたの状態のしそと、乾かした梅を交互に並べ、上からさっと焼酎をかけて漬け込む。
(容器は熱湯で消毒しておく。また漬け込むときは水のついた手をよくふき、生水は入れないこと)
しその色が梅についてなじんできたら食べられる。
梅はあざやかな赤色になっている。

福島

福神漬け

雪におおわれる冬の村の楽しみは、お茶と漬け物と四方山話。野菜がたくさんとれる夏の間から着々と準備しておいて冬場につくる、本物の福神漬。各家々の味付けがまた、話をはずませてくれるのです。

材料（標準です）

大根――生で4kg
（干して300gにする）

しその実
なす
きゅうり
}各々300g（塩漬けしたもの）

根しょうが――50g

〈調味液〉

しょうゆ――カップ6
砂糖――500g
酢――150cc
みりん――200cc
赤とうがらし――5本

つくり方

①大根はよく洗って葉を落とし、2〜3日しんなりするまで干して、8つに切り目を入れてさらに干す。
生4kgが300gになるくらい。

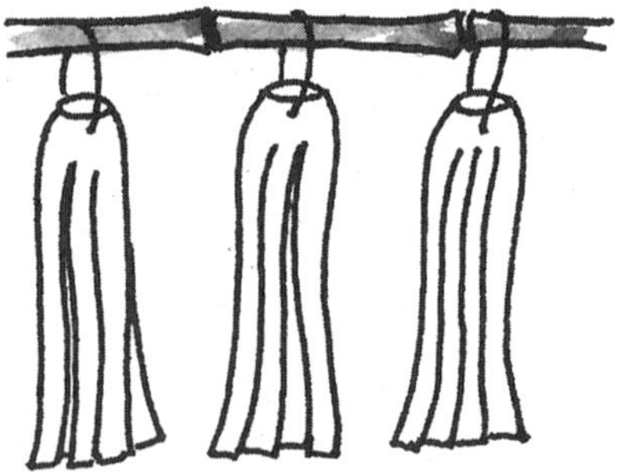

②塩漬けしておいた、なす、きゅうり、しその実を塩出しして薄く切る。

夏の野菜を塩漬け

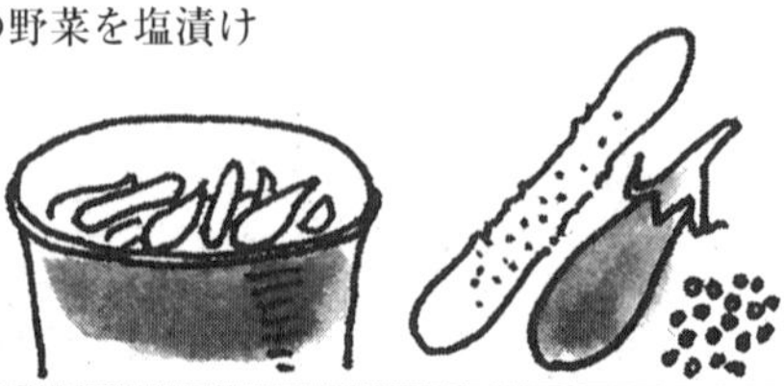

生活改良推進会（代表・遠藤恵美子）

③調味液の材料を混ぜて火にかけ、煮立つ直前に火を止めてアクをすくう。

酢
砂糖
しょうゆ
種子をぬいた
赤とうがらし

④根しょうがをせん切りにする。

⑤干しあがった大根は、ホコリをおとしてから酒を少々ふりかけ、ビニール袋に入れる。
しんなりしたところで薄く切る。

ビニール袋

⑥なす、きゅうり、しその実、大根を合わせて、しょうが（④）を加え、調味液で漬けこむ。

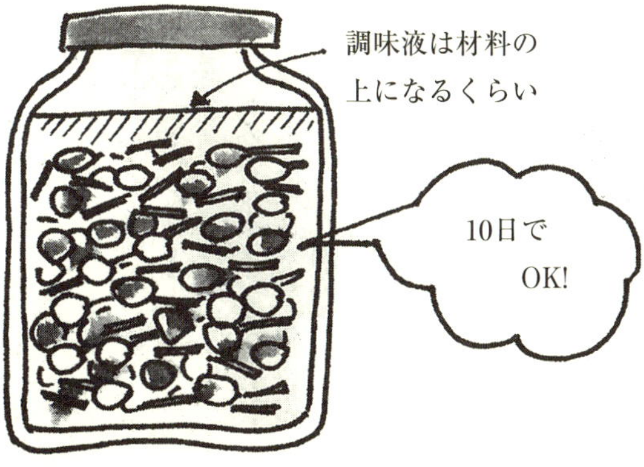
調味液は材料の
上になるくらい
10日で
OK!

福島　ぽってり砂糖梅

　ぽってり砂糖梅は、塩漬けした梅を塩抜きし、砂糖と赤しそで本漬けする。ウイスキーを入れることでカビ止めになる。荒井地域では以前からつくられており、口に含むとぽってりとやわらかく、お茶うけとしてたいへん好評である。

　梅は白加賀など大粒で少し黄色味をおび熟成したものがよい。梅の塩抜きがポイントであり、少し塩分が残る程度とする。

〈材料〉

梅	1kg
塩	150g
赤しそ	200g
砂糖	300～350g
ウイスキー	100～200cc

① 梅を5時間くらい水につけてアクを抜く。

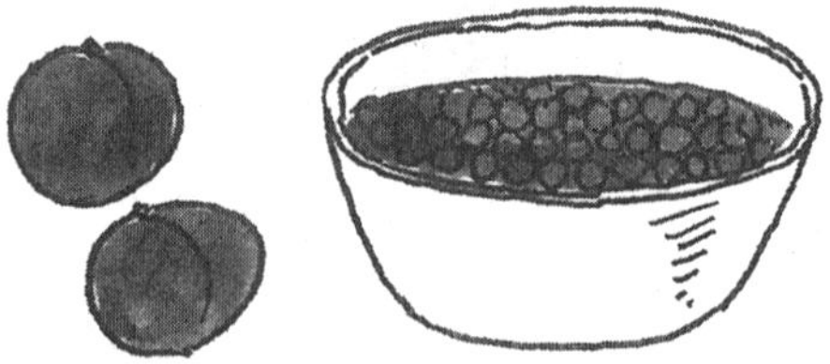

② ザルにあげて水気をよく切る。

1日くらい干し、梅をよく乾燥させる。

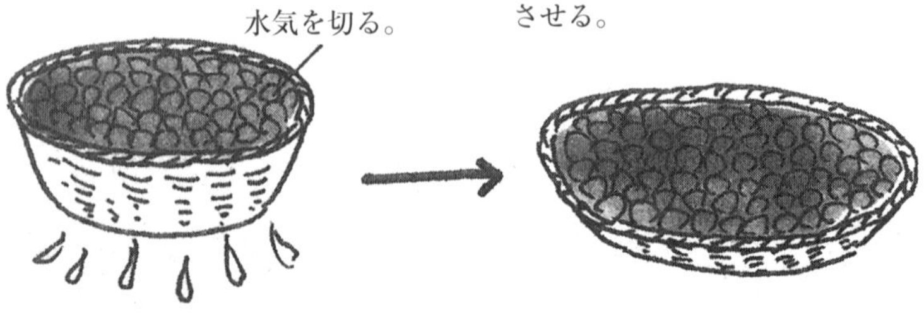

宍戸恵子
安田裕子

❸ 梅に塩を混ぜ10日間くらい漬ける。ヘラなどで毎日かき混ぜる。(手は入れない)

乾燥を防ぐためラップをかけ、紙などでおおいをする。

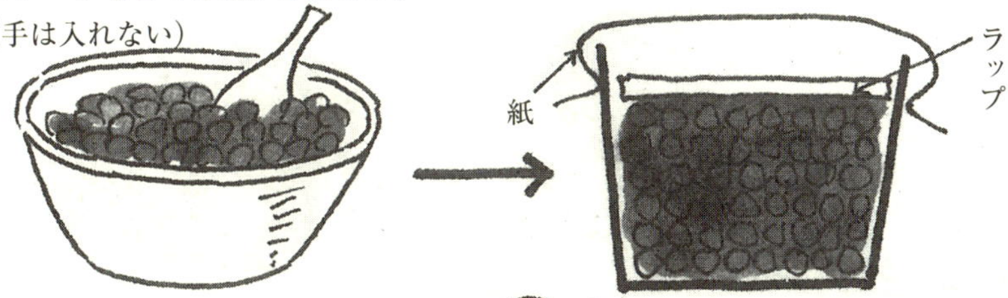

❹ 10日くらい過ぎ、梅に水が上がったら、梅と白梅酢に分け、梅は平らなザルに並べて、10月上旬頃までカチカチに干す。

❻ ④の梅を10月上旬頃本漬をするが、その前に塩抜きをする。(流水で一晩くらいおくか、4～5回水を取りかえる。少し塩分が残る程度)

❺ 赤しその葉はよく洗って水気をよく切り、すり鉢に入れて、少量の塩でよくもんで、黒ずんだ汁を捨てる。次に白梅酢を入れてさらによくもみ、瓶などに漬けておく。

❼ 梅、赤しそ、砂糖を交互に入れ、本漬けする。最後に上からウイスキーを注ぎ、ラップをかけ、紙などでおおいをし保管する。(カビ止め用)

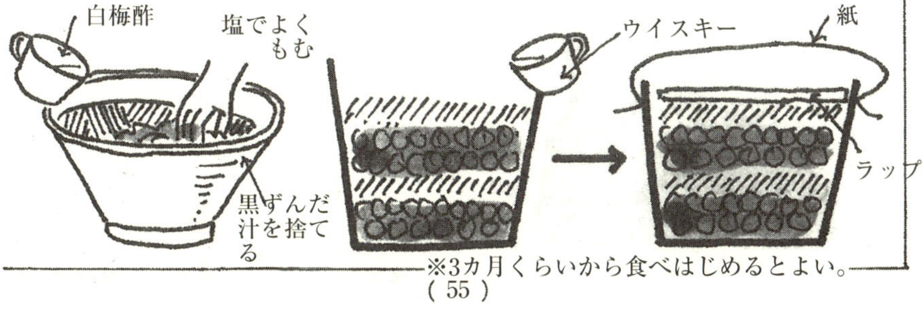

※3カ月くらいから食べはじめるとよい。

茨城

きゅうりとなすの即席漬け

キュウリの即席朝鮮漬

【材料】

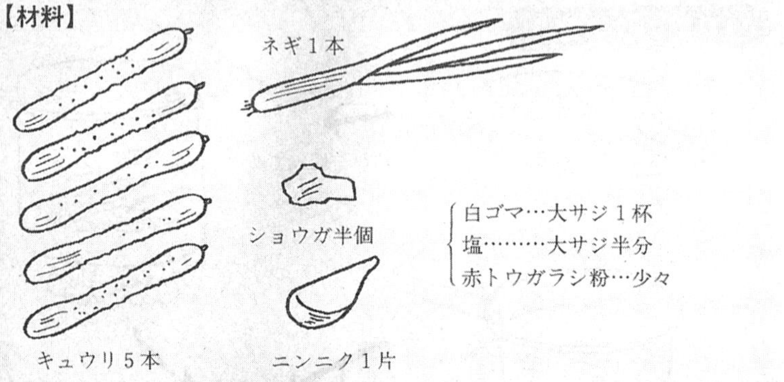
ネギ1本
ショウガ半個
ニンニク1片
キュウリ5本
白ゴマ…大サジ1杯
塩………大サジ半分
赤トウガラシ粉…少々

キュウリの五色漬

【材料】

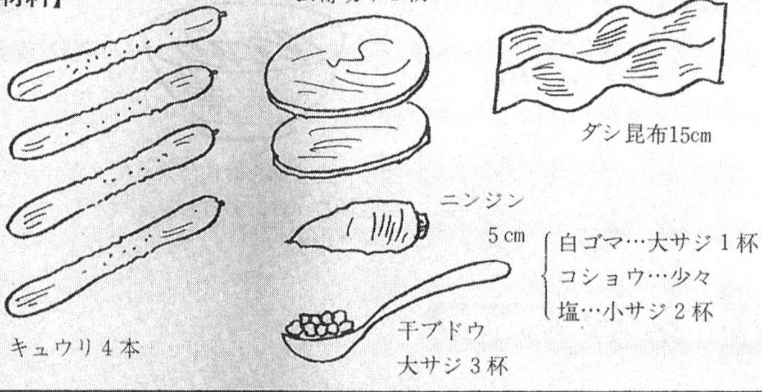
ハム薄切り2枚
ダシ昆布15cm
ニンジン
5cm
キュウリ4本
干ブドウ
大サジ3杯
白ゴマ…大サジ1杯
コショウ…少々
塩…小サジ2杯

ナスの中華漬

【材料】

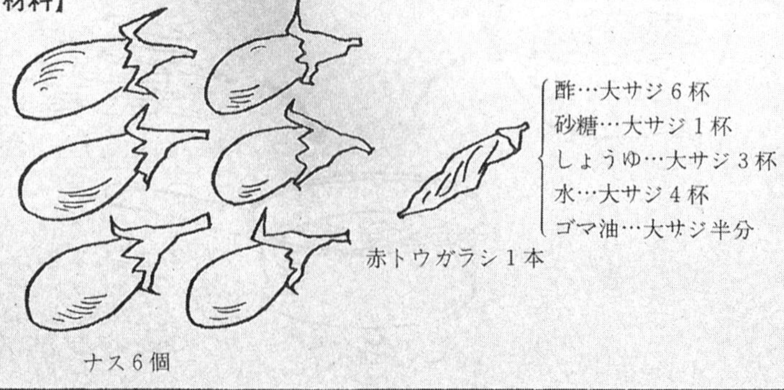
酢…大サジ6杯
砂糖…大サジ1杯
しょうゆ…大サジ3杯
水…大サジ4杯
ゴマ油…大サジ半分
赤トウガラシ1本
ナス6個

飛田寿子

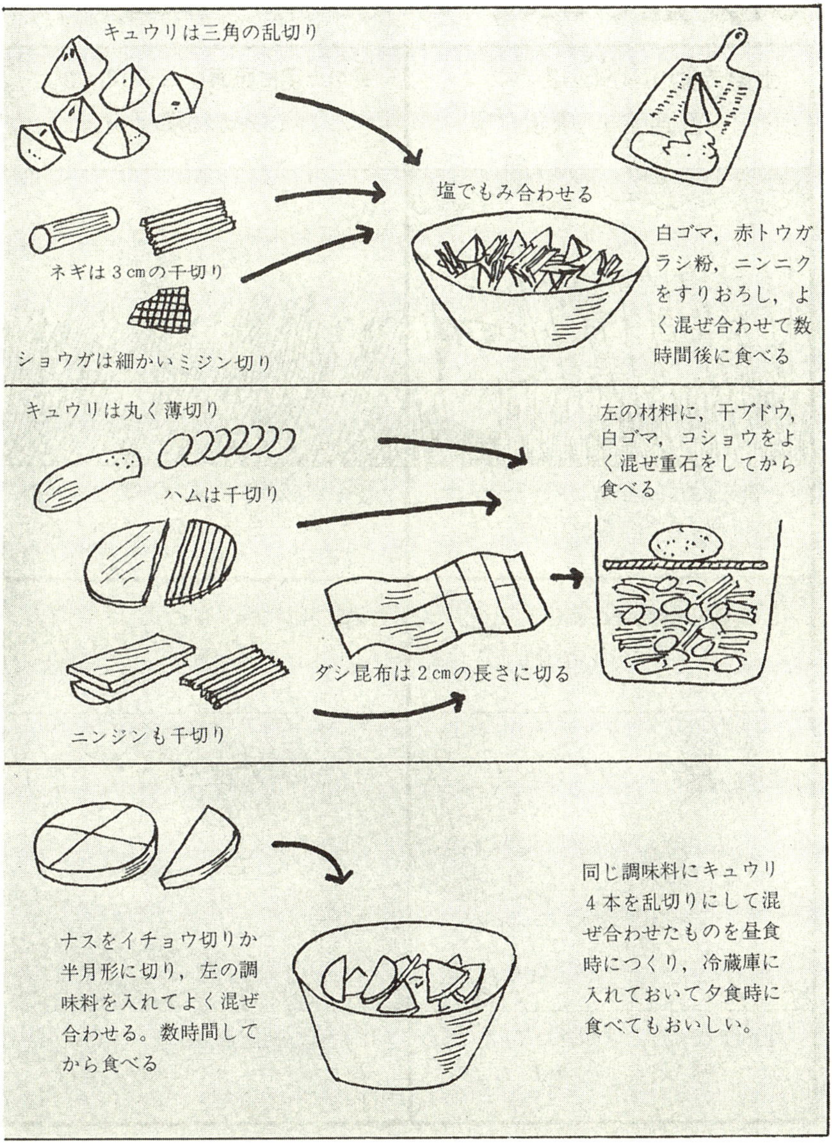
キュウリは三角の乱切り
塩でもみ合わせる
ネギは３cmの千切り
ショウガは細かいミジン切り
白ゴマ，赤トウガラシ粉，ニンニクをすりおろし，よく混ぜ合わせて数時間後に食べる
キュウリは丸く薄切り
ハムは千切り
ダシ昆布は２cmの長さに切る
ニンジンも千切り
左の材料に，干ブドウ，白ゴマ，コショウをよく混ぜ重石をしてから食べる
ナスをイチョウ切りか半月形に切り，左の調味料を入れてよく混ぜ合わせる。数時間してから食べる
同じ調味料にキュウリ４本を乱切りにして混ぜ合わせたものを昼食時につくり，冷蔵庫に入れておいて夕食時に食べてもおいしい。

茨城

大白うりの酒粕漬け

9月初旬に漬け込むと、10月頃より翌年6月頃まで食べられて、お茶受けやおつまみにとても重宝します。8月下旬から9月上旬に収穫できるようにタネをまきます（茨城県では6月中旬くらい)。

品種は大白ウリといい、果肉が硬く酒粕漬けに向いています。だいたい50kgくらいを漬込みます。おつかいものにすると、歯ざわりや色つやがよいと、とても喜ばれます。

下漬け

1 ウリを2つ割りにしてタネをとる。

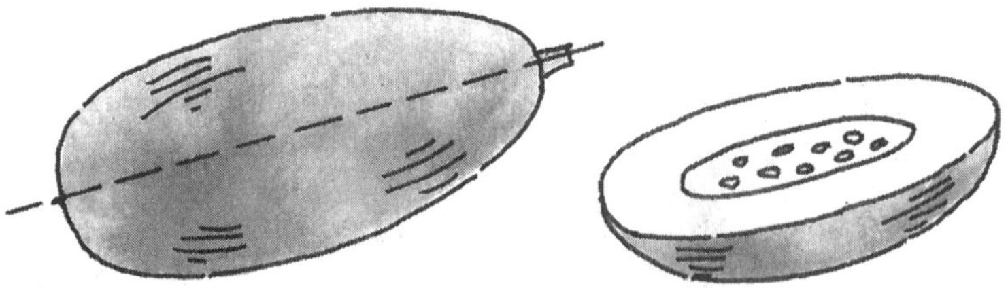

2 くぼみに塩を7分目くらい入れて12時間くらいおく。

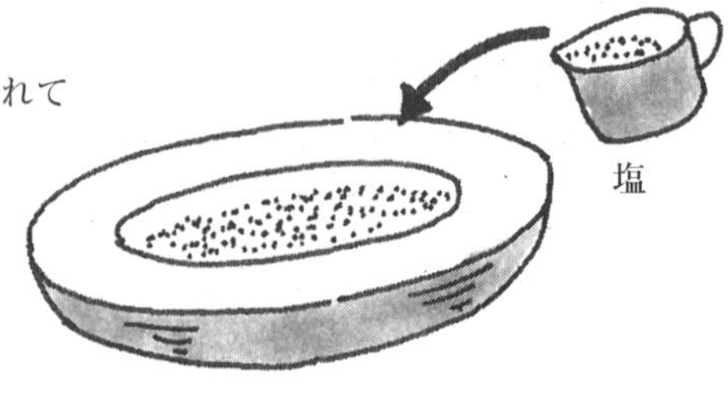

上野登美子

③ くぼみにたまった水をそっとすてて桶に並べる。

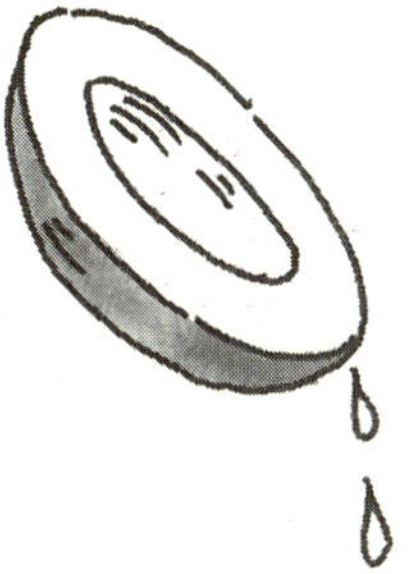

④ ひたひたになるまで差し水をして軽い重石をする。

ウリが水の中に入っているくらいの状態の浮かし漬けとする。

下漬けしたウリを一度水洗いし、よく水を切って、重ならないように漬け込む。

本漬け

〈材料〉
（生ウリ10kg当たり）

酒粕	10kg	よくまぜておく
砂糖	2kg	
塩	200g	
みりん	250cc	

しっかりとラップしておく

1カ月くらいから食べられる。

茨城

はぐらうりの鉄砲漬け

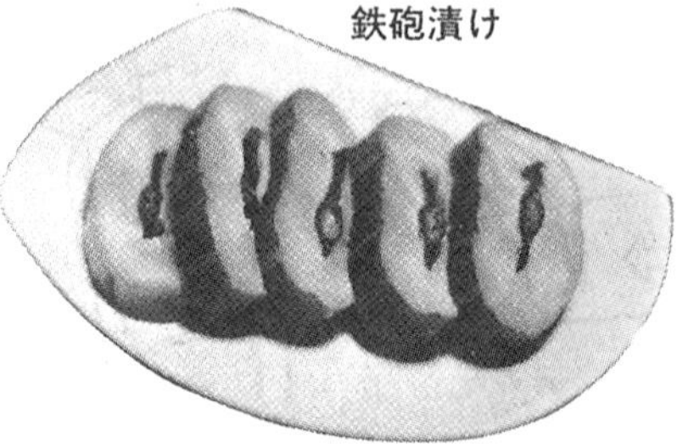
鉄砲漬け

歯がなくても，また歯がぐらぐらしても噛めるほど柔らかい瓜というので，はぐら瓜と呼ばれている。切り漬，糠みそ漬にしてもすぐ食べられるが，一晩で漬かる鉄砲漬は季節の青ジソの香りと青トウガラシの辛みがよく合っておいしい。7月から8月の漬物である。

はぐら瓜の起こりはさだかではないが，農家でつくっていたマクワ瓜と白瓜の自然交雑でたまたまやわらかな瓜ができたので，自家採種によりつくられ始めたらしい。現に，はぐら瓜の種子をまいても，たまにマクワ瓜に似た丸い瓜ができることがある。千葉県，茨城県，埼玉県の地域で，大正末期から昭和のはじめにかけて栽培され出したのではないかとのことである。

材料

はぐら瓜＝適宜

青トウガラシ（辛みの弱い品種がよい）＝瓜１本につき２本くらい

青ジソ＝青トウガラシ１本につき２～３枚

塩＝瓜の正味重量の3.5～４％

野口美千代

漬け方

①瓜の両端を切り落とし，種子をきれいにとりだす。

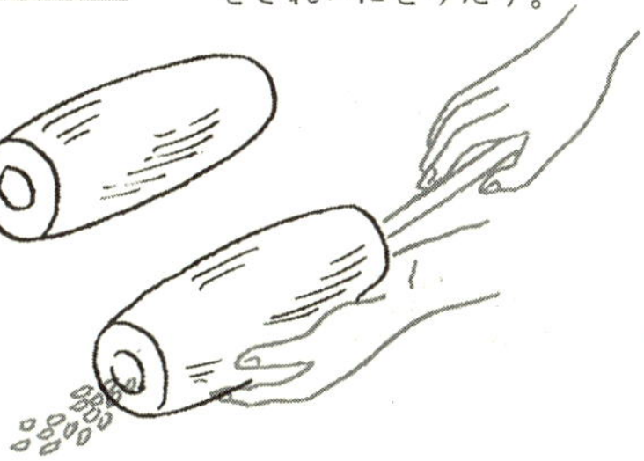

②青トウガラシを青ジソの葉で巻き，軽く塩をしながら①の瓜につめる。

③残りの塩を瓜にまぶしながら桶につめ，重石をして漬け込む。一晩で食べられる。おいしいのは漬けてから４～５日間くらい。長くおくと酸味が出る。

コツ

重石（材料の目方の1.5～２倍）をきかせ，一晩のうちに水をあげること。

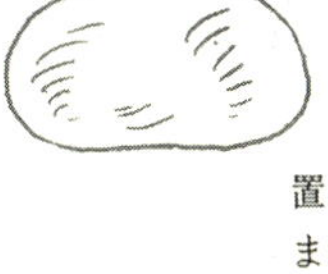

甘塩なので酸味が出やすいから

置場所に注意＝冷暗所におくか，または漬かったら桶から取り出し，冷蔵庫に保存する（よく冷えていたほうが食べてもおいしい）。

少しずつたびたび漬けたほうがよい。はぐら瓜を自家栽培するときは，播種期を少しずつずらすとよい。

茨城 しその実のこうじ漬け

①下　漬　け

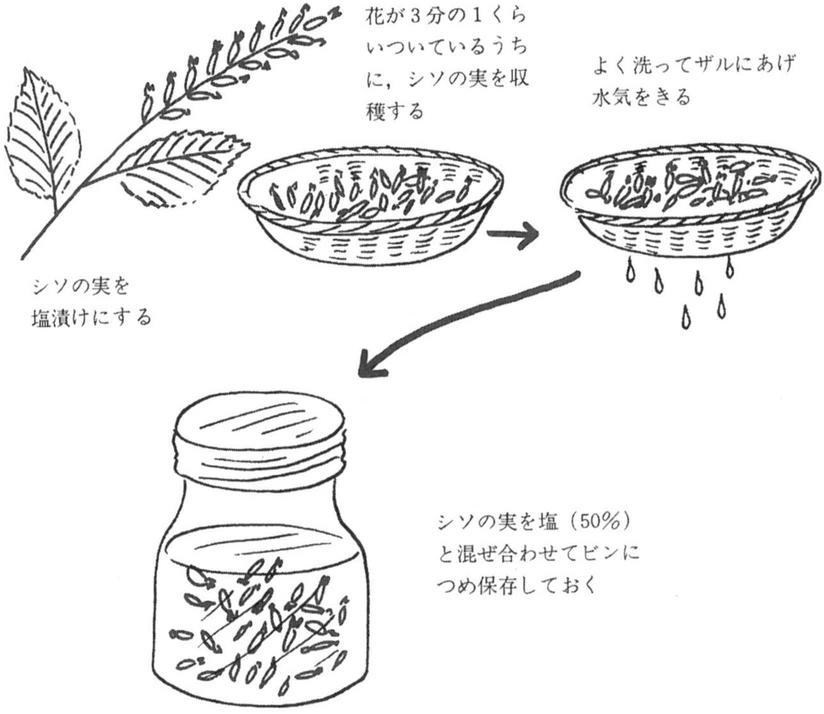
花が3分の1くらいついているうちに，シソの実を収穫する
よく洗ってザルにあげ水気をきる
シソの実を塩漬けにする
シソの実を塩（50%）と混ぜ合わせてビンにつめ保存しておく

シソの実は花芽のある若いものを収穫し，塩漬けにして保存しておく。こうじができてから塩抜きして漬け込む。12月に漬けると翌年の5～6月ころから食べられる。きゅうりや大根につけてもよく，御飯にもおいしい。1年でも2年でも保存できる。

臼井雅子

②本　漬　け
生姜少々
トウガラシ２本
みじん切り
みじん切り
シソの実の塩漬け300g
塩気をぬいてよく
水気をしぼっておく
米こうじ　５カップ
しょう油
４カップ
煮立てて
さます
２～３日してからカメか
広口ビンに貯える
よく混ぜ合わせて押しブタを
し，ときどきかき混ぜる
３～６ヵ月たつと，こうじがとけ
てまろやかな甘味が出ておいしく
なってくる

茨城　メロンの酒粕漬け

谷田部町は3月下旬になると、畑一面にメロンのビニールトンネルが敷かれ、太陽をキラキラと反射してまぶしいほどです。農家の手近にある摘果したメロンやつる上がりのメロンを利用しての粕漬けは、歯あたりのよい、おいしい漬物です。

①メロン準備

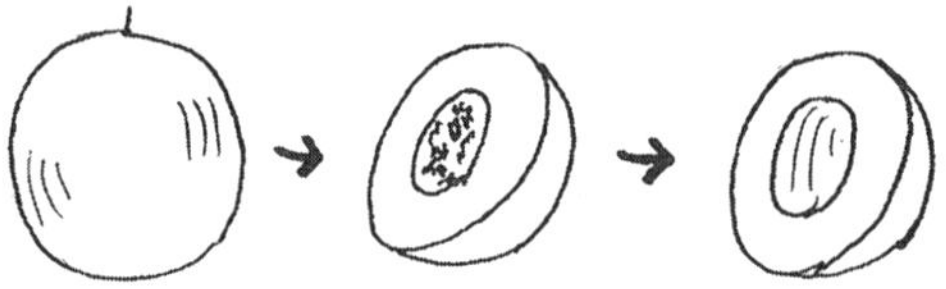

メロンをタテに2つ割にし、タネをとって、くぼみに塩をまぶす。

②下漬け

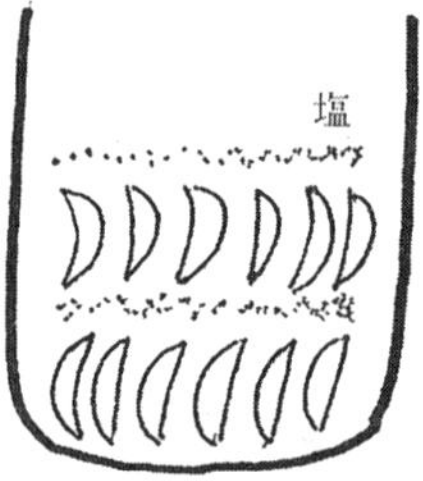

メロンの腹と背を合わせて横向きに並べ、塩をパラパラとふる。これを繰り返して全部漬け込む。

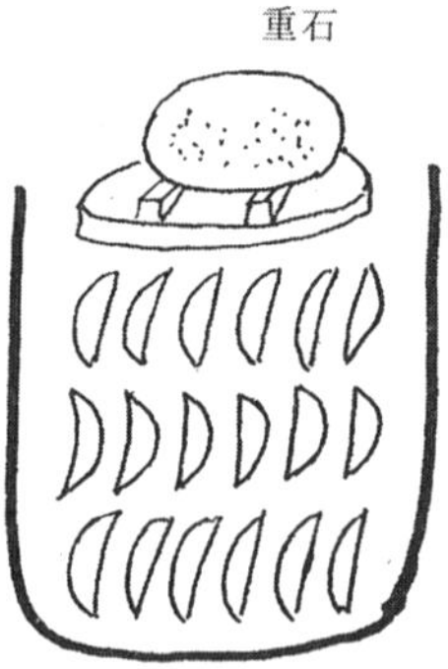

押しぶたと重石をして、さし水をそそぐ。

青木睦枝
橋本美津子

③粕床の材料

（下漬けメロン四キロ分）

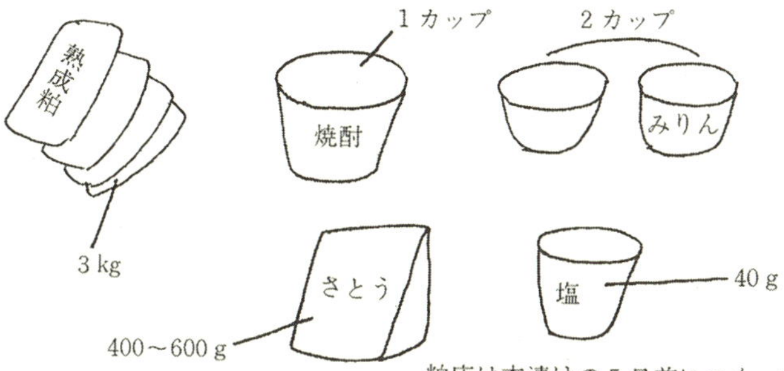
熟成粕
3 kg
1カップ
焼酎
2カップ
みりん
さとう
400～600 g
塩
40 g

粕床は本漬けの5日前につくっておく。

④塩出し

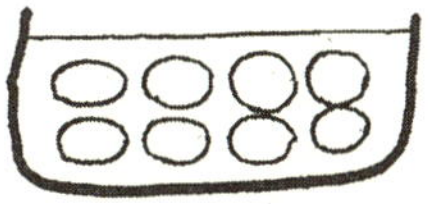

下漬けメロンを一昼夜塩出しし、水気をよくきる。

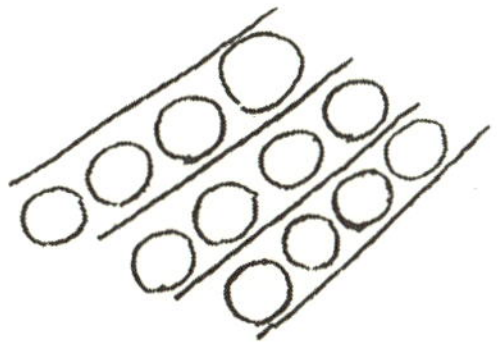

平らに並べて3～4時間乾かす。

⑤本漬け

粕

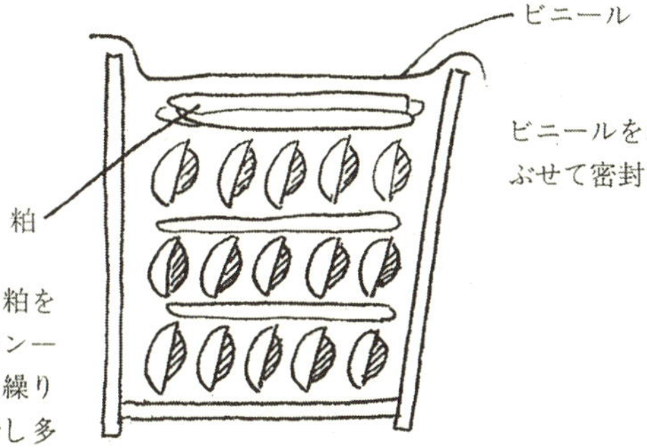
ビニール
粕

ビニールを二重にかぶせて密封する。

メロンのくぼみに粕をつめる。粕―メロン―粕という漬け方を繰り返し、終わりに少し多めに粕をかぶせてならす。

栃木　スタミナ五色漬け

す早くできてスタミナもりもりの漬物です

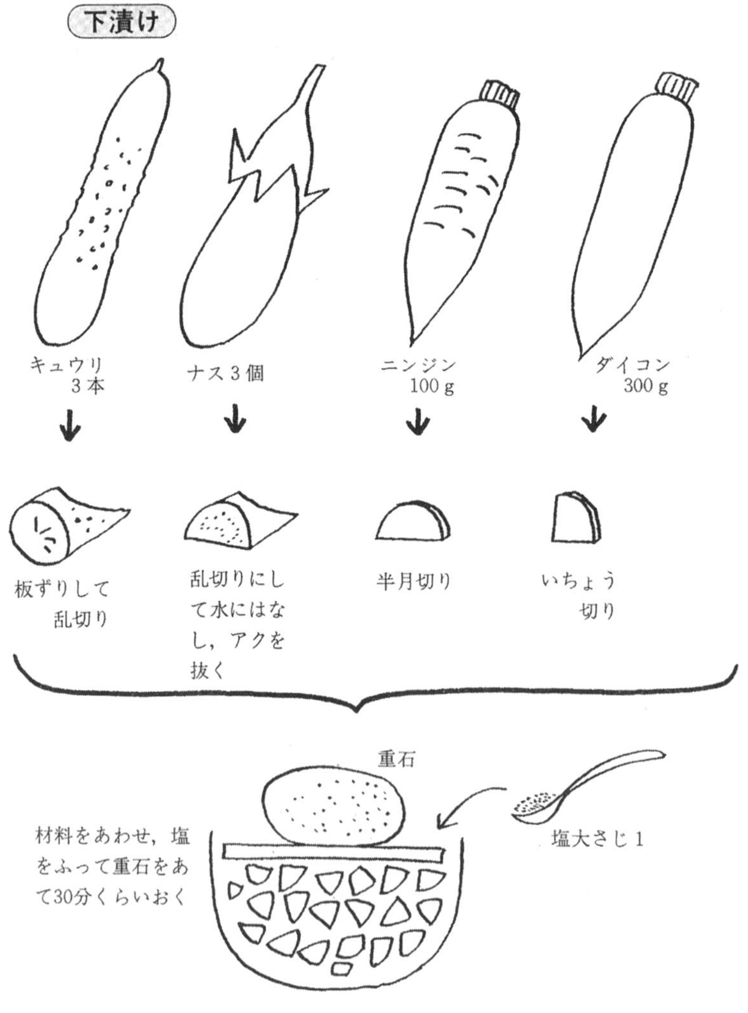
下漬け
キュウリ
3本
ナス3個
ニンジン
100 g
ダイコン
300 g
板ずりして
乱切り
乱切りにし
て水にはな
し，アクを
抜く
半月切り
いちょう
切り
重石
材料をあわせ，塩
をふって重石をあ
て30分くらいおく
塩大さじ1

黒崎尚子

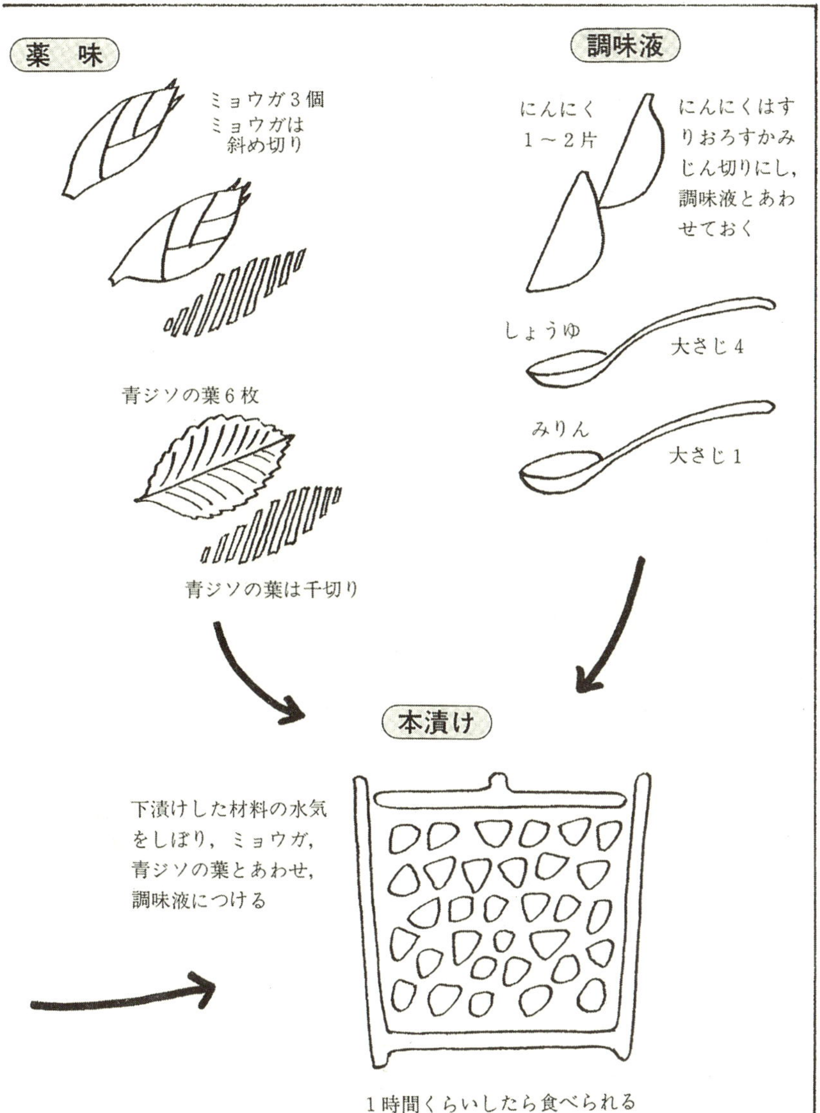
薬　味
ミョウガ３個
ミョウガは
斜め切り
青ジソの葉６枚
青ジソの葉は千切り
調味液
にんにく
１～２片
にんにくはすりおろすかみじん切りにし，調味液とあわせておく
しょうゆ
大さじ４
みりん
大さじ１
本漬け
下漬けした材料の水気をしぼり，ミョウガ，青ジソの葉とあわせ，調味液につける
１時間くらいしたら食べられる

栃木　白うりの粕漬け

材料

①酒粕12kg
②白ウリ13〜15個。青色で若取りのほうがよい。マクワウリなど生で食べるものは適しません
③食塩

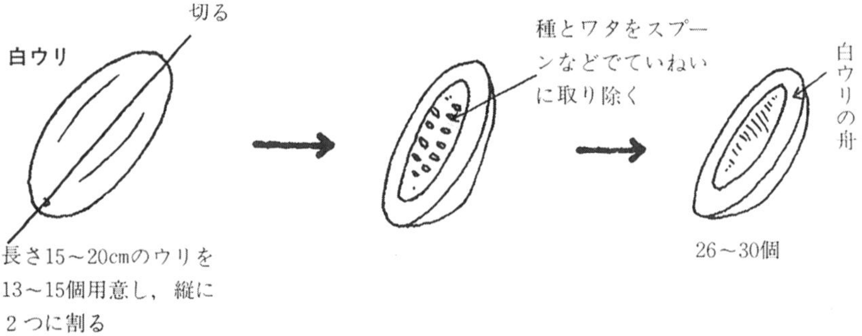

白ウリ
切る
長さ15〜20cmのウリを13〜15個用意し，縦に2つに割る
種とワタをスプーンなどでていねいに取り除く
白ウリの舟
26〜30個

塩漬け　大切な作業ですョ

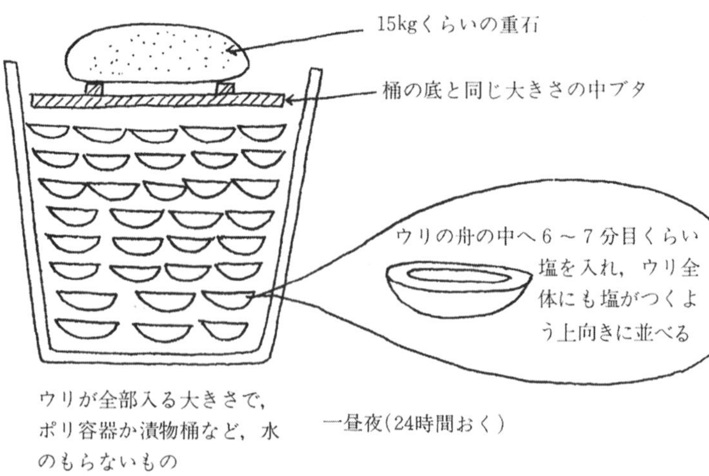

15kgくらいの重石
桶の底と同じ大きさの中ブタ
ウリの舟の中へ６〜７分目くらい塩を入れ，ウリ全体にも塩がつくよう上向きに並べる
ウリが全部入る大きさで，ポリ容器か漬物桶など，水のもらないもの
一昼夜（24時間おく）

黒崎尚子

24時間たったらウリを取り出す

ウリから出た塩水でウリを洗うようにして出し，ザルの中に下向きにして一つずつ並べ半日ほど陰干し

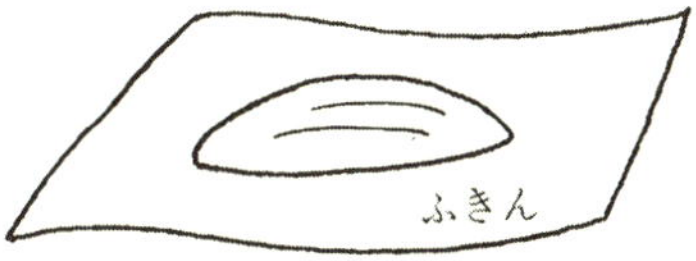

乾いたふきんで一つずつ水分をふき取る

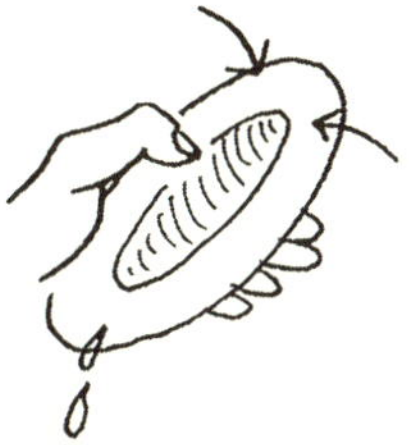

ウリを片手に持って種子とワタを取り除いたほうを内側にして，ウリを縦に絞ってみる

↓

- 舟の底から少し水が出る程度なら最適
- 水分がたくさん出るようなら，塩漬けのときの塩の量が少ないか，重石が充分でない
- 乾いたふきんで水分をふきとる

本漬け

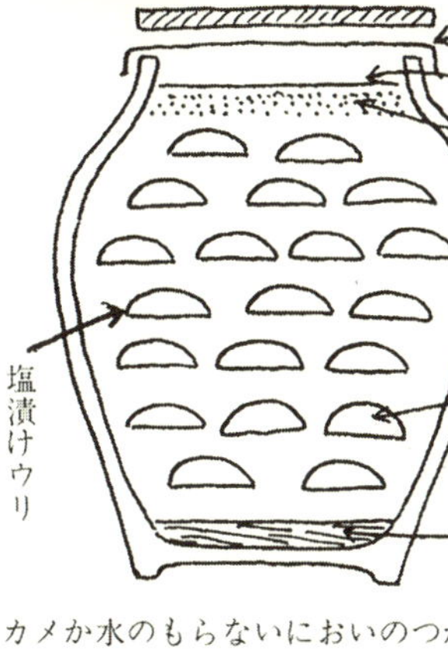

新聞紙でおおいヒモで縛り上ブタをする

ナイロンを押してすき間のないように敷く

食塩を殺菌を兼ねて薄くぬり込む

酒粕をウリが見えなくなるくらいまで入れる（注：ウリと酒粕の間に空気が入らないように）

ウリを下向きにして重ならないように並べる

底に酒粕を２～３cmくらいの厚さに敷く

カメか水のもらないにおいのつかない桶。酒粕と塩漬けウリが全部入って，少々すき間のあく程度のもの

風通しのよいところにおく。西日の当たるところはとくにダメ。11月上旬から食べられる

栃木

ふくべ（かんぴょう）のたまり漬け

ふくべは、かんぴょうの材料になる野菜ですが、収穫し終わってつるあげのとき、うらなりのふくべがけっこう残っているものです。このうらなりふくべを利用したのが、ご紹介するたまり漬けです。

まず塩漬けし、それをさらにたまり漬や粕漬に加工します。とても歯ごたえのよい漬物にしあがります。

塩漬の材料

ふくべ……20kgに対して	〈下漬〉	〈本漬〉
塩	2 kg	2.8kg
塩水（水3.8ℓ、食塩0.7kg）	4 ℓ	4 ℓ
焼みょうばん	40 g	20 g

〈下　漬〉

①ふくべは1個1～2kgくらいの柔らかいものを選ぶ。

②縦半分に切る。

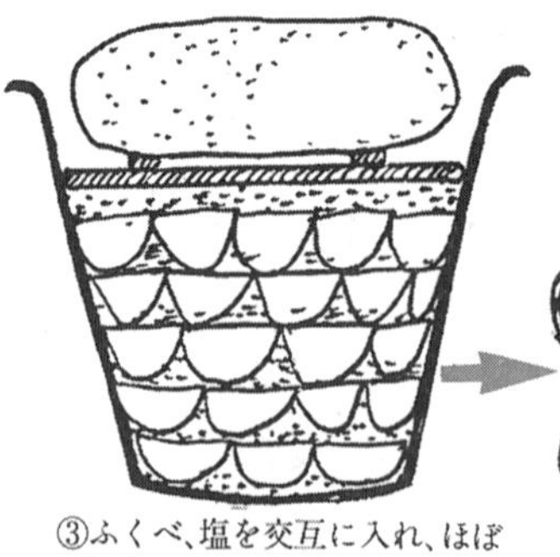

③ふくべ、塩を交互に入れ、ほぼ同量の重石で４日間漬ける。

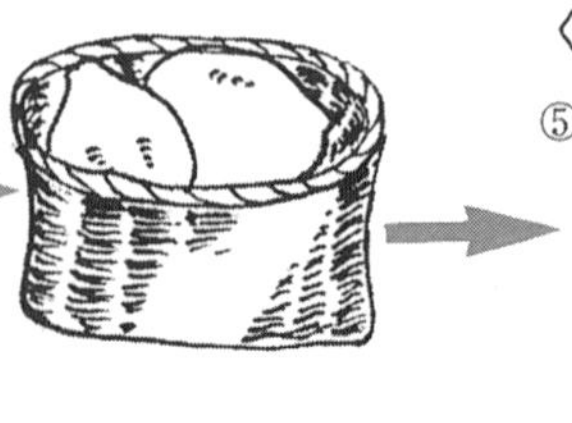

④ざるにあげ水洗いする。

〈本　漬〉

⑤下漬したときと同じように、ふくべと塩を交互に入れ、重石をして、2ヵ月間漬けておく。

角田永子

たまり漬の材料

塩漬ふくべ……２kg （綿の部分を除く）	しょうゆ…………１ℓ
	砂　　糖…………500ｇ
こんぶ………10cm角	み　り　ん…………180mℓ

〈つくり方〉

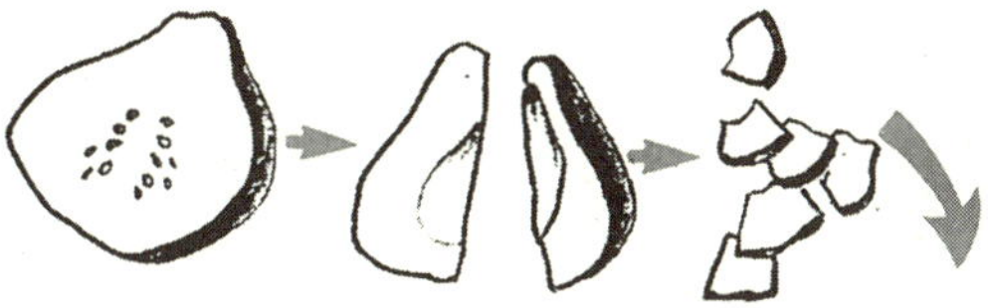

①塩漬ふくべは4〜8つ割にし綿・種の部分をとり除き、1.5cmの薄切りにする。

②１晩くらい塩抜きし、もとの重さ（２kg）まで水分をしぼる。

③調味料を合わせ、約80℃まであたため、人肌にさましておく。

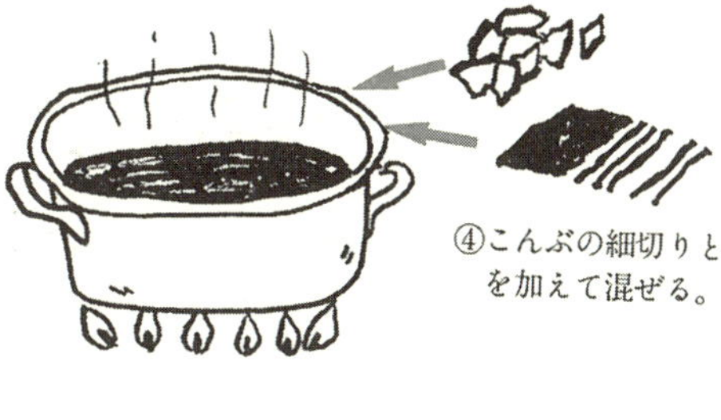

④こんぶの細切りとふくべを加えて混ぜる。

⑤３日後ぐらいから食べられる。

群馬　こんにゃくとしいたけの風味漬け

地域特産品のコンニャク、シイタケを使った即席漬けで、あたたかいご飯にピッタリの、簡単でおいしい風味漬けです。

材料(４人分)

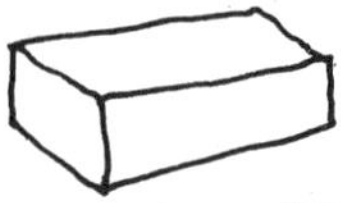

コンニャク200ｇ

シイタケ５枚

ニンジン10ｇ

シソの実大さじ３

ゴマ少々　しょうゆ100c.c.　みりん50c.c.　酢30c.c.　だし汁60c.c.

①コンニャクは湯がいてアクぬきをする。

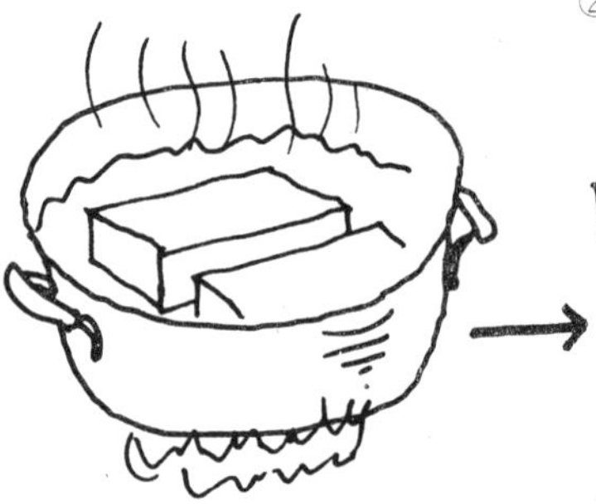

②アクぬきしたコンニャクを短冊に切る。

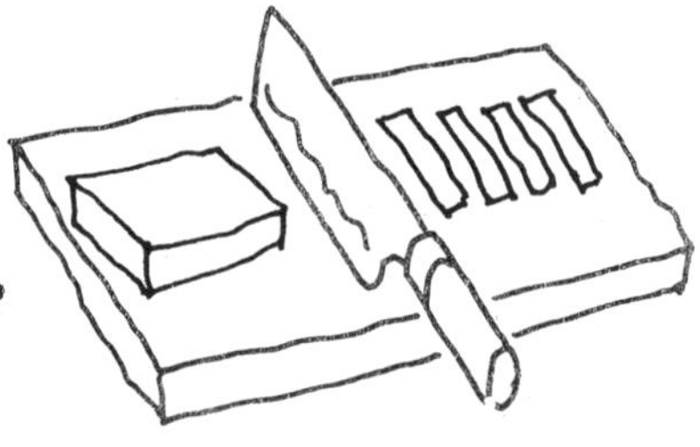

③シイタケを洗う。

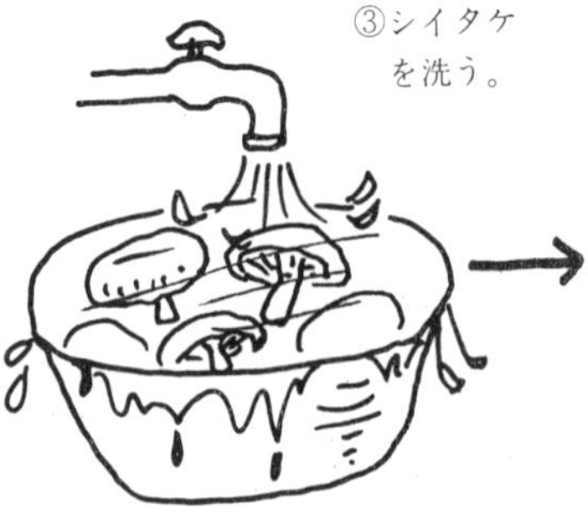

④洗ったあとアミで焼く。

荻野千代子

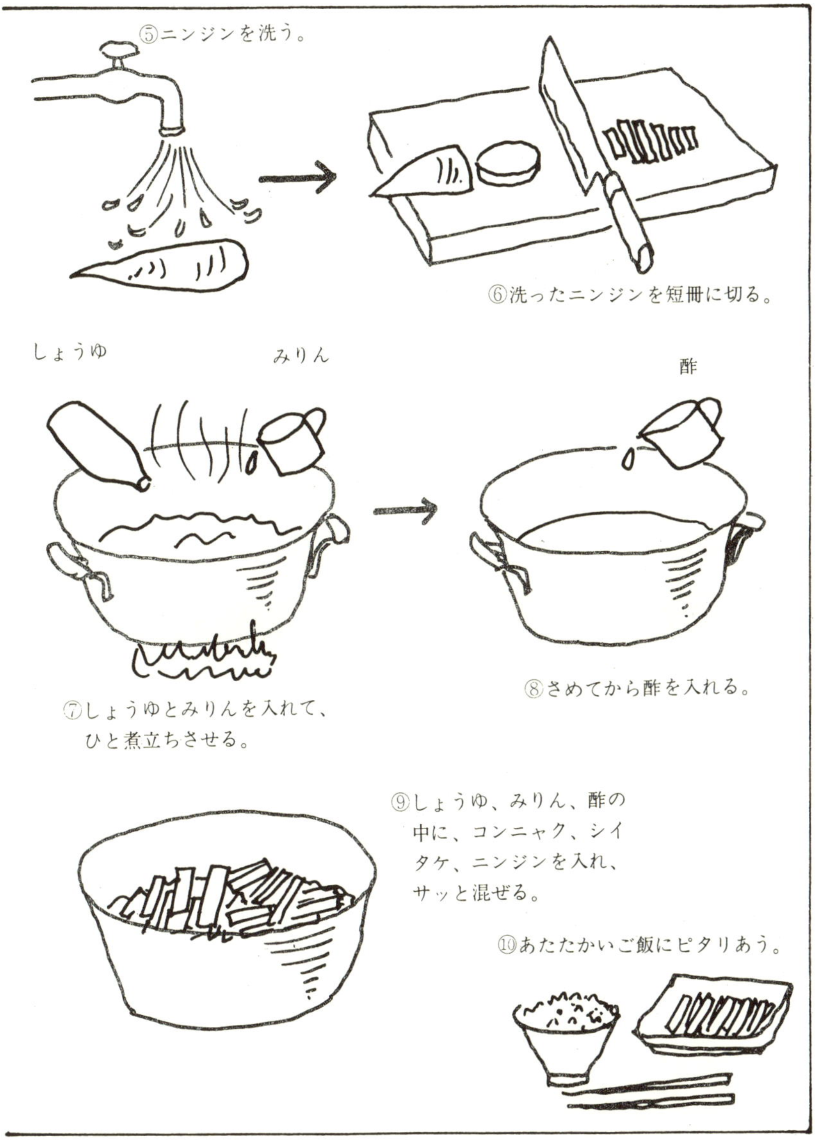
⑤ニンジンを洗う。
⑥洗ったニンジンを短冊に切る。
しょうゆ
みりん
酢
⑦しょうゆとみりんを入れて、ひと煮立ちさせる。
⑧さめてから酢を入れる。
⑨しょうゆ、みりん、酢の中に、コンニャク、シイタケ、ニンジンを入れ、サッと混ぜる。
⑩あたたかいご飯にピタリあう。

埼玉　きゅうりのこうじ漬け

秩父では昔から夏の土用に〝おなめ〟をつくります。このとき使う麦こうじを多めにつくり，夏野菜の漬物に利用しています。

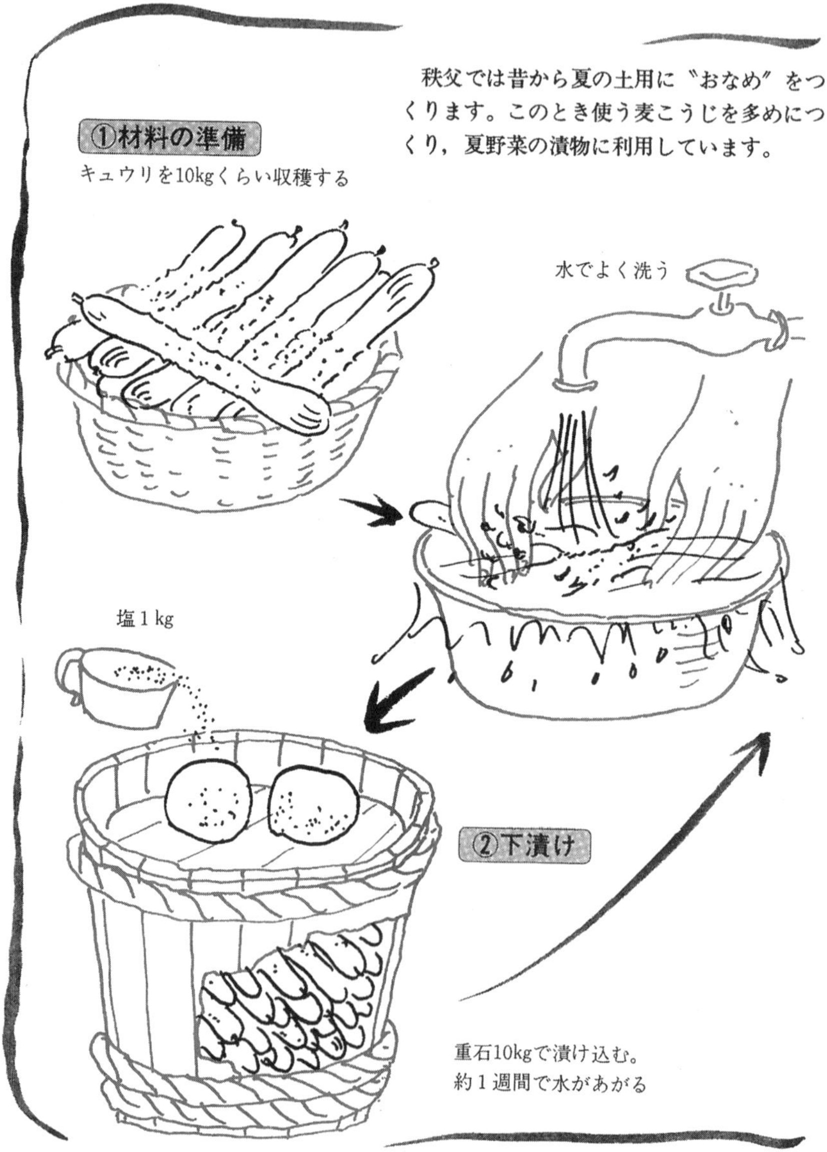

①材料の準備
キュウリを10kgくらい収穫する
水でよく洗う
塩１kg
②下漬け
重石10kgで漬け込む。
約１週間で水があがる

新井えり子

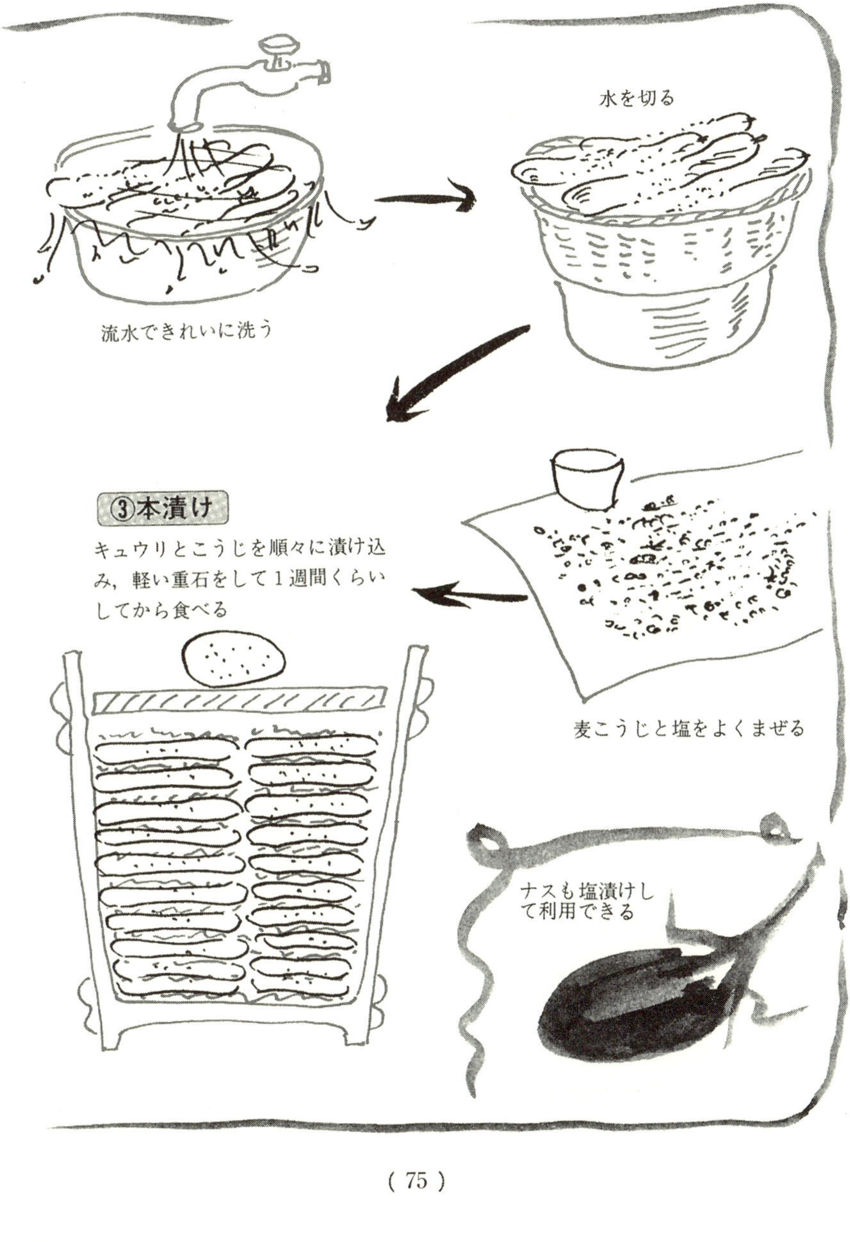
流水できれいに洗う
水を切る
麦こうじと塩をよくまぜる
③本漬け
キュウリとこうじを順々に漬け込み，軽い重石をして１週間くらいしてから食べる
ナスも塩漬けして利用できる

千葉

手軽な粕漬け

奈良漬はとてもおいしいものですが、長期間、根気よく漬けなくてはならず、そのうえ仕上がりが気候に大いに左右されるむずかしい漬物です。

そこで誰でも簡単に粕漬の風味を楽しめる方法をお教えしましょう。

粕床つくり

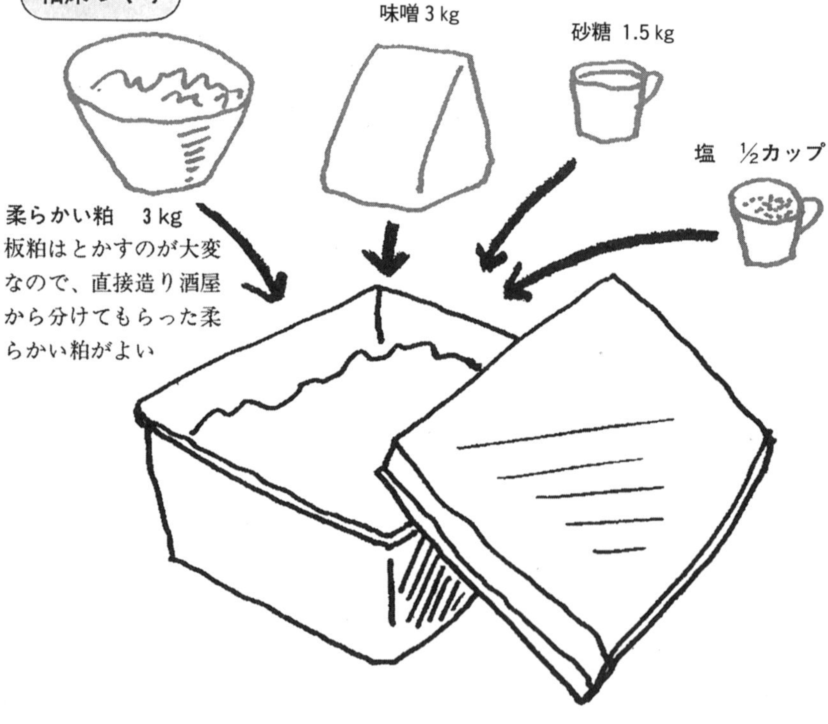

味噌 3 kg
砂糖 1.5 kg
塩 ½カップ
柔らかい粕 3 kg
板粕はとかすのが大変なので、直接造り酒屋から分けてもらった柔らかい粕がよい

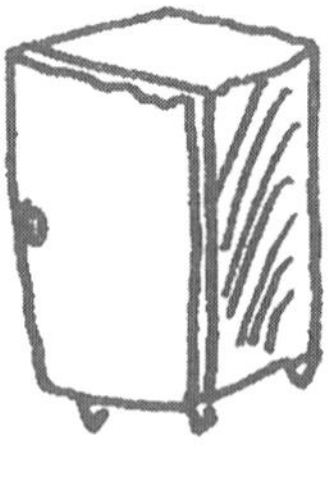

材料を全部まぜて粕床をつくり、しっかりふたのできるものに入れておく。(寒い時期以外は、冷蔵庫に入れておかないと味が変わる)

土肥偉満子
岩井とよ

下漬け 野菜は下漬けして使う。

きゅうり

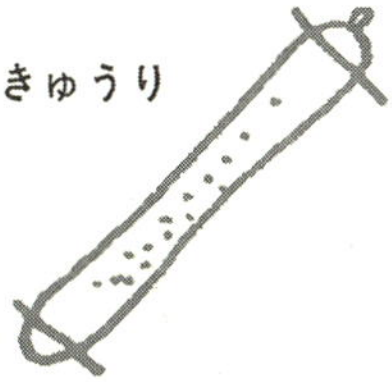

塩分3％で、一夜漬けする（両端を切って1本漬け）。

うり

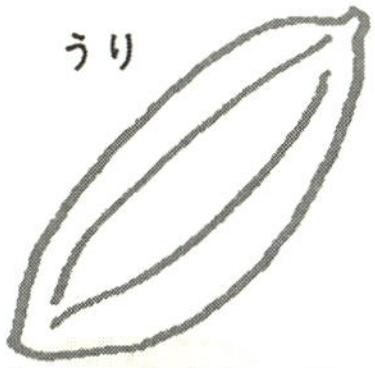

柔らかいものは一夜漬け。固いものは、3～4日漬ける。

セロリ

葉を落とし5％の塩水で浮かし漬け（重石をしないで落としぶたをする）

その他、小メロン、にんじん、大根など材料はいろいろ。

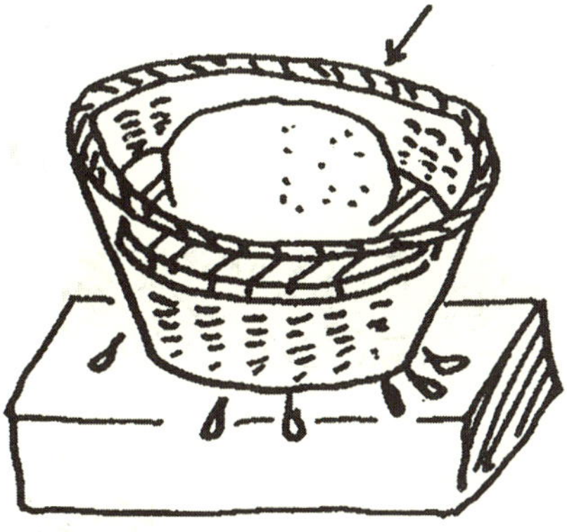

漬け上がったらザルに入れて、重石をして水をきるとよい。少しだけ漬けるばあいは、ザルにあげて半日くらいかわかすとよい。

本漬け

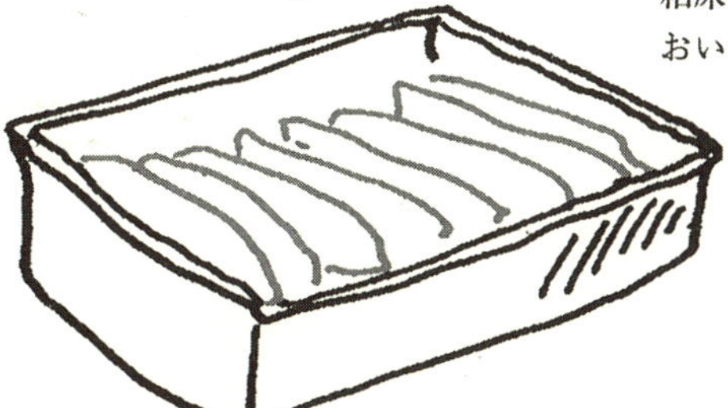

粕床に入れて、7日くらいたつと、大変おいしい粕漬ができる。

●床は3回くらい使えるが、水が多いときは、水分だけすてて、調味料を加えて味をととのえる。

千葉　たけのこの赤漬け

①材料と用具

ゆでたけのこ（もうそう，はちく，まだけ，なんでもよい）
200～250ｇ
酢
50cc
まな板
包丁
ボール
赤うめ酢（しそ入り梅干しの漬け汁。10％の塩分で漬けたもの）
150cc
大鍋

赤うめ酢には，かぶ，だいこん，しょうがなどをいろいろな形に切って漬け込みますが，一風かわった，たけのこの赤漬けはいかがでしょうか。

天然の紅色に染まって，色どりがとてもきれいです。

②たけのこをゆでる

①たけのこは外皮を１～２枚除き，先端を斜めに切り落とし，煮えやすいようにたてに包丁目を１～２本入れる。
大鍋にたけのこを入れ，かぶるくらいにたっぷりの水とぬかをひと握り，赤とうがらしを１～２本加えて，約40分～１時間ゆでて，アクを抜く。
柔らかくなったら，むらしてそのままさめるまでおく。

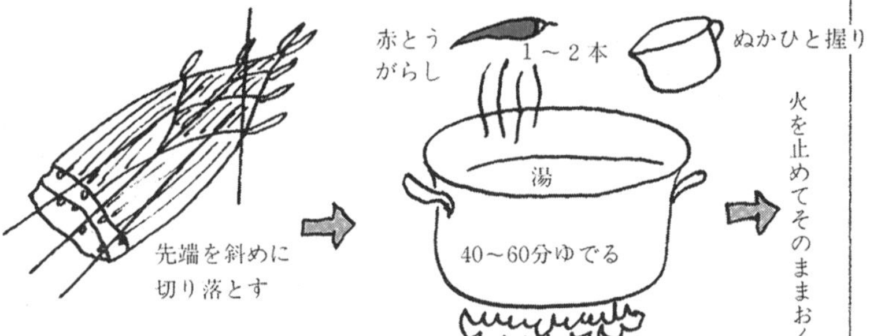

先端を斜めに切り落とす
赤とうがらし
１～２本
ぬかひと握り
湯
40～60分ゆでる
火を止めてそのままおく

②たけのこの皮をむき，水洗いして，水にさらし（２～３時間）ざるにあげて水けを切る。

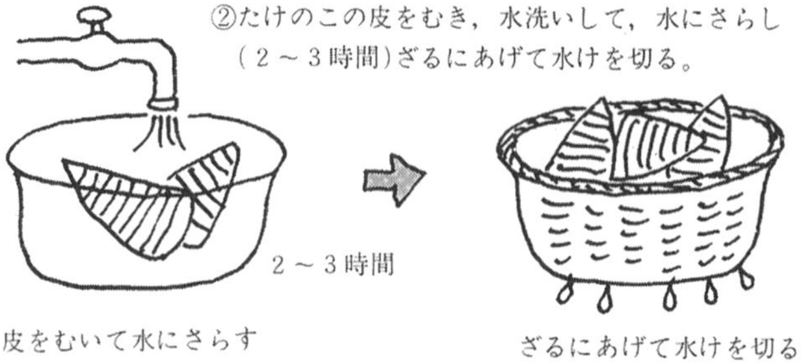

２～３時間
皮をむいて水にさらす
ざるにあげて水けを切る

小林はつ枝

③たけのこを切る

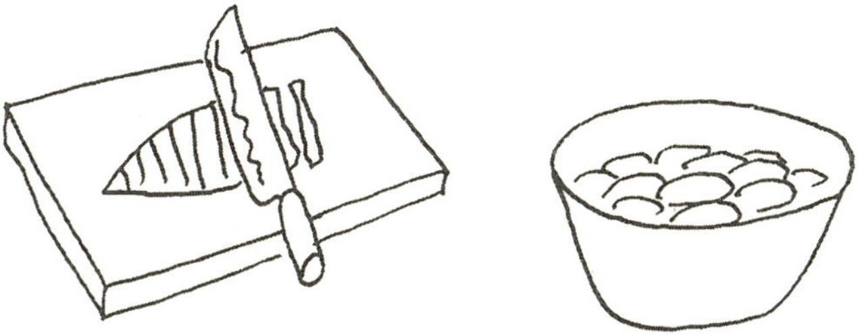

ゆでたけのこを小口切りにする。

④漬け込む

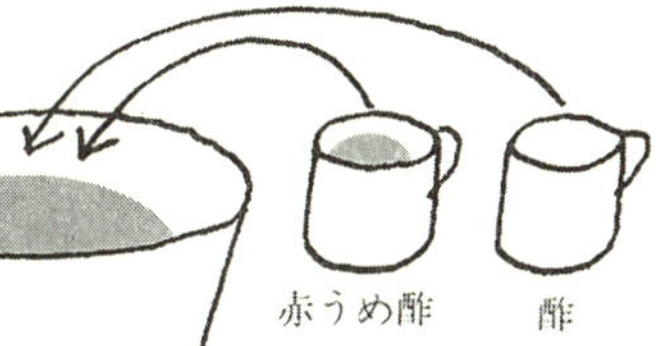

赤うめ酢と酢を合わせた中に切ったゆでたけのこを漬け込む。

軽く押し(皿などを利用するとよい)をし，一晩おけば食べられる。

コツ

★赤ウメ酢だけの中に漬け込んでもよいが，酢で割ったほうが味がまろやかになる。

★酢のかわりに，酒，ワインなどを応用すると，香りが楽しめる。

⑤食べ方

保存びんなどに入れて，冷蔵庫の中へ入れておき，カレーのわきに添えたり，また，お茶うけに，食卓のはし休めなどに利用すると便利です。

千葉　ふきのぬか漬け

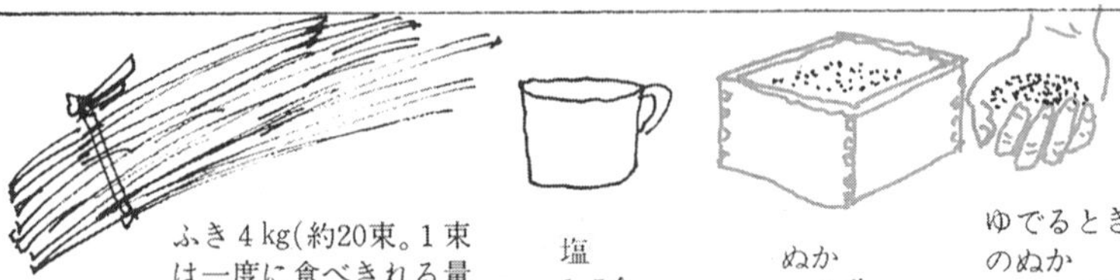

ふき４kg（約20東。１束は一度に食べきれる量で，ひとにぎりくらい。約200ｇ）

塩
1.5合

ぬか
２升

ゆでるときのぬか
ひとにぎり

①ふきをゆでる

ふきは適量の太さにしてワラでしばり，たっぷりの湯をわかして，ぬかをひとにぎり入れた鍋の中でゆでる。ゆでかげんは，根元を指でおさえてややかたい程度にする。かたくてもやわらかすぎても歯ざわりが良くない。

②ゆでたふきの皮をむく

ゆだったらとり出し，すばやくつめたい水につけて荒熱をとり，すぐひきあげて水をきり，皮をむく。皮をむいたふきは，一度に食べられるくらい（約200ｇ）の小束にする。皮もすてないでおく。

③皮をむいたふきを水にさらす

ふきを一晩水にさらす。皮もまとめて一晩水につけてあとで利用する。流し水にしないで，２～３回水をとりかえたほうが白くあがる。

小林はつ枝
松崎清香

④水にさらしたふきを水押しする

ふきが水を含んでいるので，ざるにあげてから，おけにふきを入れて同量くらいの重石をし一晩おく。重石の下にふきの皮を，ふた代わりにする。ふきの皮は弾力があり，下のふきがいたまず，また表面のふきが変質するのを防ぐ役目をする。

⑤本漬けのやり方

水押ししたふきをざるにあげて水を切る。水押しすると水分がぬけてなわがゆるくなるので，しばりなおすと良い。

食べ方

①そのまま洗って，かつをぶしをかけて食べる（塩からくなく，ふきの肌が白く，風味もよい）。
②半日水につけて塩ぬきしてから油あげを入れ，かつをぶし，砂糖，しょうゆで味付けして食べる。
③そのまま洗って，油いためにしてもおいしい。

漬ける容器はふきのアクが出るので，プラスチックか木のおけがよい。分量のぬかと塩を混ぜてから，ぬかを底一面に敷き，ふきを一並べしたら，ぬかをおき，またふきと交互につけ込んでいく。一番上に最後のぬかをふり，水押しのとき使った皮を再びふた代りにする。5倍くらい（20 kg）の重石をのせ，4～5日したら3倍（12 kg）にする。4～5日すると食べられる。

東京　ひのはら漬け

54年に檜原手づくり会で生み出したひのはら漬けは，山里でとれたミョウガ，シソの実，ダイコン，キュウリ，シメジなどをそれぞれ収穫したときに塩漬けしておき，それらを細かく刻んで漬け液に漬けたものです。甘みをおさえ，パリッとした歯ざわりは「村営の特産物直売所」でも人気があり，土産物として喜ばれています。

①材料と分量

ひっくるめて約60kg
- 干しダイコン…29kg
- キュウリ………29kg
- シソの実………2kg
- ミョウガ………1.5kg
- ショウガ………1.5kg
- 塩漬けシメジ…2kg（30%）

調味液
- さとう…………4kg
- しょうゆ………18 ℓ
- 酢………………2.7 ℓ
- 水………………2.0 ℓ
- 赤トウガラシ…35g
- 化学調味料 …70g

野菜類は14%の塩漬けで二度漬けする。ダイコン以外の野菜は洗わない。塩漬け後その液で洗う。

②下準備

塩漬けした材料を切る。

輪切り
キュウリ
干しダイコン
4つ割り
全部
3㎜に
小口
切り
ショウガ
千切り
ミョウガ
こまかく、
たて割り
シメジ
ほぐす

③塩ぬき

刻んだ材料はそれぞれの容器で一晩，流し水で塩をぬく。

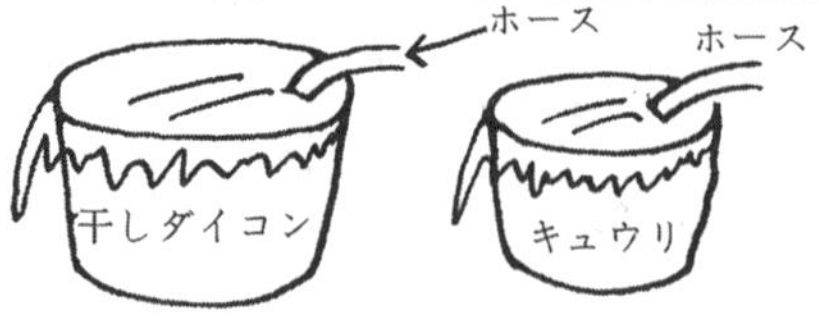
ホース
ホース
干しダイコン
キュウリ

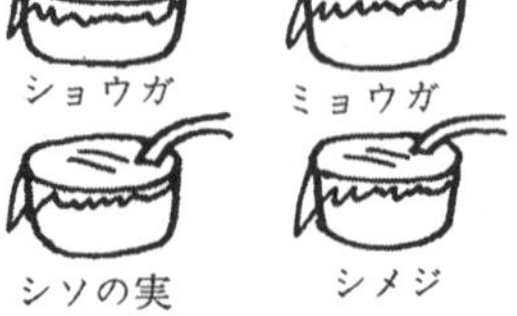
ショウガ
ミョウガ
シソの実
シメジ

材料を
袋に入
れてし
ぼる
木

しぼり器でまわしながらしぼる。パサパサになるくらいに。

高橋朋子
清水スミ

④調味液をつくる

さとう

①水を煮立てる。さとうを入れ，よくかきまぜる。

しょうゆ

②さとうが溶けてから，しょうゆを入れる。

温度計

③80℃になったら火を止めて冷ます（80℃を超えないように。香りがぬけるので）。

酢

④冷めてから酢を入れる。

⑤本漬け

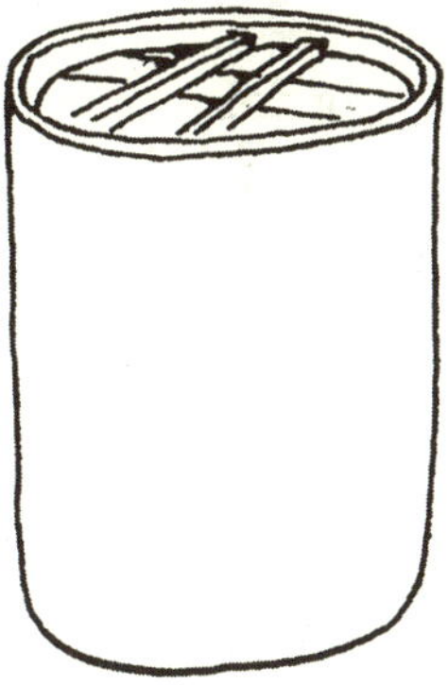

漬け液に材料を全部合わせて漬ける。一晩漬けると，味がしみておいしい。

⑥袋づめしてお土産に

手づくりのひのはら漬

袋につめる。

80℃の湯で40分殺菌する。

流水で冷やし，日付けと目方を書いてできあがり。

神奈川　大根のはりはり漬け

神奈川県の三浦半島は昔から大根の産地として有名です。そして，出荷規格外の大根をさき干しし，これを業者に売った代金が嫁の小づかいになりました。

現在ではさき干しの値段も高く，農協を通して市場出荷も行なわれています。

はりはり漬けは，このさき干しを使って甘酢じょう油に漬けたものです。

材　料

干し大根 200ｇ

こんぶ 20cm長１枚

しょう油
１カップ

酢
１カップ

砂糖
120ｇ

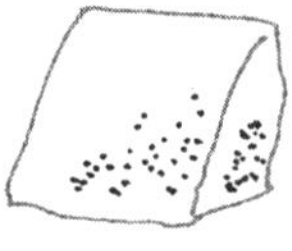

だし汁
360cc

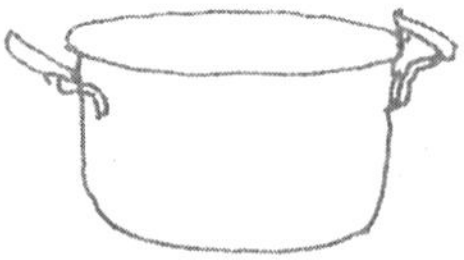

赤とうがらし
少々

つくり方

❶大根は絵のように切って，ひもか針金につるして干す。２月の寒風にカラカラになるまで干す。

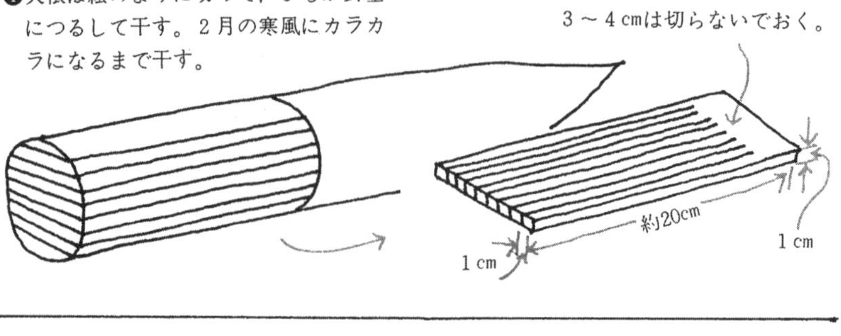
3～4cmは切らないでおく。
約20cm
1cm
1cm

中村桂子
長島富美子

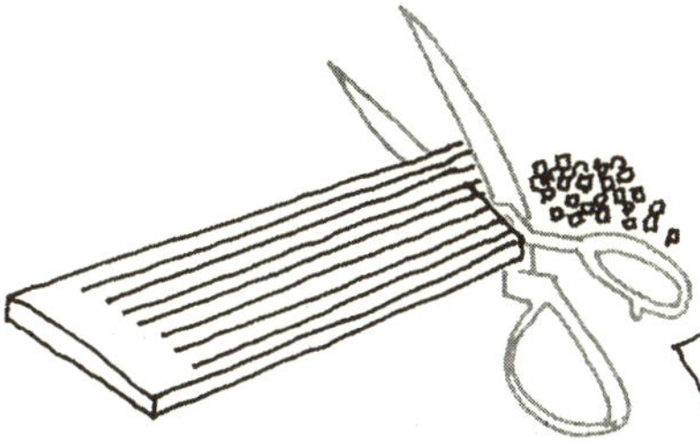

❷干し大根はハサミで5㎜くらいに切る。

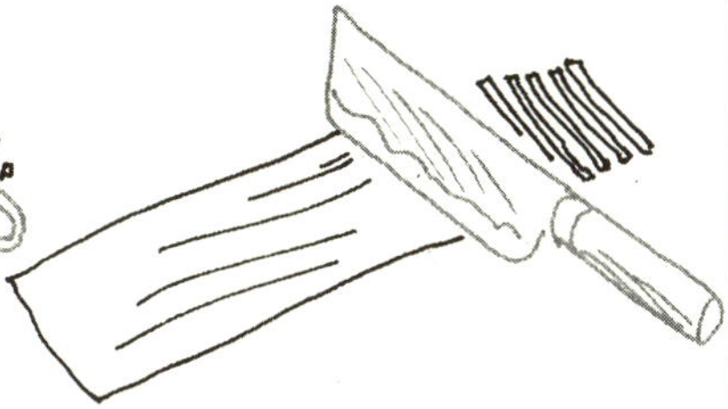

❸昆布を千切りにする。

❹だし汁，しょう油，砂糖を入れて煮たてる。

❺❹の中にさき干し，昆布を入れ，3日くらい漬けてから食べる。

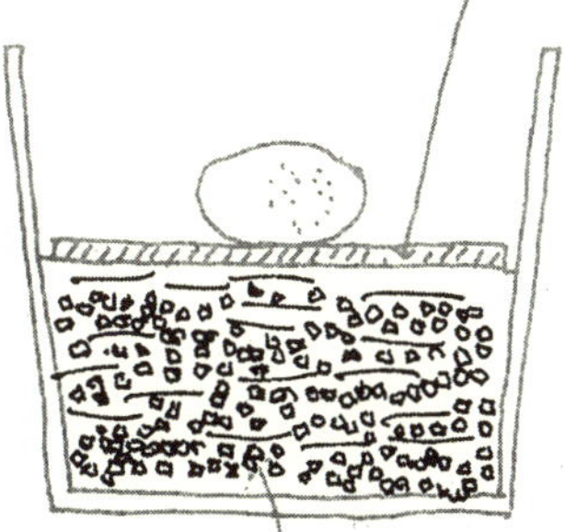

新潟　即席しば漬け

梅干しを食べたあと余りがちな漬けジソを利用して、しば漬けをつくってみました。
〝即席〟といっても１週間から10日くらい漬けて、味がなれてきたものがおいしい。

〈材料〉

キュウリ ナス ミョウガの子 青トウガラシ	適宜
梅漬けのシソ	野菜の10〜20%くらい（お好みで）

梅干しを食べたあとに残る漬けジソ。

千村ユミ子

1
キュウリはななめに切る。
ナスは輪切り。
ミョウガはタテに
2つ3つに切る。
青トウガラシは
ななめに2つ3
つに切る。
漬けジソはかたまり
をほぐしてきざむ。
2
全部を
よく混ぜ合わせて。
3
重めの重石で
7〜10日おく。
4
シソの色と味が全体になじん
だら、軽くしぼって洗わずに
盛る。

新潟 白うりのかみなり漬け

暑くなってくるとさっぱりした即席風の漬け物がおいしい。白瓜の干したものは、漬けて水分を抜いたのと違う独特のおいしさがある。パリパリした歯ざわりがおいしいので、一度にあまりたくさんつくらず、漬けては食べ切るくらいでよい。

〈材料〉

白瓜

調味液｛酒／しょうゆ／みりん｝同量ずつ 好みで増減

（酢を入れてもよい）

白瓜はあまり成熟しない固い（青い）ものがいい。

① 白瓜を洗って上下を切り、細いスプーンか菜箸でも使って中身を出す。（芯を出す）

千村ユミ子

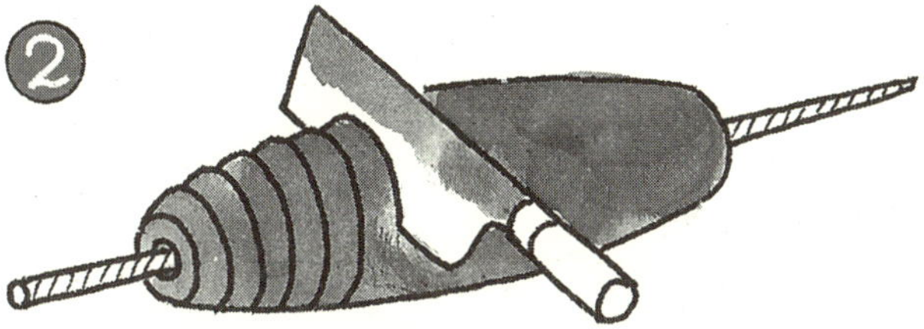

芯を出してから、5～6ミリ幅のらせん状に切る。菜箸など、芯になるものを通してころがしながら切ると切りやすい。手に持って回しながらでもいい。

※長いままぬかみそに入れてもいい。

半日くらい日に当てると、らせんが伸びてしんなりと下がってくる。

④ しんなりしたものをきざむ。

調味液をかける。

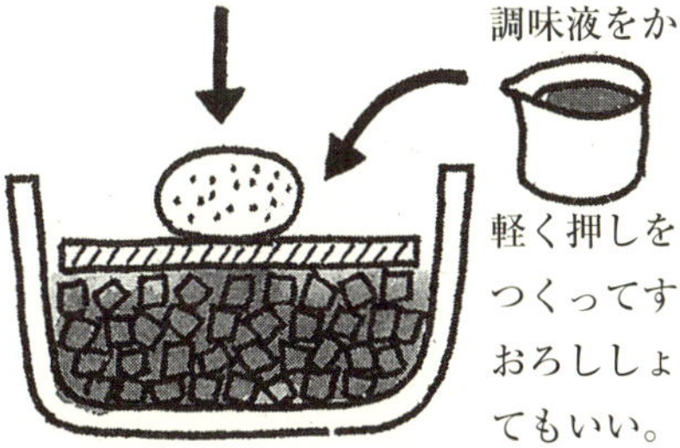

軽く押しをする。

つくってすぐでも食べられる。好みで、おろししょうが、花かつおなどをかけてもいい。

新潟

枝豆をいかして山菜漬け

春のうちに採って塩漬けしておいたワラビやタケノコなどの山菜に、キノコや旬の枝豆や大豆を加えて、ショウガをピリリときかせた、さわやかな漬物です。枝豆のかわりに、キュウリなどを利用しても、緑が美しい漬け物に仕上がります。

材料は

ワラビ タケノコなど	500 g
枝豆または大豆	300 g
キノコ(エノキ・シメジ)	200 g
ショウガ	30 g

＜調味料＞

しょうゆ	2/3カップ
砂糖	大さじ5
酒	1/3カップ
酢	大さじ1

下ごしらえ

① 青い豆をサヤから出して、かためにゆでておく。

☆キュウリなどでも緑がきれいです。

② キノコは手であらくさいてさっとゆで、水気を切ってさます。

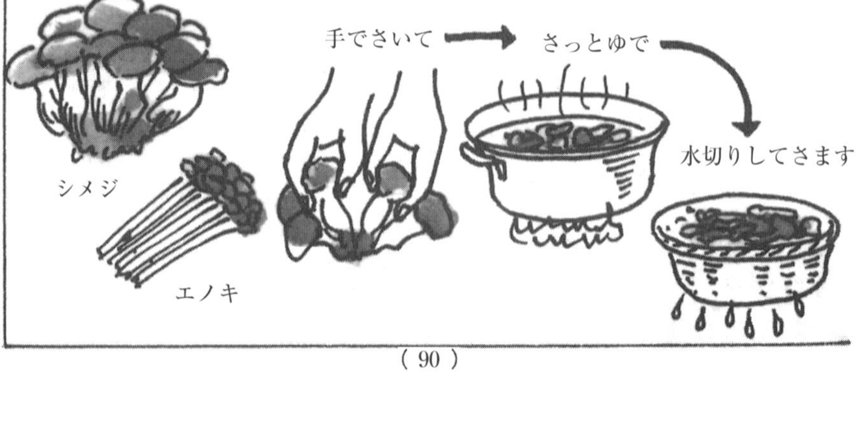

市井栄
岩船農業改良普及所

③ワラビ、タケノコを刻み、ショウガをせん切りする。

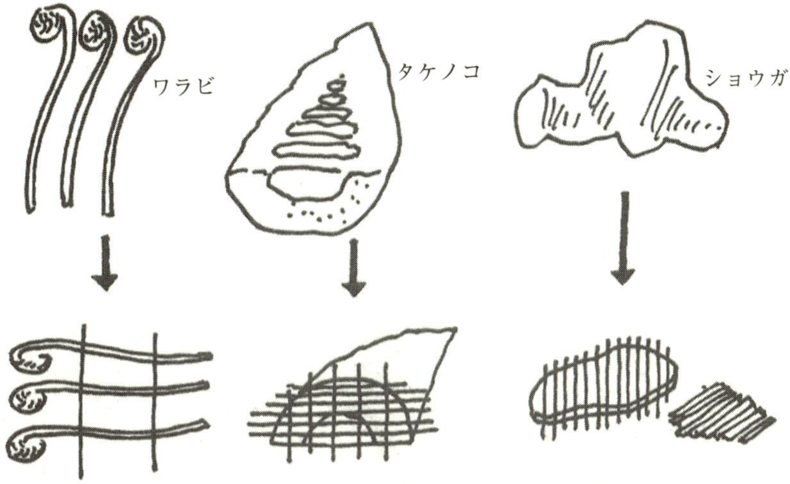
ワラビ
タケノコ
ショウガ

④調味料を合わせる。

調味液
豆
山菜

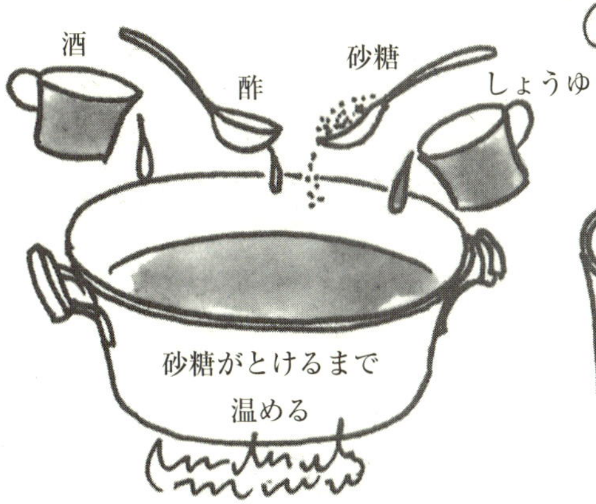
酒
酢
砂糖
しょうゆ
砂糖がとけるまで
温める

⑤調味液に、下ごしらえした、豆、山菜を入れて、軽い重石をして漬ける。

4～5日で漬け上がります。

新潟　生ぐさこうこ漬け

新潟県西蒲原郡巻町の越前浜，角田浜は全国でも有数の砂丘地で，大根の産地です。春イワシが大量にとれたときにイワシの塩漬け（塩辛）をつくり，その塩辛で秋にとれたての大根を干さずに漬け込みます。

魚の風味と大根の歯ざわりのとけ合った，浜の香りいっぱいの漬物で，熱いご飯に酒の肴にと好評です。

4～5月にイワシがとれます。イワシ100匹に塩1.8 ℓ（約1.2kg）を準備します。頭と内臓をとって重石をして漬け込みます

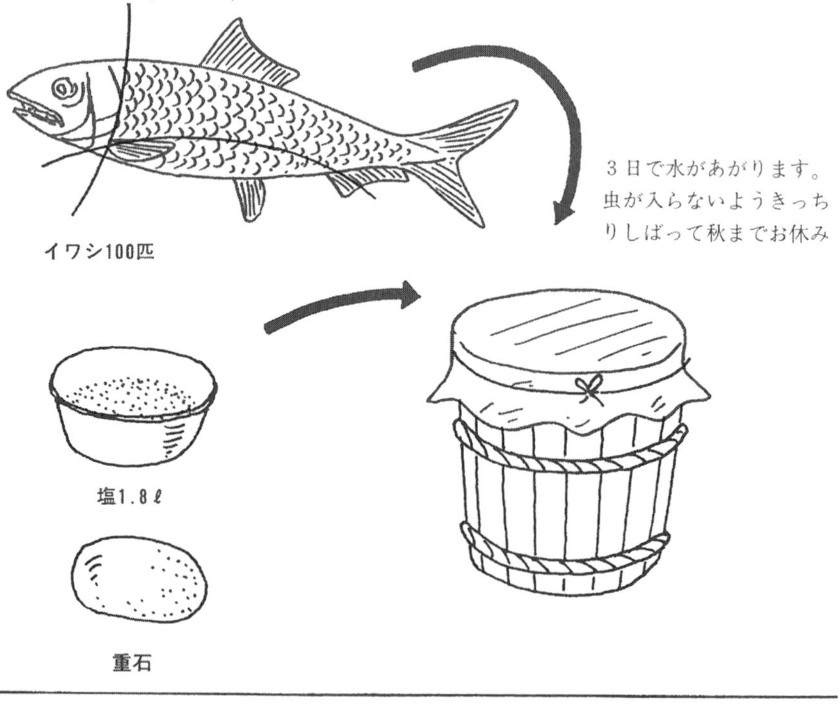

3日で水があがります。虫が入らないようきっちりしばって秋までお休み
イワシ100匹
塩1.8ℓ
重石

久川きよみ

秋から冬（11月下旬～12月下旬）に大根がとれます。最後に収穫した大根を使います。それより早いと，酸味がでるからです。イワシ100匹に大根を40本用意し，よく洗います

イワシの漬汁でイワシを煮ます。2時間くらいで煮とけてドロドロになります。こがさないよう注意

大根をタルなどに入れ，イワシを煮とかしたものを冷ましてから入れます。重石をして20日間までばできあがり

富山　イワシの生漬け

生漬けは、いったん塩漬けにした魚を、塩と米ぬかでたくわん漬けのように漬けた保存食のこと。こんか漬けともいう。主として春にたくさん回遊してきたときにとれたイワシでつくる。イカやサバなどでつくることもある。

①イワシは、新しいうちに頭とワタをとる。

②塩漬けにして二、三日おき、ざるに上げる。

材料

イワシ（塩漬け）
米ぬか
とうがらし

高橋武子

③②のイワシを塩と米ぬかで漬けなおす。

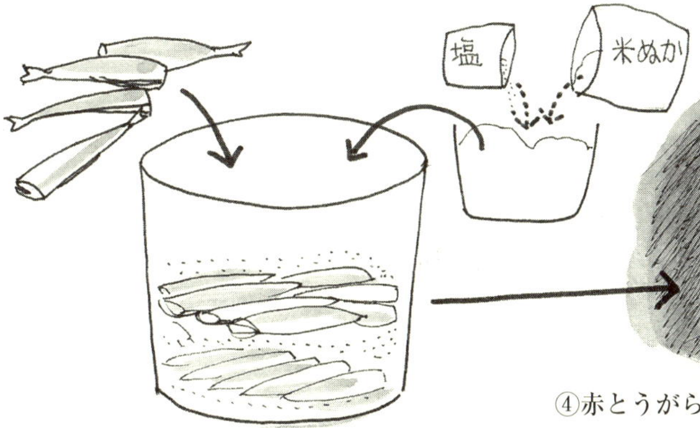

④赤とうがらしを入れ、重石をきつくして冷暗所に置く。

夏の食欲のないときに食べると美味である。

洗って薄く切って生のまま酢をかけて食べてもおいしい。

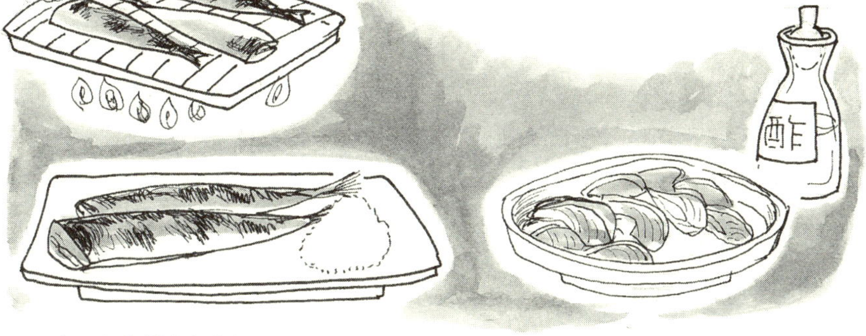

米ぬかを軽くおとし、
さっと焼いてもよい。

石川　なすの変わり漬け

農家では、以前は自家野菜の塩蔵加工で冬の食生活をうるおしていましたが、最近ではなかなか利用されていないのが現状です。しかし、この変わり漬は、家族ばかりか、子や孫の勤務先や周辺集落にも好評です。

材料（下漬用）

なす	4kg
焼きみょうばん	大1
塩	1kg
唐辛子	10本
古くぎ	少々

なすは朝早く収穫して漬込むと色よく漬けることができる。

①

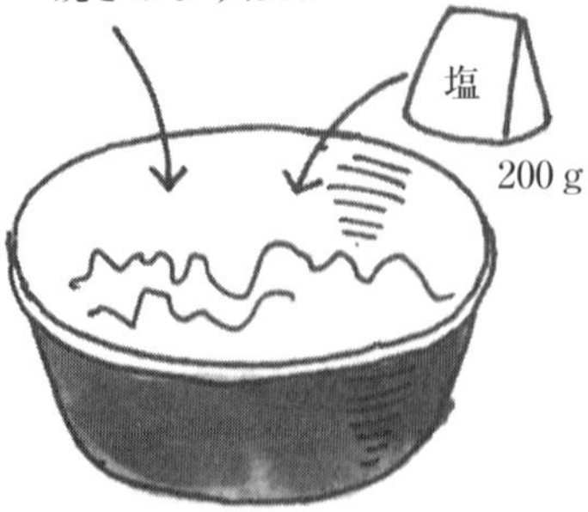

焼きみょうばん
塩
200g

まぜておく。

② 漬液をつくる。

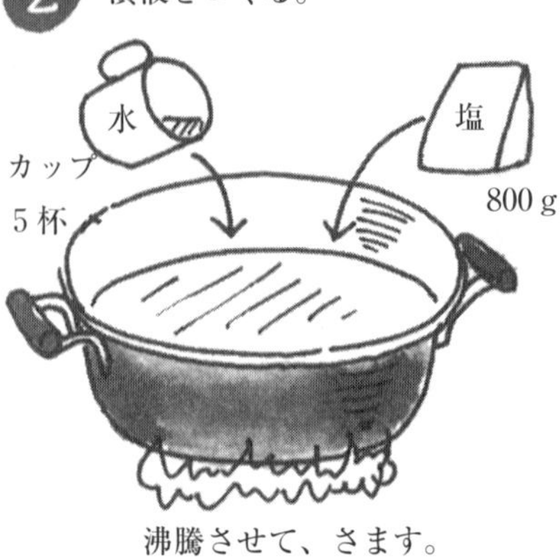

水
カップ5杯
塩
800g

沸騰させて、さます。

千場ふさ
堂前昭子

③ 下漬する。

次々と保存漬するときは
塩だけ入れればよい。

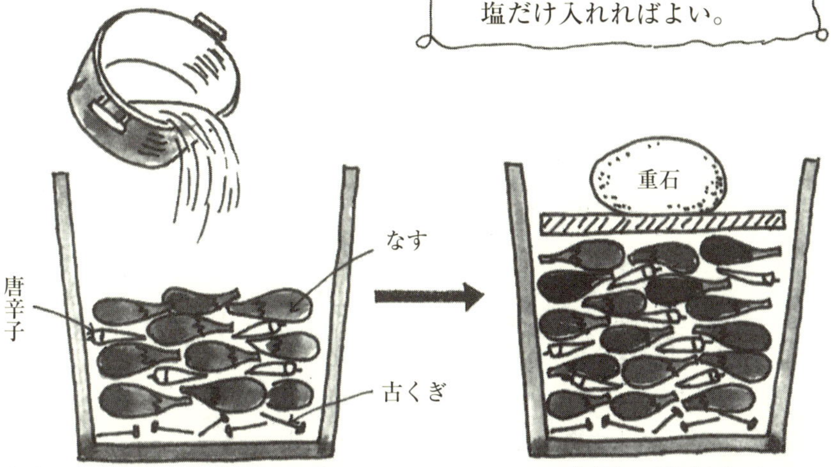

桶底に古くぎを入れ、焼きみょうばんと塩をすりこんだなす・唐辛子を交互に漬け、最後に漬液を入れる。

中ぶた、重石をして保存する。

〈材料〉（本漬用）

塩漬なす	4 kg
塩ふきこんぶ	5 袋

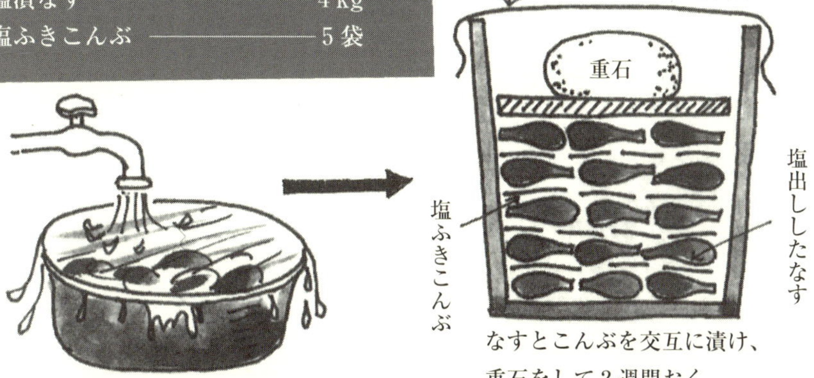

1～2時間　塩出しする。

なすとこんぶを交互に漬け、重石をして2週間おく。

福井

なすのからし漬け

なすが豊富に収穫できる時に、塩漬けにしておきます。そのなすを利用して冬期間に、米こうじでかための甘酒をつくって、からし漬けにします。夏は本がらしだけで漬けますが、冬は米こうじの自然の甘さをいかして漬けています。からしは好みで加減します。

〈材料〉

＜下漬け＞

- なす ——— 1kg
- 塩 ——— 200g
- 古くぎ
- 水 ——— 120cc

＜本漬け＞

- 下漬けなす ——— 1kg
- 米こうじ ——— 1カップ
- 和がらし粉 ——— 1/3カップ
- 砂糖 ——— 100g
- みりん ——— 1/3カップ
- しょうゆ ——— 1/3カップ
- 水あめ ——— 大さじ2

1. 下漬けなすを塩抜きする。（1％程度の塩味が残る程度がよい）

大きななすは一口大に切る。

2. 塩抜きしたなすを綿布袋に入れ脱水する。

3. 調味液を加熱し、塩抜きなすを加えて調味液をからませ冷ます。

砂糖・みりん・しょうゆ・水あめ

酒井登代子

4 本漬けの床をつくる。
こうじをつかってかための甘酒にする。

丼にこうじを入れ、熱湯1/3カップを加えて混ぜ、ジャーに入れて7～8時間寝かす。
長く置きすぎるとすっぱくなってくるので注意。

和がらしはかために溶き、しばらくおいて辛みを出す。

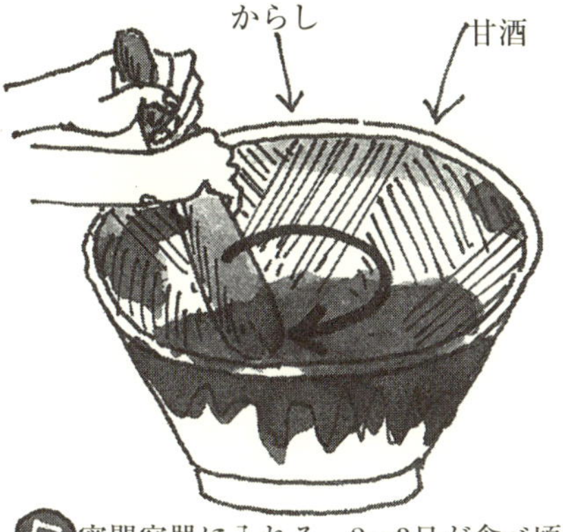

すりばちで、甘酒にからしを加え、よくかき混ぜてドロドロにする。
その後、調味液をからませたなすを加えて、よくかき混ぜる。

5 密閉容器に入れる。2～3日が食べ頃。

すっぱくなりやすいので、こまめにつくって早めに食べること。
要冷蔵。

福井　白うりのまんじう漬け

材料

白ウリ　10本

できるだけ若いもので小ぶりなものがよい。

シソの葉　300g

ウリの収穫がおそいときは，シソの葉はあらかじめ5%の塩で漬け保存しておく。

赤トウガラシ　15本

塩

白ウリの目方の15%

味噌

下漬け

①ウリの上下を切り，竹ベラかナイフで種子やわたを取り除く。

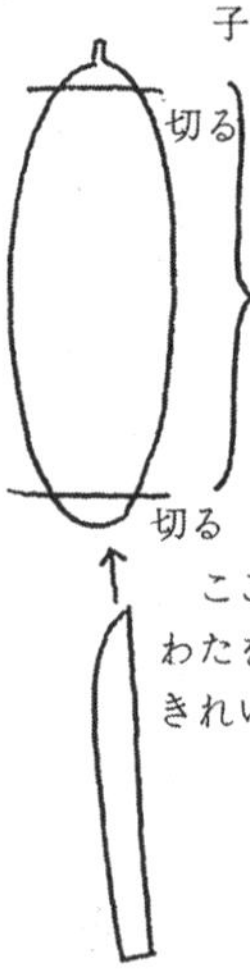

できるだけ小さく切る。

ここから種子やわたをかきとるときれいにとれる。

②水洗いする。

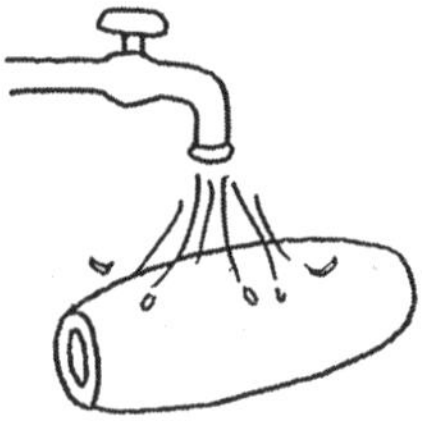

③水洗いしたらザルに立てるようにして並べ，水気を切っておく。

④ウリの中にシソと種ぬきしたトウガラシを箸で詰める。

笠松みえ
塩屋初子

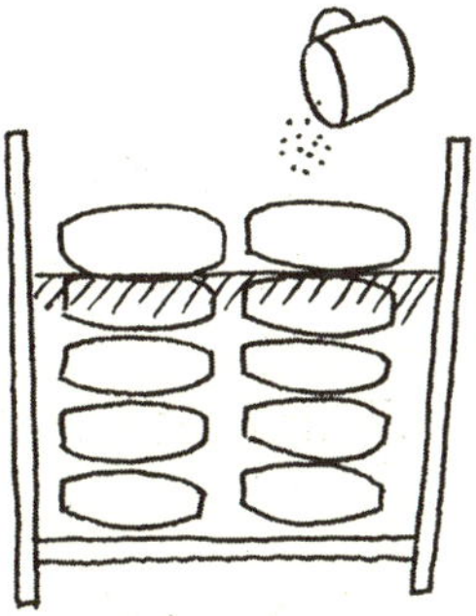

⑤漬桶を用意し，分量の３分の２の塩で漬ける。早く水をあげるようにするため，ウリの８分目程度まで差し水する。

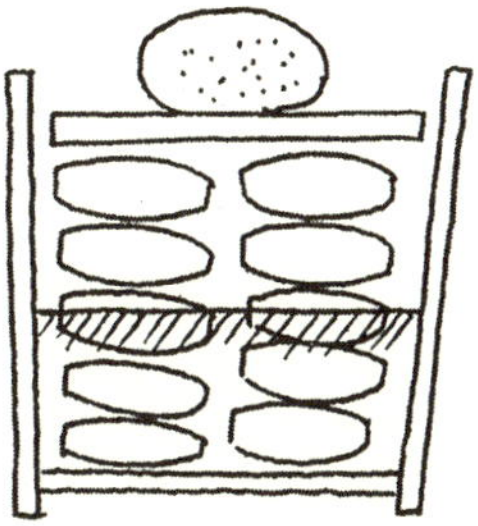

⑥水があがって４～５日ほどしたら水を半分捨て，残りの塩をふって重石をする。虫やカビがつかないように冷暗所に貯蔵する。

本漬け

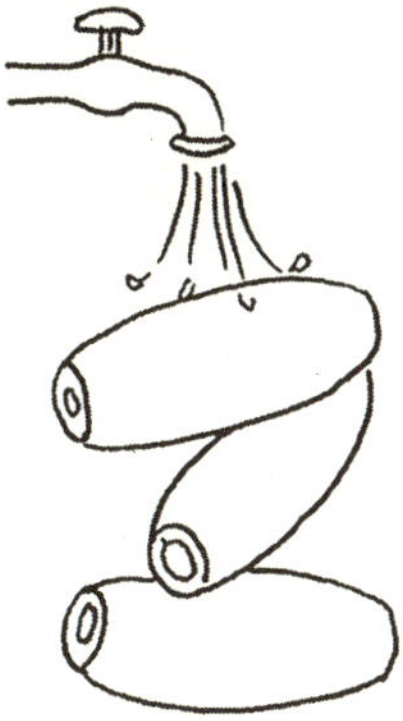

⑦夏が過ぎ涼しくなったころ，下漬けしたウリを取り出し，さっと水洗いする。

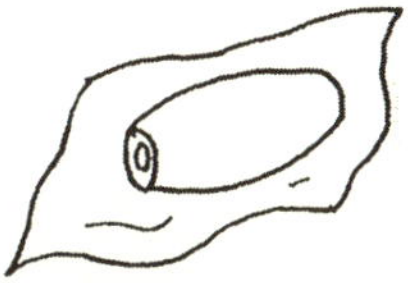

⑧布巾で水気をふきとり，味噌に漬け込む（奈良漬けの要領）。味噌は古味噌でよい。

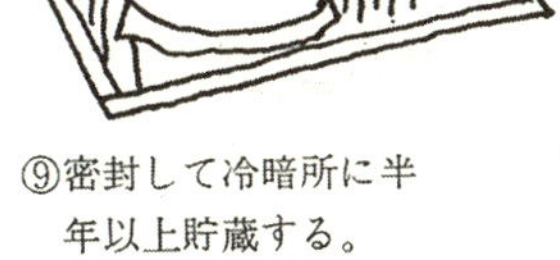

⑨密封して冷暗所に半年以上貯蔵する。

食べ方

食べるときはうすく切って出す。シソの香りとトウガラシの辛さがきいて，食欲をそそる漬物である。

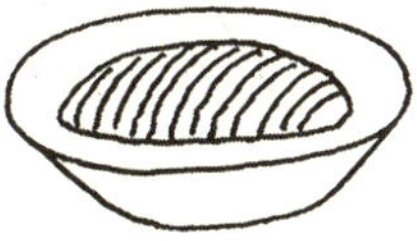

福井

つるむらさきの実で色づけしたしば漬け

市販のしば漬は着色料を使っているものが多いのですが、私はツルムラサキの実を使っています。ツルムラサキの実は秋に採って冷凍保存しておいたものを使います。市販のものに負けない、きれいな色に仕上がります。

❶ 塩漬けしたものを塩出しをする。

丸いままの方が味がよいが、塩出しに少し時間がかかる。

〈材料〉

塩漬け	キュウリ	700g
	ナス	300g
	ミョウガ	少々
土しょうが		60g
ツルムラサキの実（冷凍）		100g
しょうゆ		大サジ2
酢		大サジ2
梅酢		大サジ2
砂糖		小サジ2
梅漬赤ジソ		適宜

❷ 熱湯にくぐらせる。
消毒を兼ねて塩漬けのくさみとりにもなる。

❸ さいばしを巻きつけて固くしぼる。

辻岡百合子

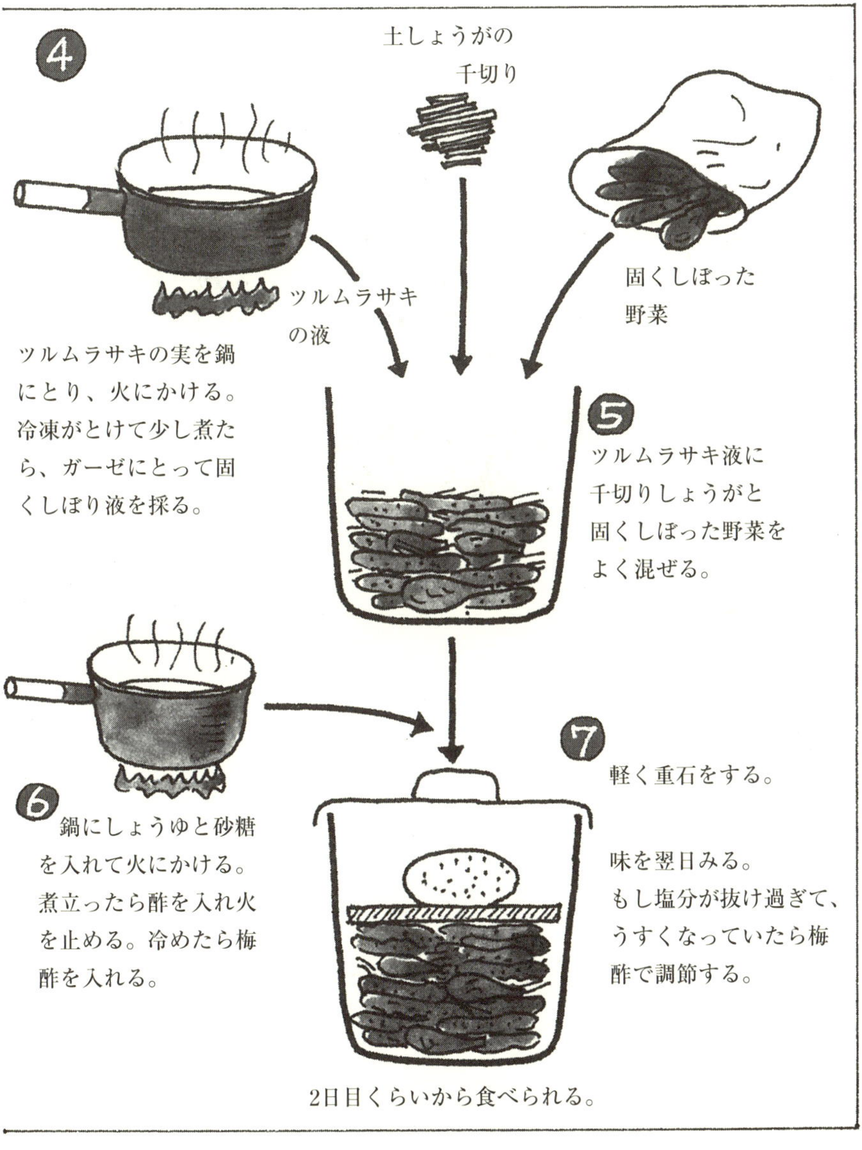
4
ツルムラサキの実を鍋にとり、火にかける。冷凍がとけて少し煮たら、ガーゼにとって固くしぼり液を採る。
ツルムラサキの液
土しょうがの千切り
固くしぼった野菜
5
ツルムラサキ液に千切りしょうがと固くしぼった野菜をよく混ぜる。
6
鍋にしょうゆと砂糖を入れて火にかける。煮立ったら酢を入れ火を止める。冷めたら梅酢を入れる。
7
軽く重石をする。
味を翌日みる。もし塩分が抜け過ぎて、うすくなっていたら梅酢で調節する。
2日目くらいから食べられる。

山梨　ヤングコーンのピクルス

私達の町では、スイートコーンが特産品の一つとなっています。スイートコーン栽培で必ず行う作業が「わき芽かき」です。それまで捨てていたこのわき芽を活用して、その中に包まれているヤングコーンのピクルス漬けを開発しました。

下準備

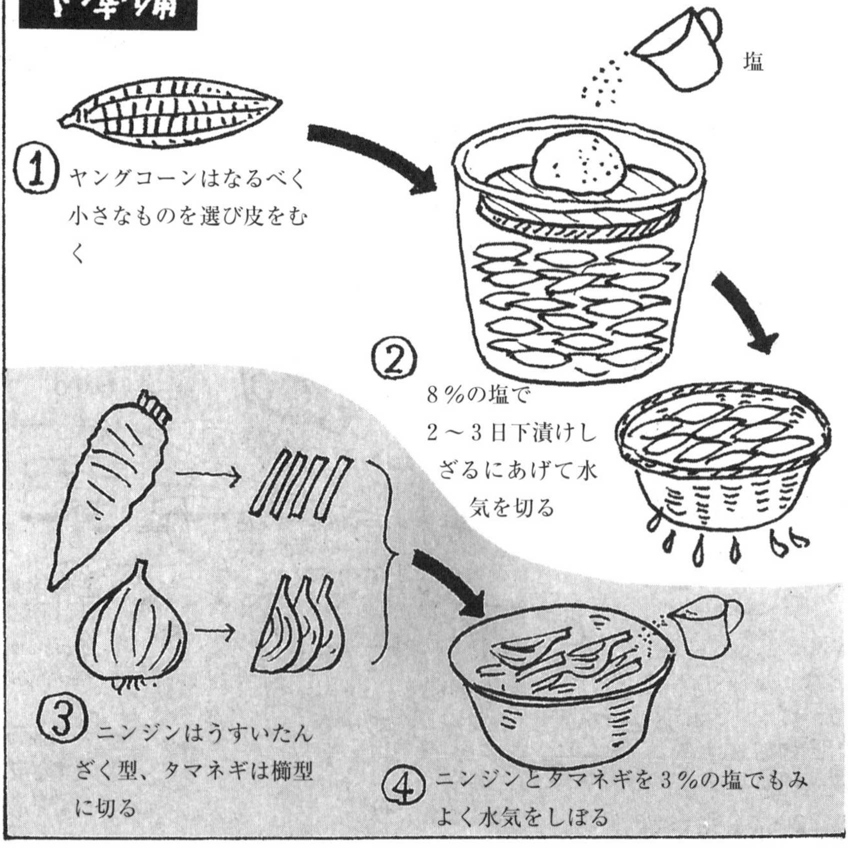
塩
① ヤングコーンはなるべく小さなものを選び皮をむく
② 8％の塩で2～3日下漬けしざるにあげて水気を切る
③ ニンジンはうすいたんざく型、タマネギは櫛型に切る
④ ニンジンとタマネギを3％の塩でもみよく水気をしぼる

ひまわりグループ
羽田中穂美子

〈材料〉（保存びん450cc 1本分）

ヤングコーン――――700g	ピクルス液材料
塩（コーンの8％）――55g	砂糖――――――――100g
ニンジン―――――中1/2本	南ばん ――――― 1～2本
タマネギ ―――――中1個	酢――――――――200cc

ピクルス漬け

南ばんは種子をとり
輪切りにして入れる

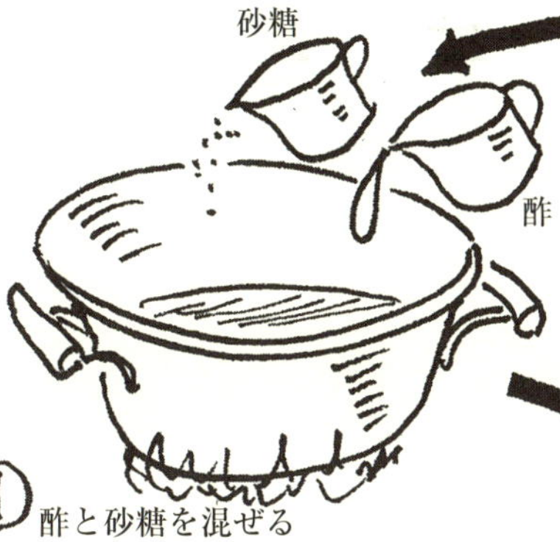

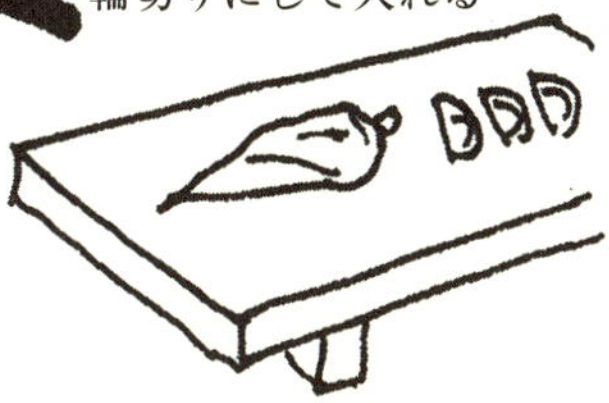

① 酢と砂糖を混ぜる
（砂糖が溶けるまで火にかける）

② びんに塩漬けした材料を入れ、液を注ぎ入れる

③ 肉料理、カレー等のつけ合わせにする

長野　セロリの粕漬け

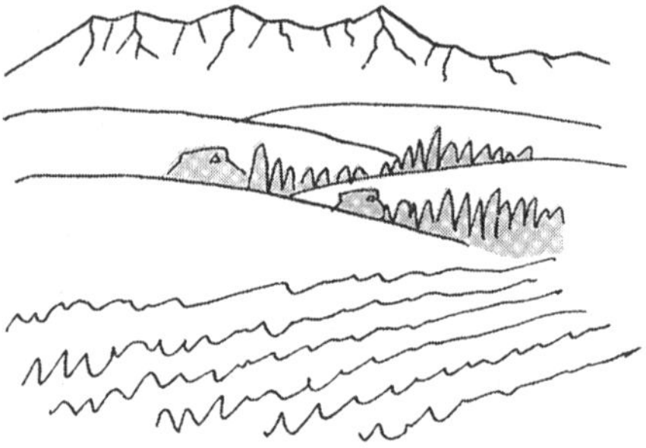

長野県茅野地方はセロリの大産地です。野沢菜にかわって，セロリの粕漬けや塩漬けがどんどん幅をきかすようになりました。

材　料

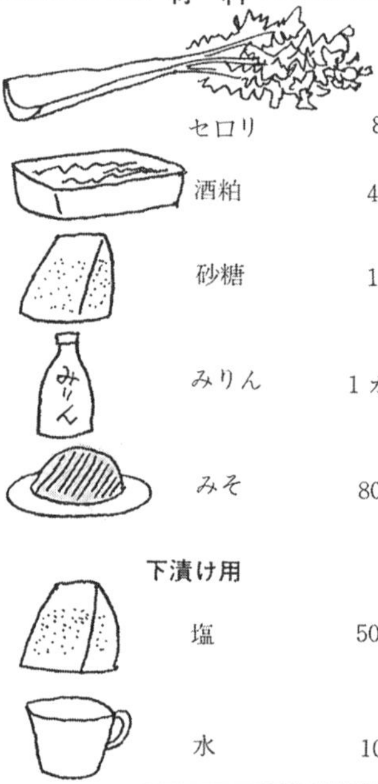

セロリ	8 kg
酒粕	4 kg
砂糖	1 kg
みりん	1カップ
みそ	800 g
下漬け用	
塩	500 g
水	10 ℓ

水洗い

葉をとって水洗いする。

下漬け

塩水の中に漬ける。

軽いフタだけする。重石をおくとすじだけの漬物となる。

(浮かし漬け)

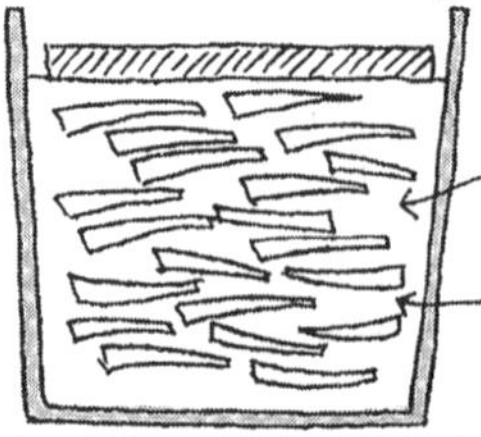

2昼夜ほど塩漬けしたあとザルにあげて水切りして，粕床へ漬け込む。

馬場よし子

床をつくる

酒粕，砂糖，みそ，
みりんをよく混ぜる。

漬込み

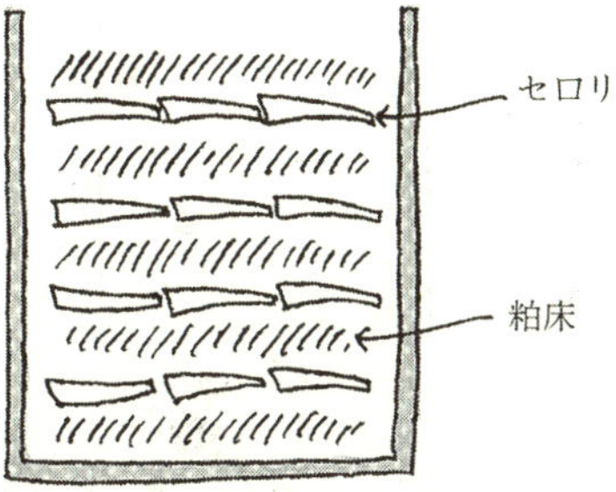

粕床とセロリを交互に漬ける。

保存

密封して１カ月ほどおくと
おいしくなる。

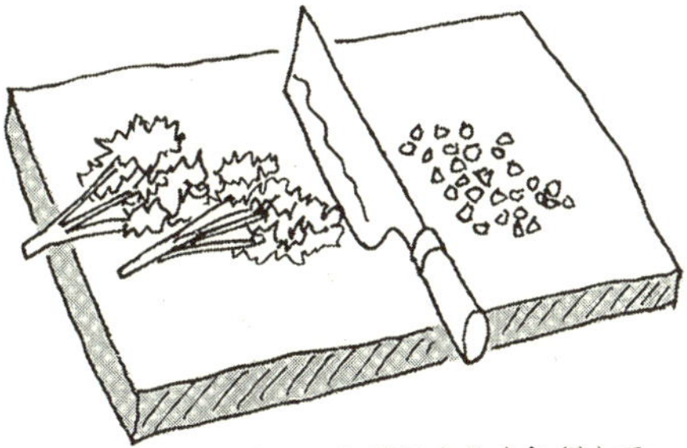

○細い茎はきんぴらにどうぞ!!

切りとった葉は小さくきざんで
佃煮風に煮つける。

長野　とうがらし漬け二種

とうがらしのたくさん採れた時期に漬けておくと、温かいごはんにのせたり、白菜漬けにかけたりするととてもおいしいものです。こうじ漬けの場合は甘味・辛味がほどよく調和して、野沢菜漬けや白菜漬けなどにのせて食べるととてもおいしいです。

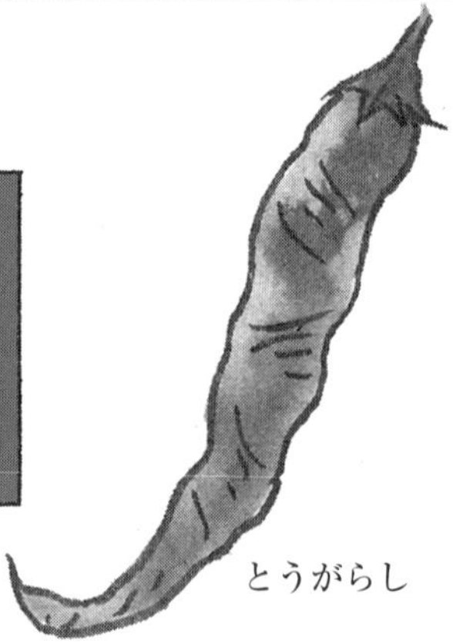

＜とうがらしのこうじ漬け＞

〈材料〉

青とうがらしの刻んだもの	1カップ
米こうじ	1カップ
しょうゆ	1カップ

材料をよく混ぜ合わせ、小びんに詰めて冷蔵する。1カ月ほどで味がなじんでくる。

野沢菜漬けや白菜漬けなどにのせて食べるとおいしい。

小林かつ江

＜とうがらしのしそ巻漬け＞

〈材料〉

細めの青とうがらし	20本
昆布	
青じそ	20枚
しょうゆ	適宜

1 漬かりやすくするために
とうがらしに包丁を入れる。

2 昆布をとうがらしの長さに切る。

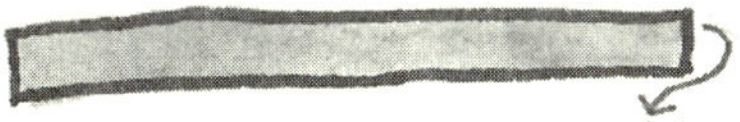

3 青じそを広げとうがらしと
昆布をのせて、巻く。
(青じそは、塩に20分位漬
けておくと巻きやすい)

青じその葉が小さ
いときは2〜3枚葉
を重ねて巻くとよい

4

しょうゆはヒタヒタで少しか
ぶるくらいの量を加える。

5 2〜3日したら巻いたとうがらしをびんに詰
め、漬け汁を煮立てて
冷まし、それをヒタヒ
タにかけて冷蔵する。
20日以上おけばおい
しくなる。
細かく切って食べる。

長野　赤梅の甘酢漬け

信州伊那谷では，やわらかい梅干よりどぶ漬けといわれるかたくパリパリしたものが好まれています。最近，塩だけの漬け方から，酢を入れて塩分を少なくし，また砂糖を入れて食べよくした漬け方が流行していますので御紹介します。

材　料

梅	1 kg
食塩	200 g
砂糖	500 g
食酢	200cc
ニガリ	20 g
赤ジソの葉	300 g くらい

①あく抜き

梅はきれいに洗い
一晩水につける

②塩漬け

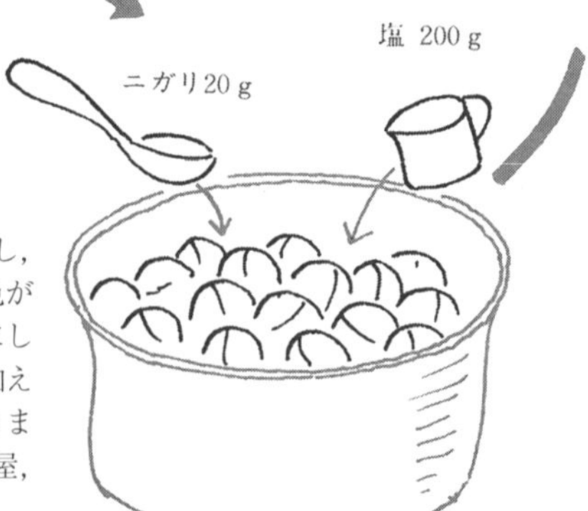

梅をザルに上げて水切りし，塩とニガリを入れて梅の色が変わるくらい，もむようにして塩漬けする。ニガリを加えると適度のかたさに漬かります（ニガリは農協，豆腐屋，食料品店などで入手)。

よくもんで一昼夜から２日おく

馬場よし子

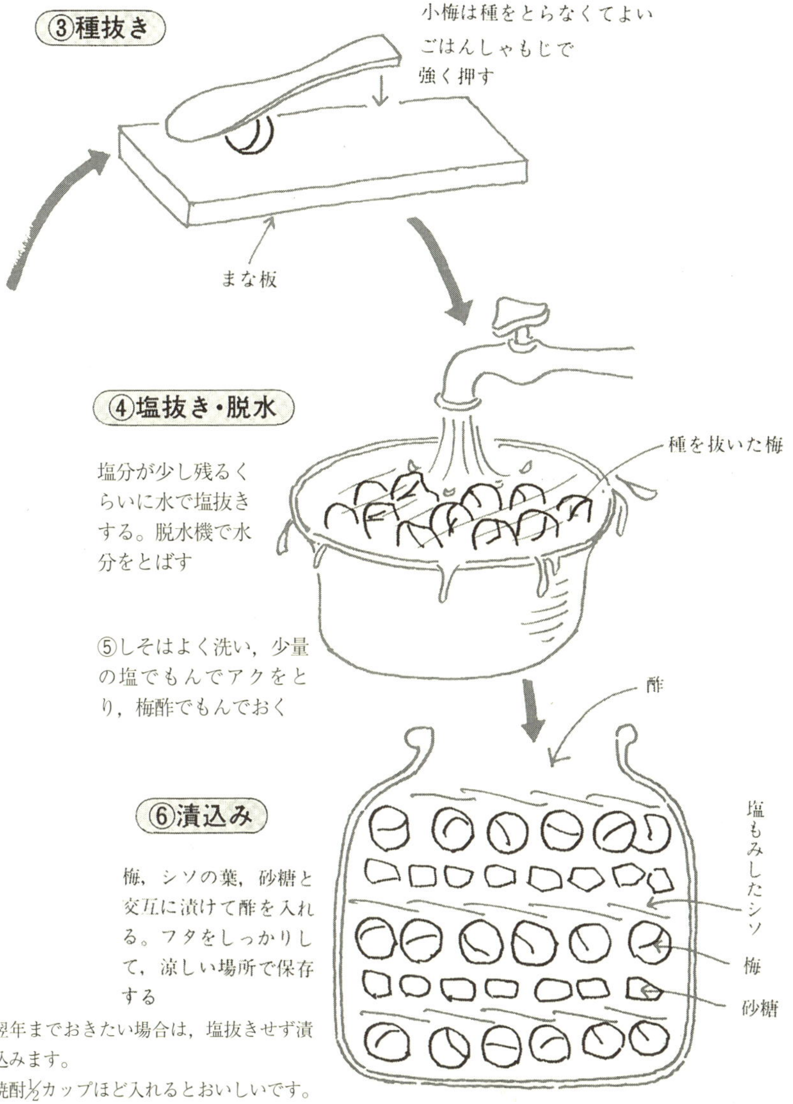
小梅は種をとらなくてよい
ごはんしゃもじで
強く押す
まな板
種を抜いた梅
酢
塩もみしたシソ
梅
砂糖

③種抜き

④塩抜き・脱水

塩分が少し残るくらいに水で塩抜きする。脱水機で水分をとばす

⑤しそはよく洗い，少量の塩でもんでアクをとり，梅酢でもんでおく

⑥漬込み

梅，シソの葉，砂糖と交互に漬けて酢を入れる。フタをしっかりして，涼しい場所で保存する

※翌年までおきたい場合は，塩抜きせず漬け込みます。

焼酎½カップほど入れるとおいしいです。

岐阜　飛騨の品漬け

材　料

飛騨の品漬けはいろいろな材料を漬ける（品々漬ける）ことから，この名前がつけられました。夏の野菜，秋のきのこなど，長い冬の間食卓をいろどる美しい淡紅色の漬物です。

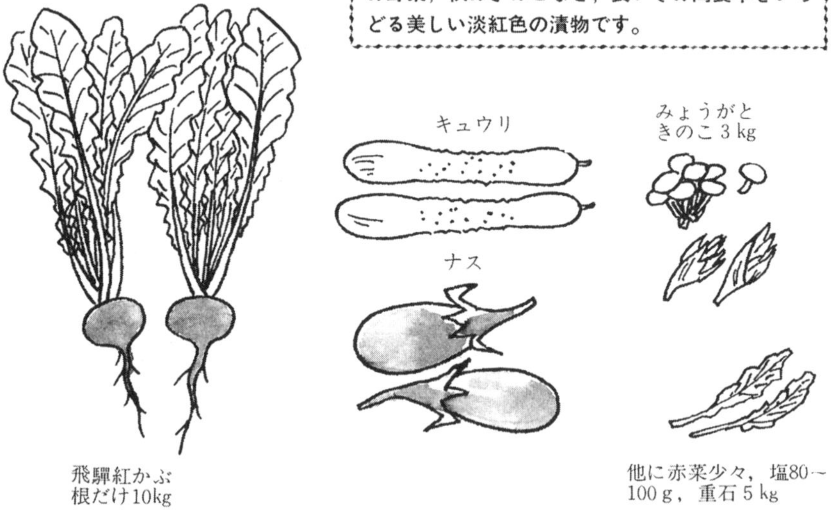

キュウリ
みょうがときのこ 3 kg
ナス
飛騨紅かぶ根だけ10kg
他に赤菜少々，塩80～100 g，重石 5 kg

下漬け

夏のうちにキュウリ，ナス，みょうがをそれぞれ塩漬けしておく（それぞれ10%の塩で）。

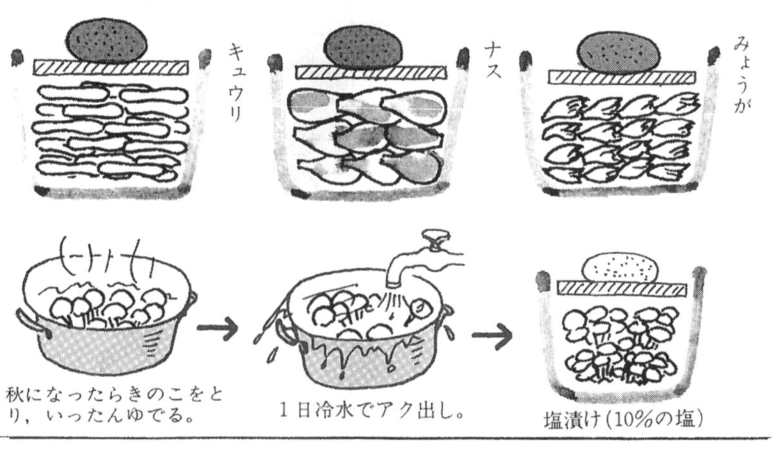

キュウリ
ナス
みょうが
秋になったらきのこをとり，いったんゆでる。
1日冷水でアク出し。
塩漬け（10%の塩）

二村と志子

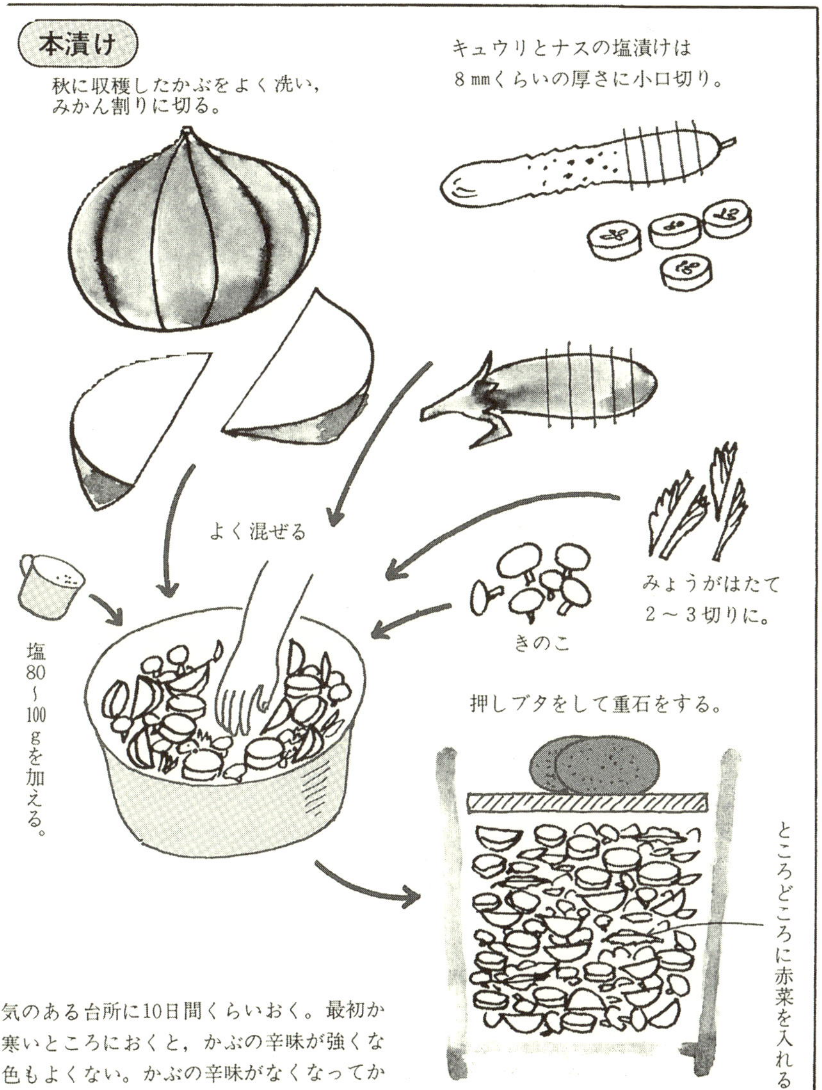
本漬け
秋に収穫したかぶをよく洗い，
みかん割りに切る。
キュウリとナスの塩漬けは
8㎜くらいの厚さに小口切り。
よく混ぜる
みょうがはたて
2～3切りに。
きのこ
塩80～100gを加える。
押しブタをして重石をする。
ところどころに赤菜を入れる。

火気のある台所に10日間くらいおく。最初から寒いところにおくと，かぶの辛味が強くなり色もよくない。かぶの辛味がなくなってから2月下旬までが食べごろ。

岐阜　ニラの漬け物 コミラちゃん

ニラは「コミラ」の名で古事記にも登場する古い野菜です。郡の特産品にしようと植付けを始めました。ニラはビタミンAが豊富に含まれ他にビタミンC，B_2，カルシウムも豊富です。

コミラちゃんは，そのニラを使ったとても簡単な漬物で，調味液などの特別なものは何もいりません。材料を切って，そのまま漬け込むだけ。

農業婦人グループで工夫した漬物です。ニラのこんな食べ方もいいものです。地域の人たちにPR中です。

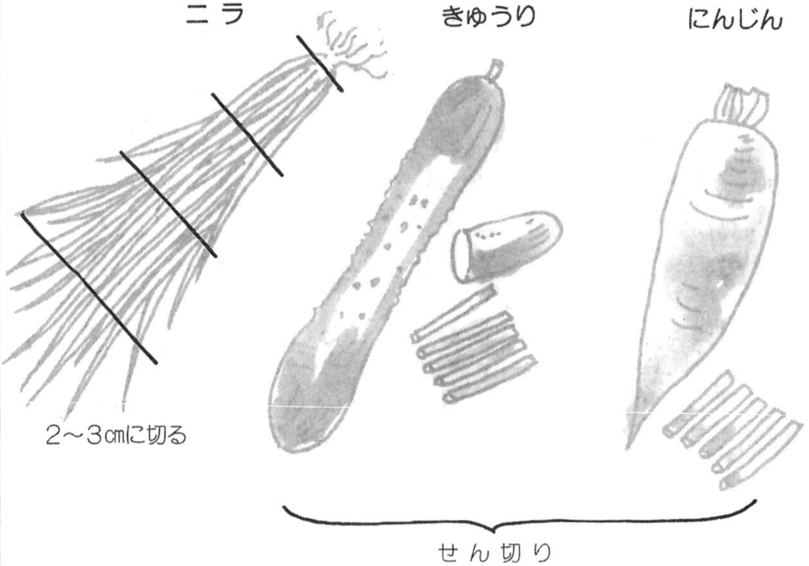
ニ ラ
きゅうり
にんじん
2～3㎝に切る
せん切り

美山町の４つの生活改善グループ
野原静子

材料（５人分）

ニ　　ラ	30ｇ
きゅうり	80ｇ
にんじん	50ｇ
さきいか	10ｇ
塩ふき昆布	小1/2袋

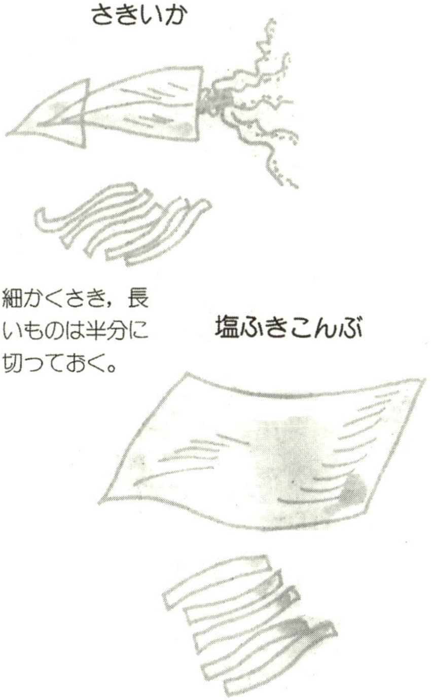

さきいか
細かくさき，長いものは半分に切っておく。
塩ふきこんぶ

2～3日後から食べられる
材料を全部合わせて塩ふきこんぶで塩味をつけ，漬物器に漬け込む。

静岡　金婚漬け

宮城県の友人から以前送っていただいた金婚漬は見た目にも美しく、おいしく、病み付きになり、自分でも漬けるようになりました。

夏野菜を即席で漬ける方法と、塩蔵しておいて農閑期に塩抜きして漬け込む方法とがあります。即席の金婚漬はそれぞれの野菜の色も残っており、見た目もきれいです。

材料

Ⓐ
- きゅうり（採り忘れたものがよい）
- にんじん
- ごぼう
- みょうが
- 甘長とうがらし
- 菊の花（塩漬、冷凍保存用）
- 青じそ（4〜5%の塩で漬けたもの）

分量ははかったことがありませんのでお好みで

Ⓑ
- めんつゆの素　（または本返し）
- 酢、少々
- 砂糖、お好み
- 酒、少々
- みりん、少々
- とうがらし、少々

（これらをひと煮たちして冷ましておく。）

＊めんつゆの替りに、味噌にザラメを溶いたものにしてもおいしい。

❶

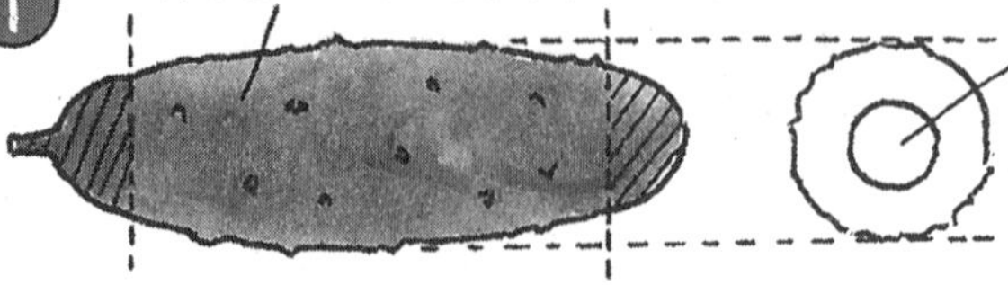

採り忘れた太いきゅうりがよい。
中空になるように種を抜く。

太めのきゅうりの上下を切り落として、太い菜ばしなどで種を抜いて4〜5%の自然塩で2〜3日漬ける。

佐野始子

2

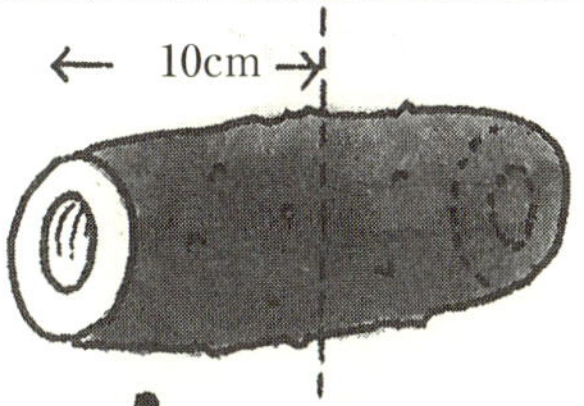

芯を抜いたきゅうりは10cm
くらいに切る。

3

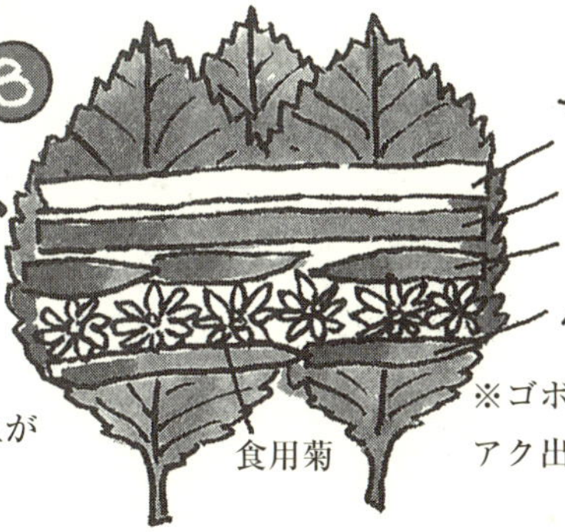

※ゴボウは酢水に放して
アク出ししておく。

塩漬したしその葉の上に芯になるものを並べて、食用菊はまん中になるようにのり巻きを巻くように、きっちり巻いてきゅうりの穴に詰める。

4

切り口がきれいに仕上がるよう工夫する。

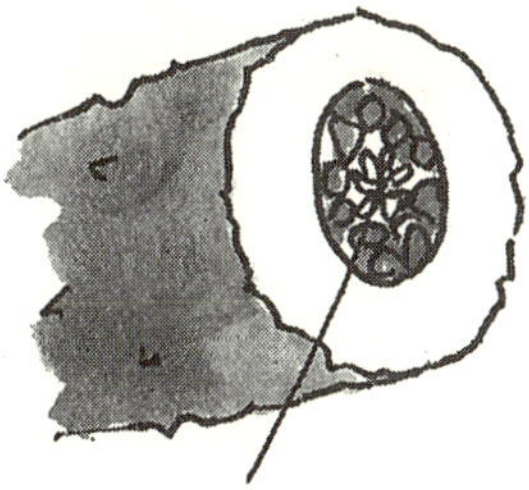

まん中に食用菊が来る。

5

タッパーに詰めものをしたきゅうりを並べて、Bの汁をヒタヒタになるようにかける。きっちりフタをし、冷蔵庫で保存し早めに食べる。
(汁ごとチャック付の袋に入れて冷凍すると長期保存ができる)

静岡　小メロンの粕漬け

静岡でもとくに中遠地方では温室によるメロン栽培が行なわれています。このメロンは１本の樹に１個仕立てるので，その他のメロンはピンポン玉くらいの大きさのときに摘果されます。この摘果されたメロンを小メロンといって，以前は捨てる家が多かったのですが，最近では漬物，酢物，和え物と，広く利用されるようになりました。

この摘果メロンは果肉がきめこまかく，色も濃緑色で，さわやかな味が大変好まれています。プリンスメロンやスイカの摘果したものでも同じようにやれます。

コツ　一晩で水が上がるように，小メロンのひとつひとつに塩をすり込むことです

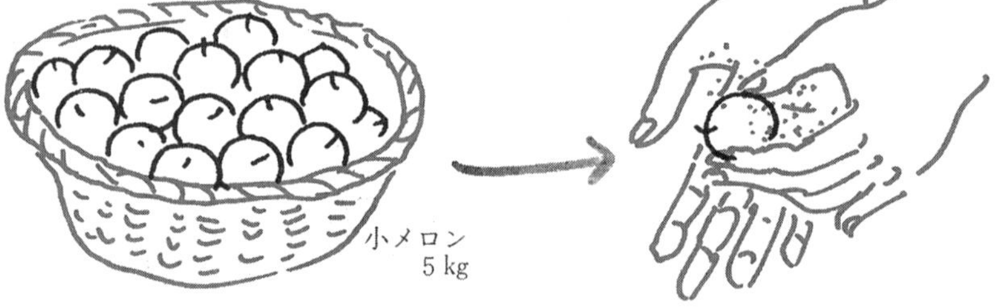
小メロン
5 kg
手で塩をすりこむ

下漬け

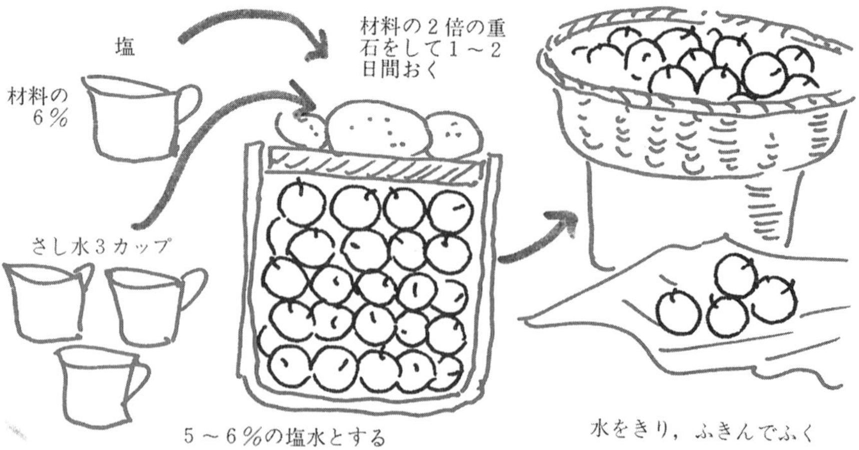
塩
材料の
6％
材料の２倍の重石をして１～２日間おく
さし水３カップ
5～6％の塩水とする
水をきり，ふきんでふく

金原芳江

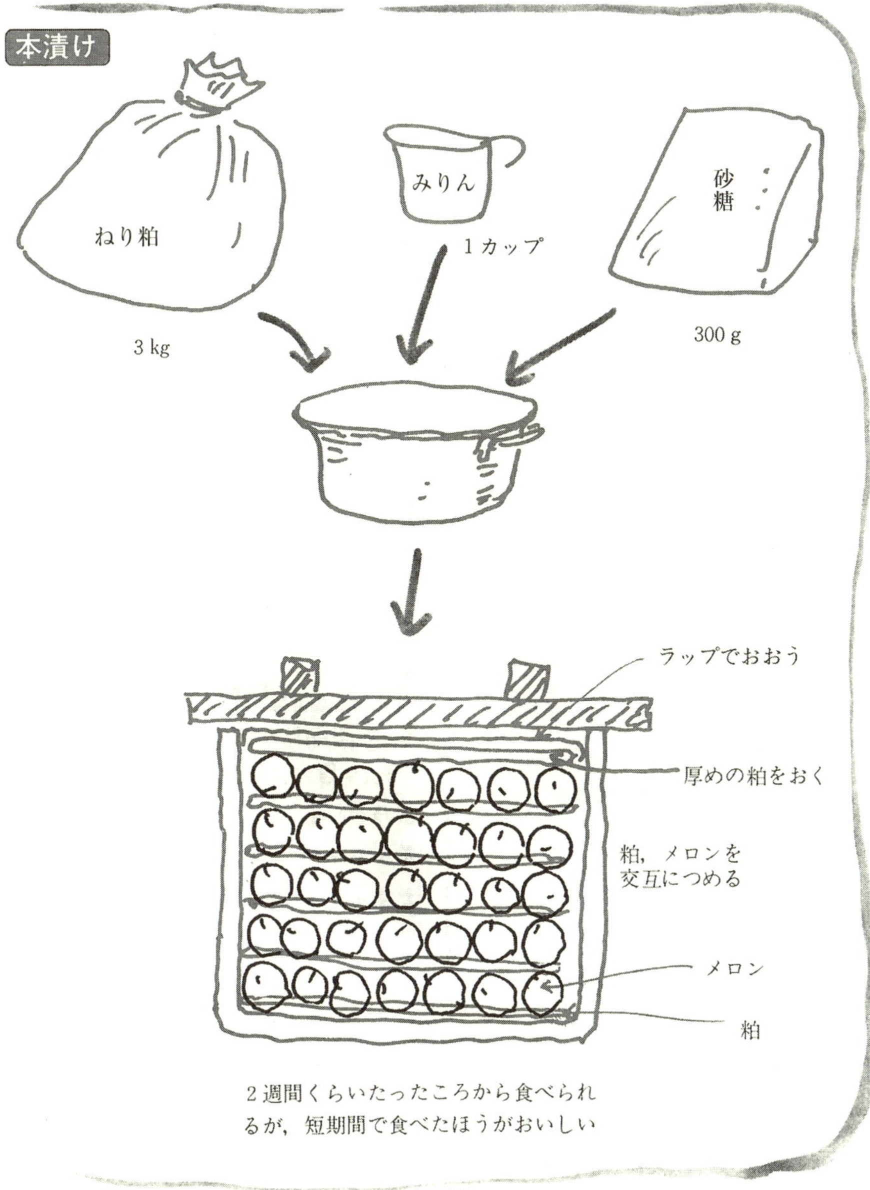
本漬け
ねり粕
3 kg
みりん
1カップ
砂糖
300 g
ラップでおおう
厚めの粕をおく
粕，メロンを
交互につめる
メロン
粕
2週間くらいたったころから食べられるが，短期間で食べたほうがおいしい

静岡　らっきょう漬け

5，6月に出るらっきょうは、夏の暑さにバテないために、自然が用意した野菜のひとつです。

このらっきょうをいつまでもカリカリの状態で、いつでもお好きな味に変化させられるのが、みりんがめのころがし漬です。

ポイントはヒゲ根の付け根と、茎の細いところを残すこと。味を変わらせずに長くおくコツなのです。

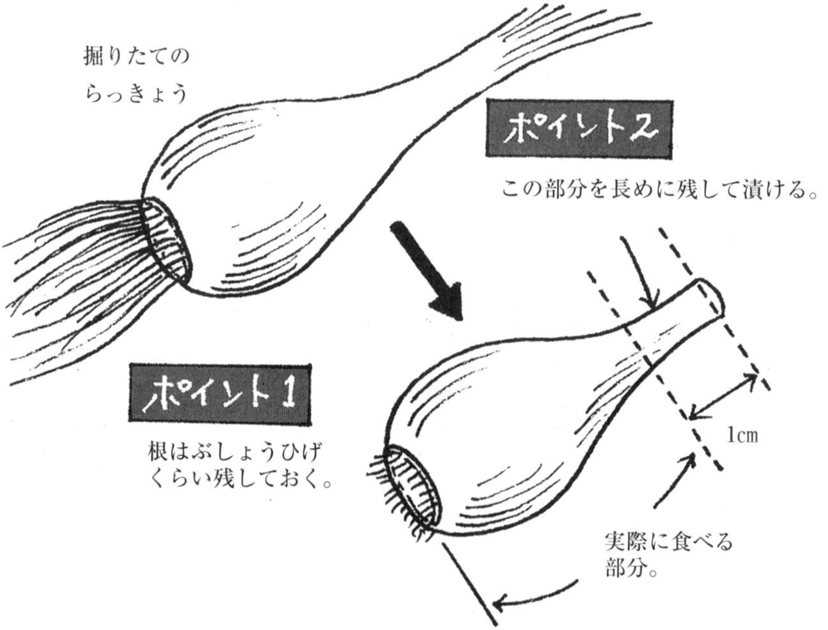

掘りたての
らっきょう
ポイント2
この部分を長めに残して漬ける。
ポイント1
根はぶしょうひげ
くらい残しておく。
1cm
実際に食べる
部分。

〈これを塩漬する〉

佐野始子

（みりんがめのころがし漬）

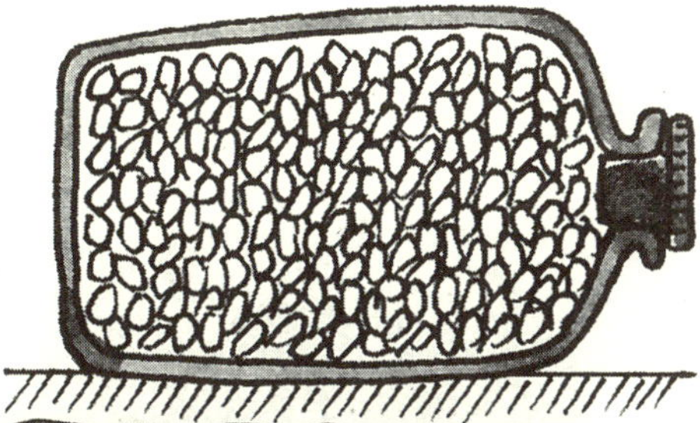

らっきょうの重量の５％の塩を、大きい入れものでよく混ぜて容器に漬け込みます。私はらっきょうが10kgも入る、大きなみりんがめに自然塩を使って漬けこんでいます。

ころがし漬を使ったラッキョウの味噌漬

〈材料〉

らっきょう	1 kg
味噌	カップ２
洗双糖	カップ２
焼酎	カップ1/4
(25°、酒でもよい)	

らっきょうは塩出しをして、よく水を切り、食べるばかりの形に整える。
らっきょうは生でもよい。

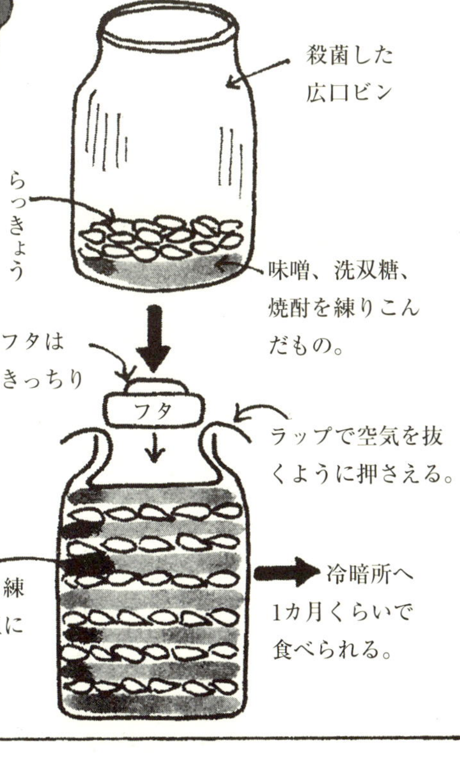
殺菌した広口ビン
らっきょう
味噌、洗双糖、焼酎を練りこんだもの。
フタはきっちり
フタ
ラップで空気を抜くように押さえる。
冷暗所へ
1カ月くらいで食べられる。

らっきょうと材料を練り込んだものを交互に詰めていく。

静岡　わさび漬け

ワサビ漬

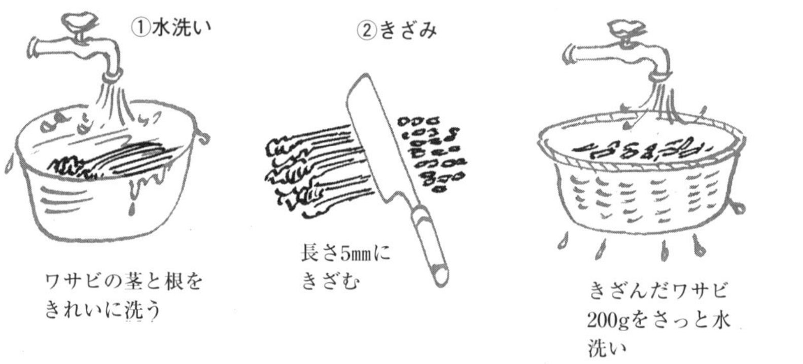
①水洗い
ワサビの茎と根を
きれいに洗う
②きざみ
長さ5㎜に
きざむ
③水洗い
きざんだワサビ
200gをさっと水
洗い

ワサビ
ワサビ漬
静岡
わさび

今から370年前の慶長年間に，静岡市を流れる安部川上流の有東木の里で，ワサビの栽培が始められました。徳川家康はこれを珍重し，門外不出の天下の御法度品にしたと伝えられています。ワサビ漬けの始まりは，それからおよそ140年後の宝暦年間に駿府の商人・田尻屋利助が，有東木の村人が漬けているものからヒントを得て，改良を重ね，現在のワサビ漬けをつくり出しました。

静岡名産として有名になったのは，明治22年に東海道線静岡駅が開設され，駅構内で販売されるようになってからのことです。

ワサビの栽培もワサビ漬けも発祥の地である静岡から，家庭で簡単にできるワサビ漬と，ワサビの茎の三杯酢漬のつくり方を紹介します。両方とも食欲を増し、酒のさかなにも最適です。

寺田洋子

④塩漬け

小サジ1杯強（3％）をまぜ、よくもんで4～5時間おく

⑤塩抜き

塩漬けしたワサビをざるにあげ、しっかり水気をきる

⑥混合（漬込み）
よく混ぜ
合わせる

水あめ50ｇ
焼酎
２分の１
カップ
酒粕
600g
ワサビ200g

⑦⑥の酒粕に⑤のワサビをよく練り合わせる

⑧食べごろ

密閉して保存する。１日おけば食べられる。食べきれるようにつくる。冷蔵庫に入れておくと風味がおちない

ワサビの茎の三杯酢漬け

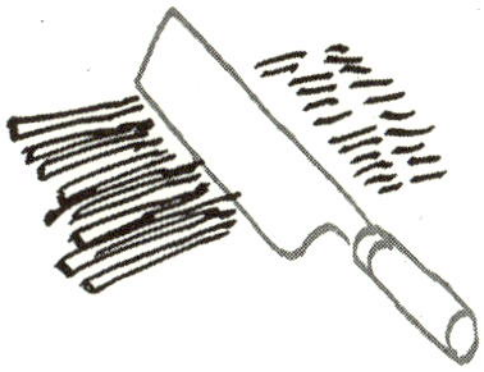

①ワサビの茎を３～４㎝の長さに切る

②塩小サジ２杯をふり、軽くまぜて約30分そのままにしておく

③ワサビは塩水をきって三杯酢（酢１，砂糖½，塩¼）のなかへつけ，フタのできるビンに入れて保存する。２～３日たったころが食べ頃で，１週間くらいが保存の限度

愛知

粕なんばん

残暑の続くお盆も過ぎれば、畑の端の秋みょうがが採れるようになります。夏バテもピーク、食欲が落ちるそんな時、ピリリと辛い粕なんばんの出番です。ひとはし毎に思わず食も進み、夏の疲れもいつしか消えて行きます。

辛さの好みは、天竺なんばんの量により各家それぞれ。どこもわが家が一番おいしいと自慢しています。

〈材料〉

みょうが	200ｇ位
天竺なんばん	4～5本
(青い鷹の爪)	(好みにより増減する)
酒粕	100ｇ
砂糖	大さじ2杯
塩	適宜

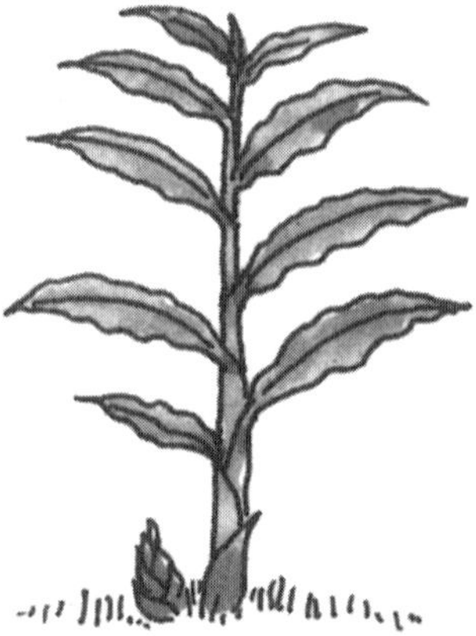

①みょうがをざくざくと刻む。

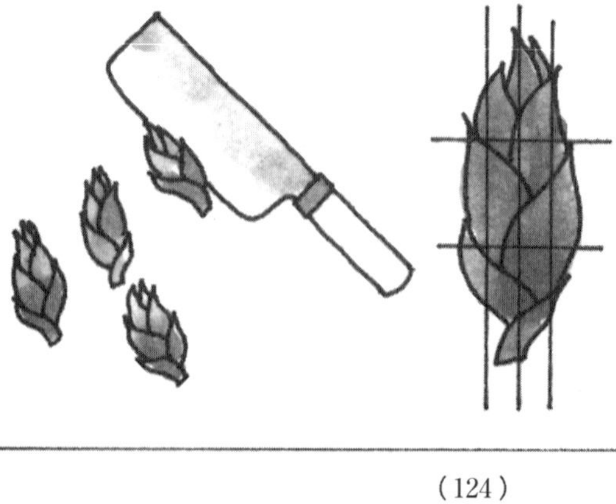

②天竺なんばんを小さく刻む。

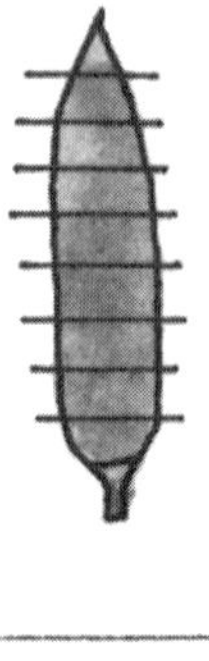

伊藤香里
伊藤寿子

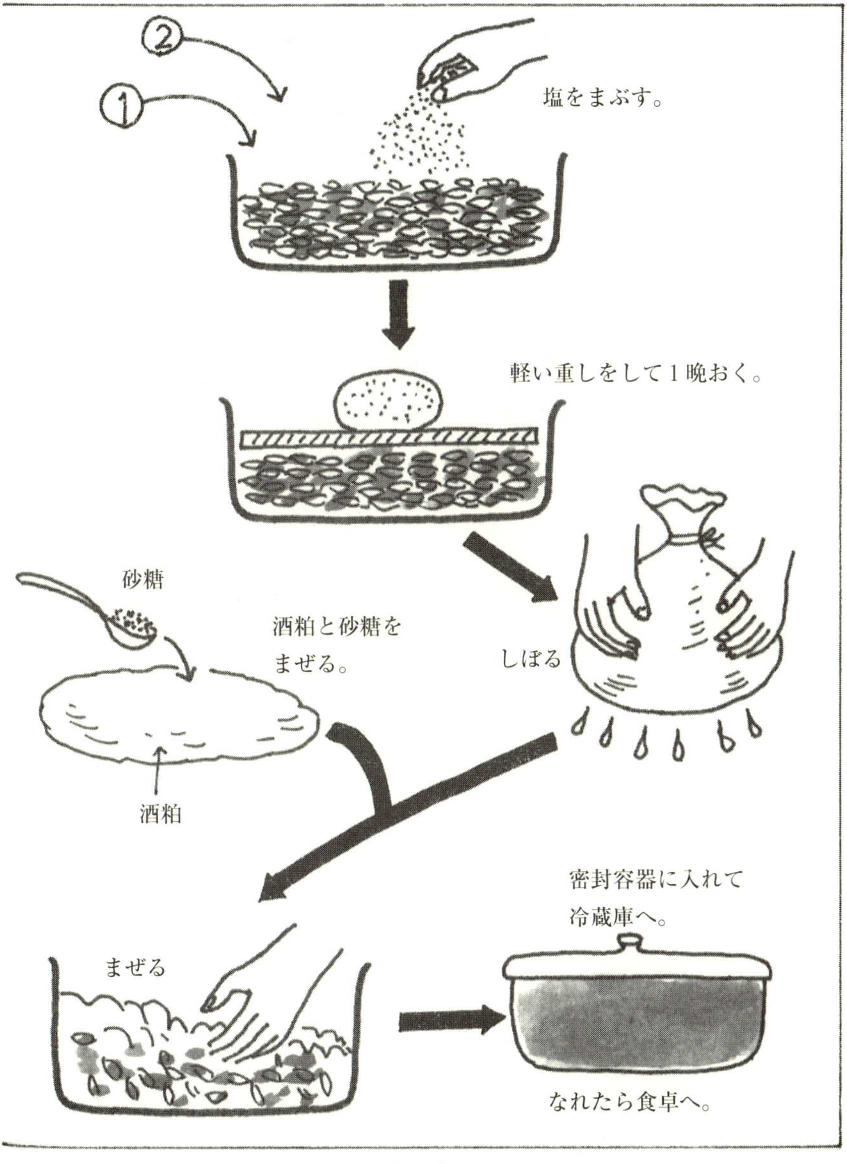

②
①
塩をまぶす。
軽い重しをして１晩おく。
砂糖
酒粕と砂糖を
まぜる。
しぼる
酒粕
密封容器に入れて
冷蔵庫へ。
まぜる
なれたら食卓へ。

愛知　摘果メロンの粕漬け

愛知県の東三河地方はメロンの栽培が盛んで，摘果メロンがたやすく手に入る。風味がよく歯ざわりもよいので，最近よく漬けられるようになってきた。漬けるときはなるべく新鮮なうちに。

①粕をつくる

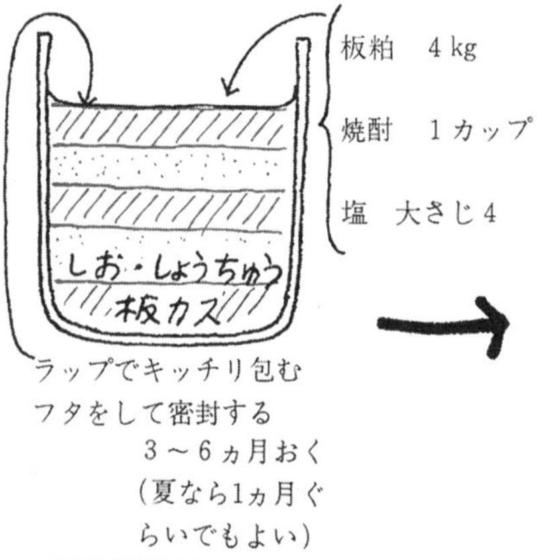

しお・しょうちゅう
板カス
板粕　4kg
焼酎　1カップ
塩　大さじ4
ラップでキッチリ包む
フタをして密封する
3～6ヵ月おく
(夏なら1ヵ月ぐらいでもよい)

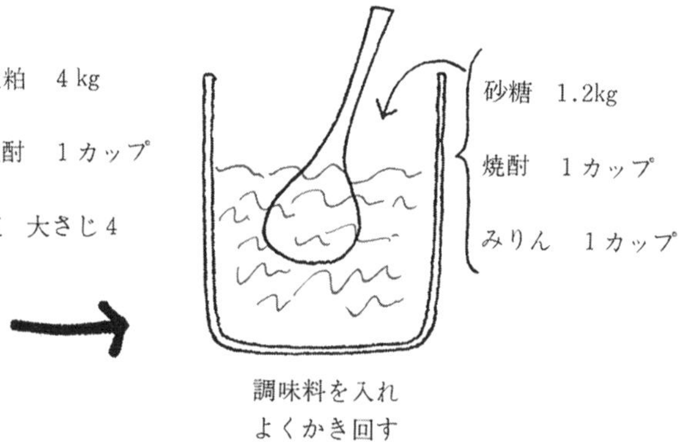

砂糖　1.2kg
焼酎　1カップ
みりん　1カップ
調味料を入れ
よくかき回す

②下　漬　け

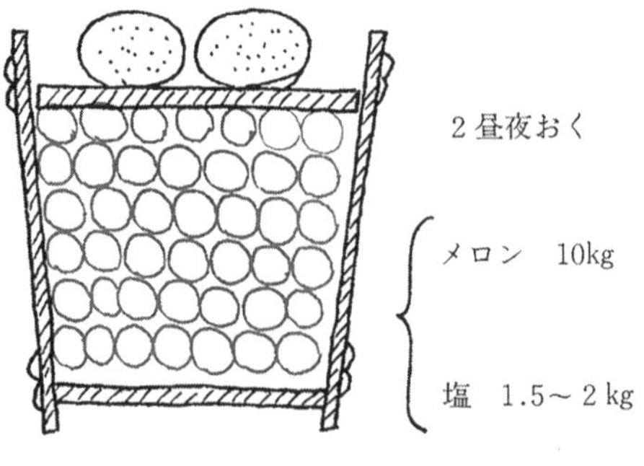

2昼夜おく
メロン　10kg
塩　1.5～2kg

竹内久仁子

③本　漬　け

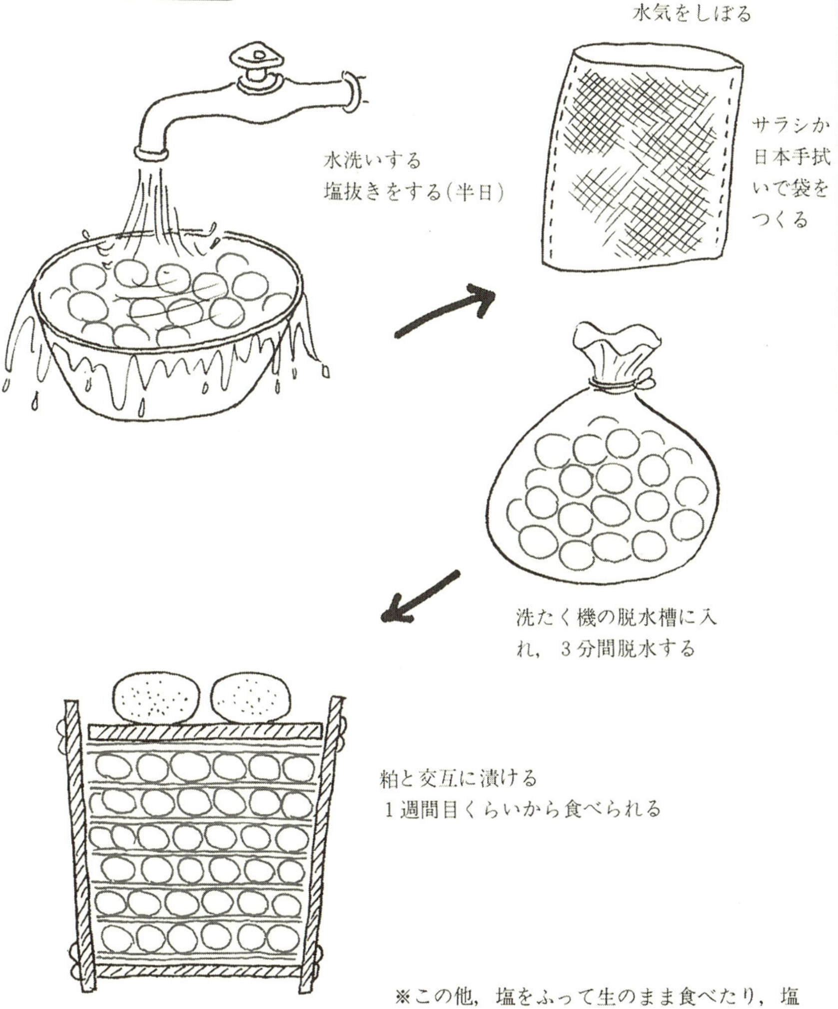
水気をしぼる
水洗いする
塩抜きをする(半日)
サラシか
日本手拭
いで袋を
つくる
洗たく機の脱水槽に入
れ，３分間脱水する
粕と交互に漬ける
１週間目くらいから食べられる

※この他，塩をふって生のまま食べたり，塩漬けのまま食べてもおいしい。

三重　やつがしらの茎漬け

　三重県の南方、尾鷲市に隣接する海山町で、古くから作られているサトイモ（ヤツガシラ）の葉柄を利用した漬物。
　ぼたんの花のように色彩やかで、さわやかな酸味と独特の歯ごたえが夏の漬物として人気がある。地元の朝市で売られているが、地方発送もされ消費者に喜ばれている。
　均一の味で量産するのはむずかしいが、ビニールを利用することにより、手ぎわよく、おいしく漬け上がるので紹介します。

〈材料〉

ヤツガシラの茎		30kg
塩	下漬け用	900g（3%）
	本漬け用	600g（2%）
	しその下漬け用	30g（2～3%）
赤しそ		1～1.5kg
梅酢		1カップ程
		（食酢の場合300cc）

作り方〈下漬け〉

①ヤツガシラの茎はきれいに水洗いし、ドロ、汚れをおとす。

②大きなビニールの上に①の茎を置きながら、下漬け用の塩を均一にふりかける。

真弓多喜代

③茎に塩をふり終わったら、ビニールの四すみを両手で持って前後に動かし、塩と茎をよく混ぜ、四すみを折り、袋状にして、その上に重石をのせ1日程度仮漬けする。仮漬けした塩汁はすてる。

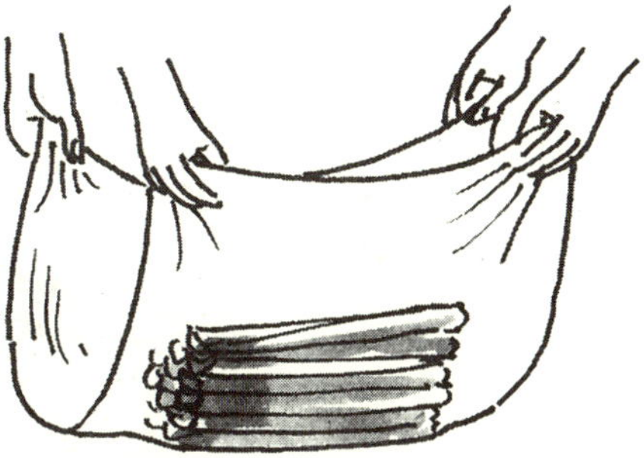

〈本漬け〉

④しそは塩でもんであくをすてる。これを2回くり返す。

ビニールをたたんで上に重石をのせる。1日おく。

⑤樽の底へ少し塩をふり仮漬けの終わった茎を並べる。茎の間にしそと梅酢、塩をふりながら交互に漬け込む。
最後に塩をふって漬け終わる。

⑥漬け終わったら中ぶたをのせ、重石をのせて3日程おく。

☆食べる時は茎の皮をむき、適当に切り、生姜じょうゆ、花がつおなどかけて食べるとおいしい。

三重　梅の華

赤目梅林組合員のみなさんが、伊賀農業改良普及所職員とつくりだした甘口の加工品。シャリッとした歯ごたえ、さわやかな甘酸っぱさは、お茶受けとして好評です。

材料

青梅1kgに対して
砂糖　600～700g
赤じそ　300g強
塩　少々

青どりした梅をすぐ加工する。

①青梅は水で洗ってうすい塩水に一昼夜漬け、アク抜きをする。

②水切りした青梅は種を抜いて、小口からきざむ。

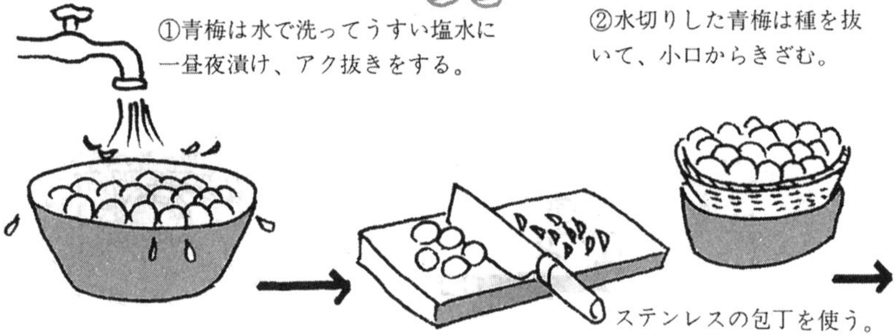

ステンレスの包丁を使う。

③赤じその葉をもぎとり、きれいに水洗いする。

④塩少々をふって軽くもみ、アクをとる。

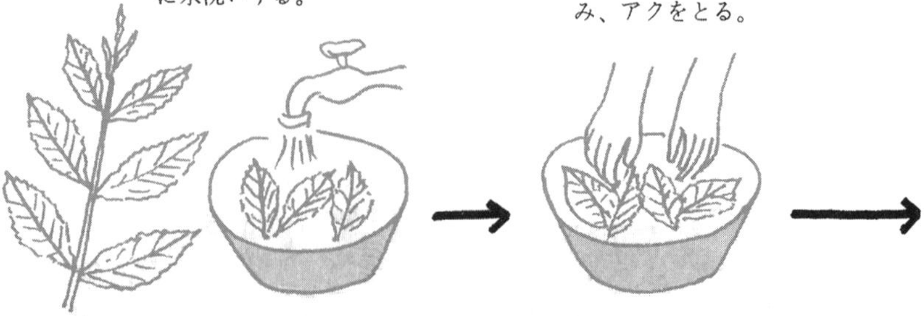

真弓多喜代

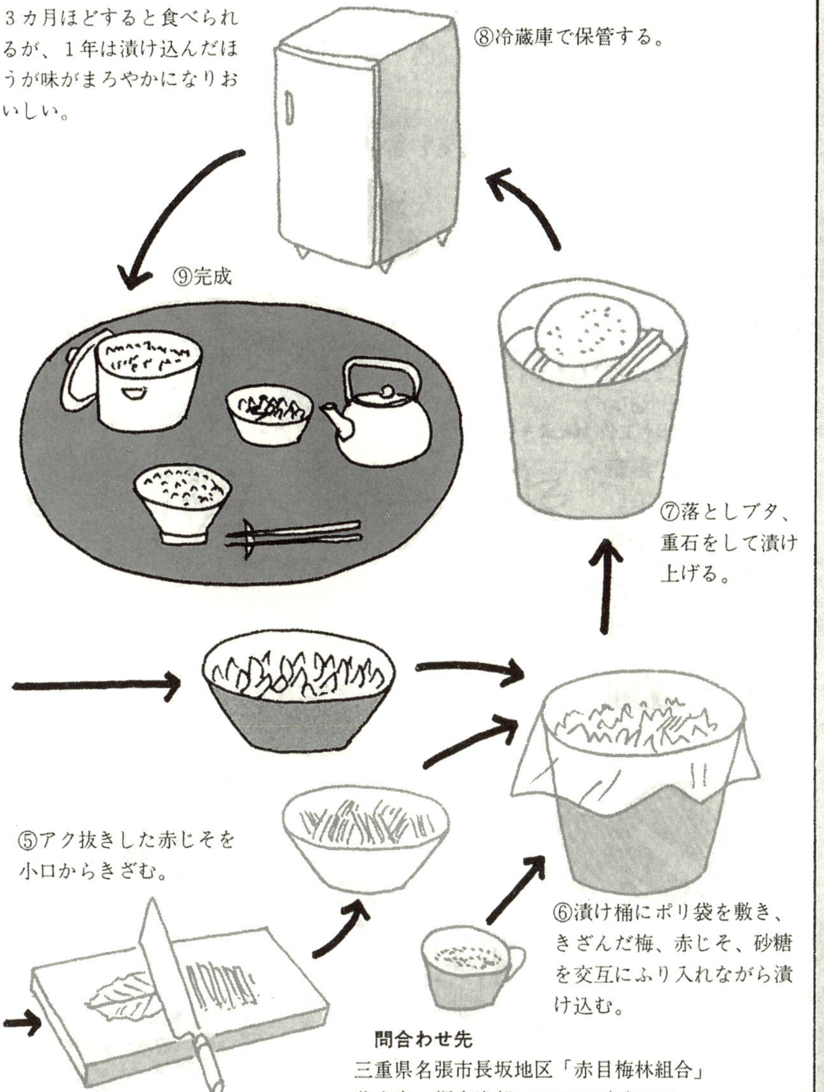

３カ月ほどすると食べられるが、１年は漬け込んだほうが味がまろやかになりおいしい。
⑧冷蔵庫で保管する。
⑨完成
⑦落としブタ、重石をして漬け上げる。
⑤アク抜きした赤じそを小口からきざむ。
⑥漬け桶にポリ袋を敷き、きざんだ梅、赤じそ、砂糖を交互にふり入れながら漬け込む。

問合わせ先
三重県名張市長坂地区「赤目梅林組合」
代表者・福本逸郎　☎05956(3)1977

滋賀　きゅうちゃん漬け

土ショウガ(小)
ひとかけら
しょうゆ
2カップ
砂糖50ｇ
塩漬けナス，キュウリ400ｇ
(ナス２にキュウリ８の割合)
ゴマ少々
シソの葉少々

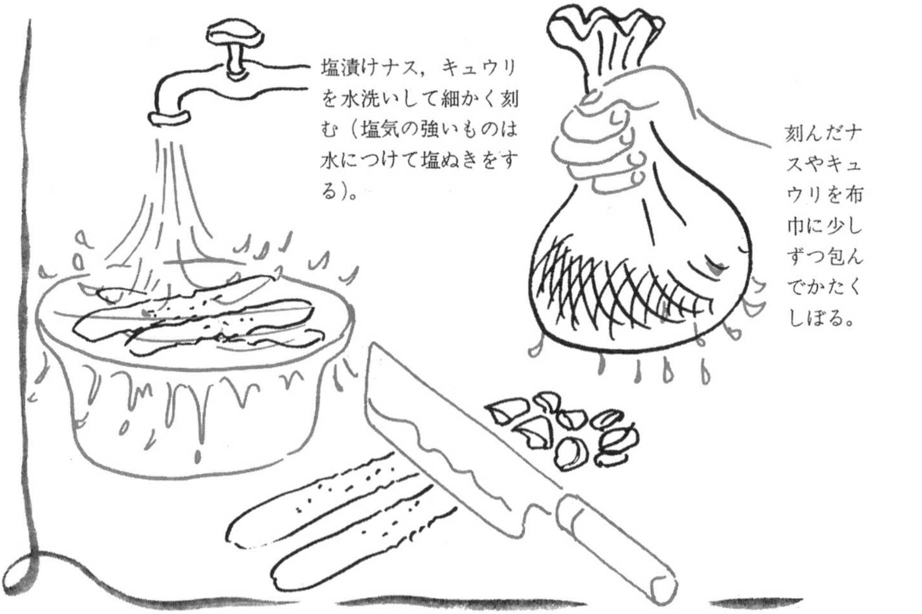
塩漬けナス，キュウリを水洗いして細かく刻む（塩気の強いものは水につけて塩ぬきをする）。
刻んだナスやキュウリを布巾に少しずつ包んでかたくしぼる。

音野智恵子

キュウリやナスがたくさんとれたときに，いったん塩漬けにしておき，暇をみつけて“キュウちゃん漬け”をつくりましょう。

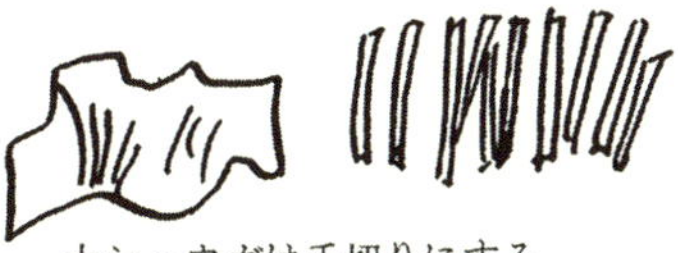

土ショウガは千切りにする。

しょうゆ，砂糖を煮たて，さましておく。

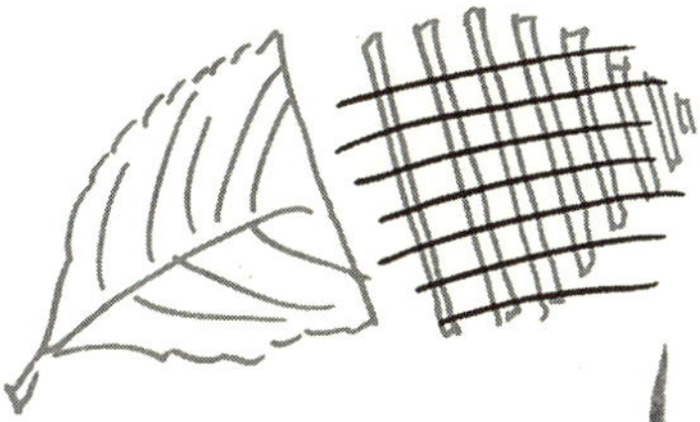

好みによって，シソの葉や炒りゴマを加える（シソの葉は赤ジソ，青ジソどちらでもよい。細かく刻んで塩もみし，アクをぬいてから使う）。

漬汁に，ナス，キュウリ，ショウガを漬け込む。
食べて残った液は，もう一度煮たててまた漬けるとよい。

滋賀　うりの奈良漬け

昔から造り酒屋が近くにあり、酒粕が手軽に手に入りましたので、畑でとれたウリを奈良漬にして食していました。私はこの酒粕だけのウリの味が好きでしたが、今はこの味より少しザラメの入ったほうが好まれることがわかりました。ここに紹介する方法で、今では限定販売もしています。
ザラメの入っていないものは「おばあちゃんの味」といって注文してもらっています。
上手に漬けるコツは、よい酒粕を使うこと。塩抜きのつもりで安いものや焼酎を加えたりしてつくると、塩がきれいに抜けなかったり、香りが芳しくありません。私はとなり町の造り酒屋の、手しぼりの酒粕を使っています。

〈材料〉
ウリ
塩
酒粕
（地酒の粕）
ザラメ

材料の量は、はかったことがないのですが、酒粕の量が少ないと味がつかない。

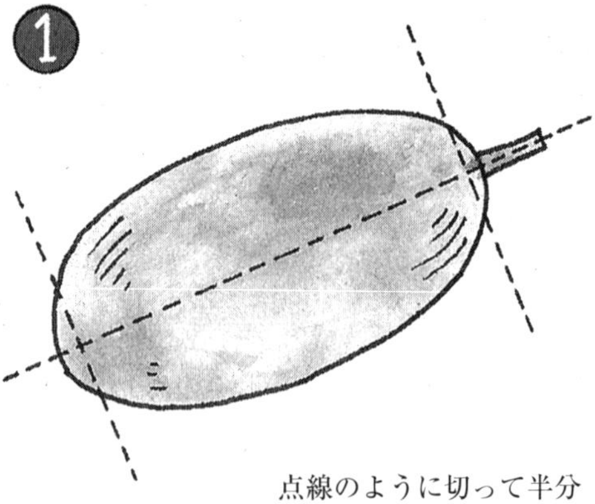

点線のように切って半分にする。

（使うウリはヒネすぎないうちにツヤのよい間に収穫する。）

西澤章

②

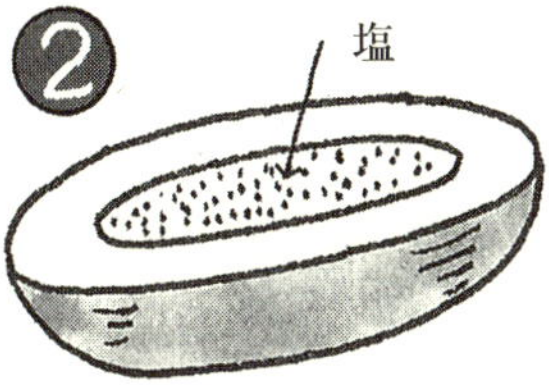
塩

タネとワタをとったウリの舟にいっぱいの塩を入れる。

③

重石はウリの1.5～２倍の重さ。

塩を入れたウリ２個を上に切れ目がくるように合わせて、元の１個のウリの形がくずれないように桶に並べる。７～10日間漬ける。
(短くても長くてもダメ)

④

塩切りして切り口を上にして、ザルに並べ半日陰干しする。
(水分をとるため)

⑤

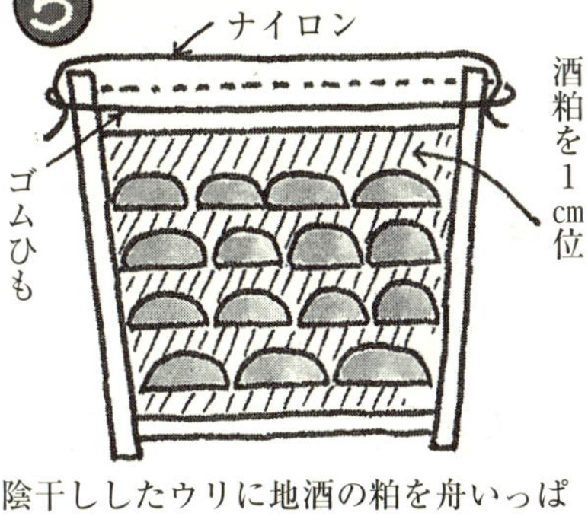
ナイロン
酒粕を１cm位
ゴムひも

陰干ししたウリに地酒の粕を舟いっぱいに詰め、形がくずれないようにカマボコように並べる。これで１カ月以上おく。(短いのはダメ)

⑥

１カ月したら取り出し、きれいに手で粕をぬぐう。
別の新しい酒粕をウリの形をくずさないように詰める。

酒粕
ザラメ

このときザラメをウリの内側にぬり、その上に酒粕を入れる。
(このときの分量は酒粕４kgに500gのザラメが必要)
それを⑤のように桶におさめて１カ月以上おいてから食べる。
3カ月めくらいが一番おいしい。

京都　菜の花漬け

材料

菜の花	500g
塩(下漬用)	30g
塩(本漬用)	15g
赤ざらめ	30g
白梅酢	15mℓ

菜の花漬は，菜の花特有のあわいほろにがさがあり，またほどよい塩味がやわらかい茎と花に浸み込んで，お茶漬用にあるいはまたお茶うけ用として楽しい春の味覚を味わわせてくれます。

①菜の花を摘む

3分咲きの菜の花。花先から5cm長さに摘みとる。

②水洗い

ざるに入れて3～4回水をかけて洗い，水切りする。

③下漬け

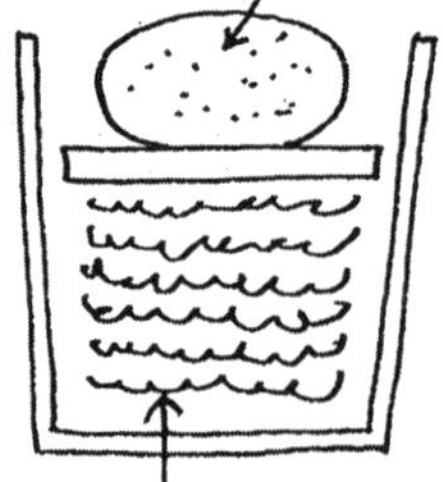

重石（菜の花の3倍の重さ）

菜の花に塩をまぶしてつける（一昼夜）。

④水洗い

ざるに上げて水洗いする。

岩城由子

⑤水をしぼる

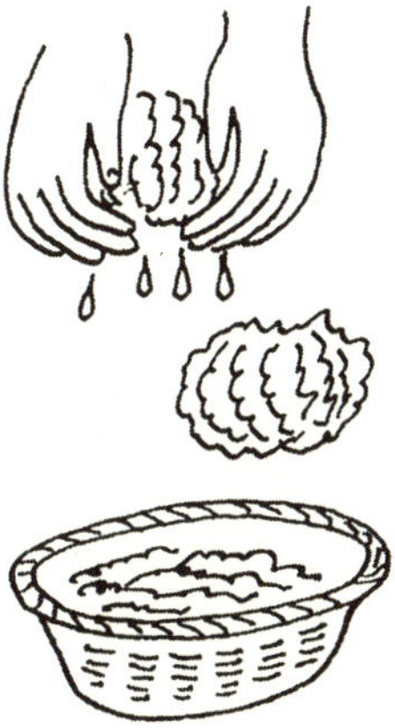

かたくしぼる

⑥調味料混合

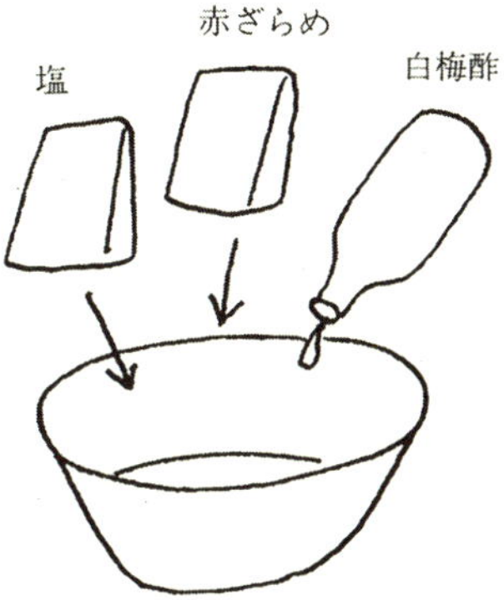
赤ざらめ
塩
白梅酢

よく混ぜて溶かす。

⑦本漬け

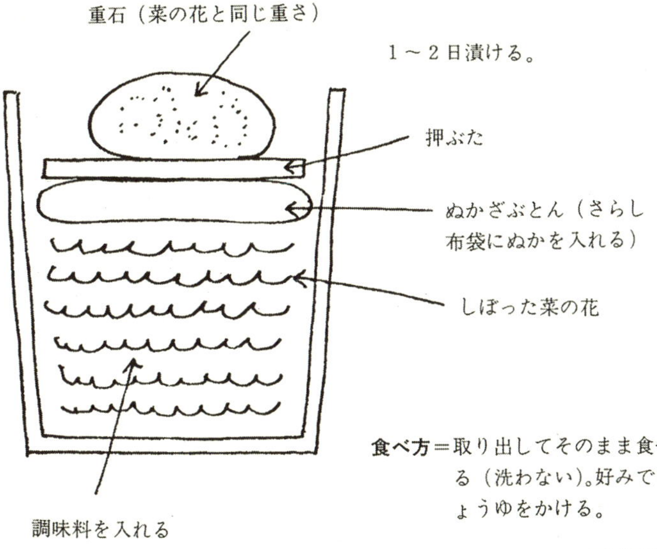
重石（菜の花と同じ重さ）
1～2日漬ける。
押ぶた
ぬかざぶとん（さらし布袋にぬかを入れる）
しぼった菜の花
調味料を入れる

食べ方＝取り出してそのまま食べる（洗わない)。好みでしょうゆをかける。

京都　しば漬け

野菜を刻む

♥うすい塩分でちょっぴりすっぱく，暑いときの京漬物は食欲増進にも役立ちます。

なす 4kg　しその葉 1.5kg　きゅうり 200g　みょうが 100g

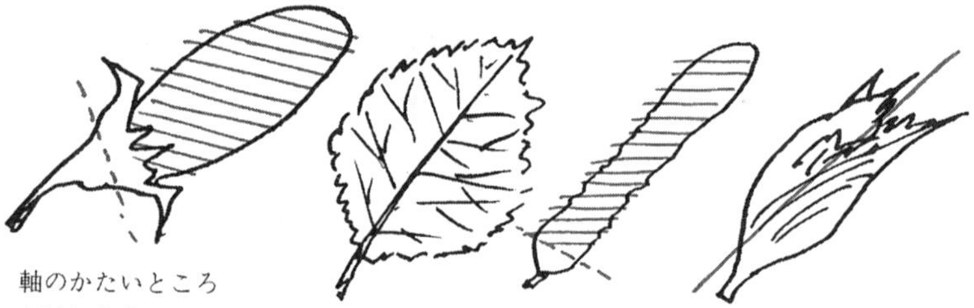

軸のかたいところだけ切り落とし，斜めにうす切り

ちりめんじその新しいものをつかう

軸を切り落とし斜めうす切り

半切り

＋塩300g

混　合

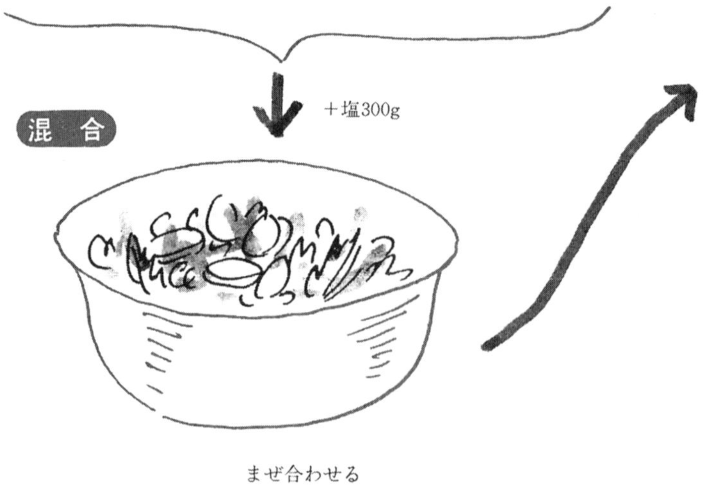

まぜ合わせる

岩城由子

本漬け

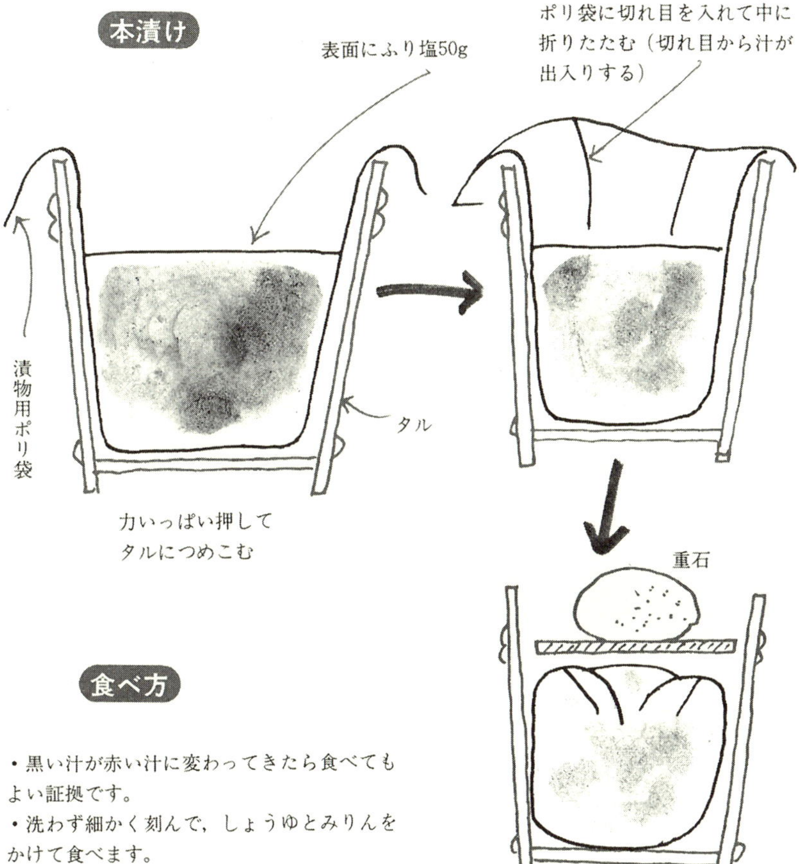

表面にふり塩50g
ポリ袋に切れ目を入れて中に
折りたたむ（切れ目から汁が
出入りする）
漬物用ポリ袋
タル
力いっぱい押して
タルにつめこむ
重石

食べ方

・黒い汁が赤い汁に変わってきたら食べてもよい証拠です。
・洗わず細かく刻んで，しょうゆとみりんをかけて食べます。
・とり出すときは，いつも平らになるように表面からとり出します。
・空気にふれるとすぐ茶褐色に変色します。必要な分だけ取り出します。

（洗わずにそのまま食べる漬物です。清潔に取り扱いましょう）

・重石は材料の２～３倍とし，汁が出てきたら軽い重石にする。
・１～２日して黒い汁が出たら，重石をしたままタルを傾けて汁を捨てる。捨てた分量だけ５％の塩水を注ぐ。
・いつも漬け汁が押しブタの上まで上がっているようにする。

京都　たけのこのおから漬け

たけのこは、私の住む乙訓《おとくに》地方の特産品です。たけのこの収穫期も終わりに近づいてくると、長く伸びた少し質の悪いたけのこがニョキニョキ出ます。たけのこは温度が高くなると急に伸びるので、猫の手も借りたいくらいに忙しくて、てんてこまいです。そんなたけのこをおから漬にします。
保存方法もやさしく、たくさんの量が作れます。おからの香りがつき、白く仕上がります。またおからにはアクを取り除く作用もあります。季節はずれに取り出して、佃煮やごはんなど刻んで使う料理に適しています。

〈材料〉

ゆでたけのこ	5kg
おから	2kg
塩	2kg
重石	10kg

1 掘りたてのたけのこは皮をむき、縦半分に切って水だけで堅いめにゆがく（米ぬかを入れると漬けてから腐るので注意）。

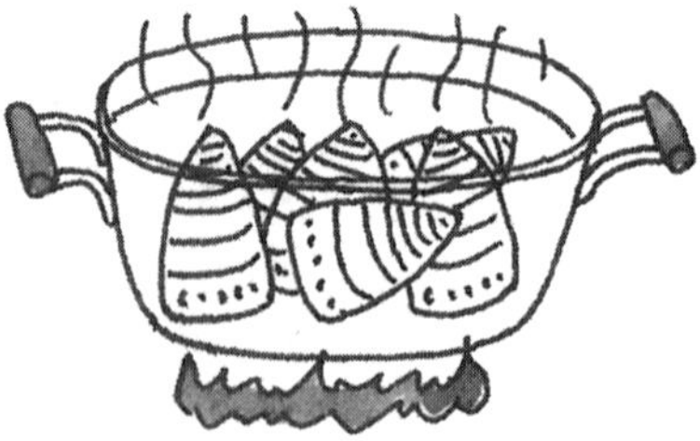

2

ゆでたけのこは水けを切って、半日かげ干しする。

湯川周子

3

塩
おから

おからと塩はよく混ぜ合わせておく。

4

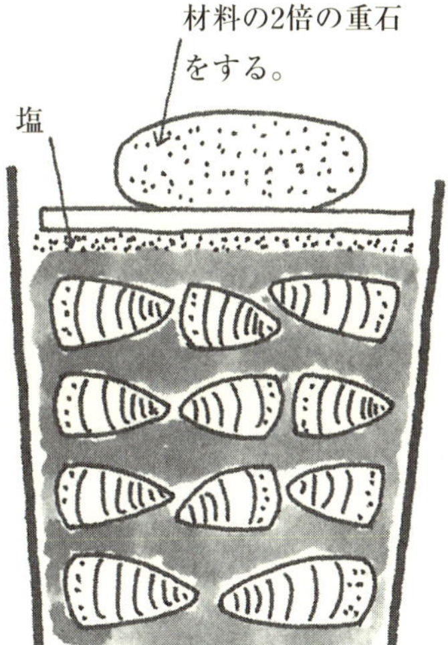
材料の2倍の重石をする。
塩

おからの床とたけのこを交互に並べて、上に塩をふる。

5 季節はずれに取り出して、1日水につけて、塩抜きする。
細かく刻んで一度ゆがく。

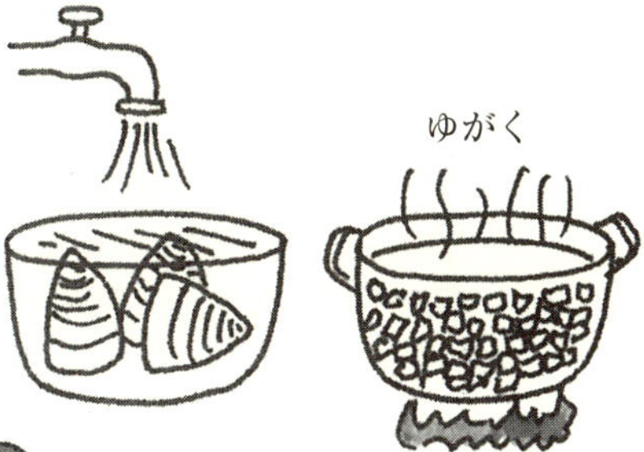
ゆがく

6

○佃煮やごはんにする。
○ごはんをおにぎりにして、竹の皮に包んで共同作業の時のおやつにするとみんなニコニコ顔で喜んでもらえる。

京都　万願寺甘とう漬け

万願寺甘とうがらしは，大正の末期ころから舞鶴市の万願寺という集落で栽培されていました。昭和57年，京都の〝伝統野菜〟の指定を受けてから，広く栽培されるようになっています。

甘とうがらしが緑色のあいだはいろいろな料理に使い，旬を過ぎて赤く色づいてきてから〝甘とう漬け〟に加工します。おつまみ，保存食に最高です。この漬け方はピーマンにも応用できます。

材料

赤い万願寺甘とう（乾燥したもの）		200g
昆布		20g
しょうゆ		360cc（2合）
みりん		180cc（1合）
酒		約40cc（2勺）

①半割りにしてタネをとりだす

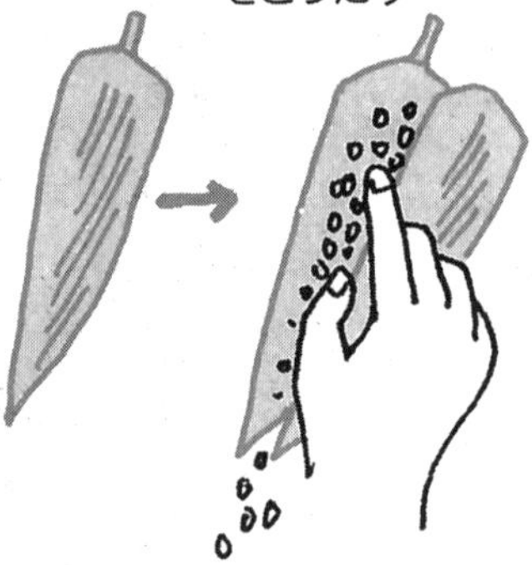

②水洗いして，5㎜幅にきざむ

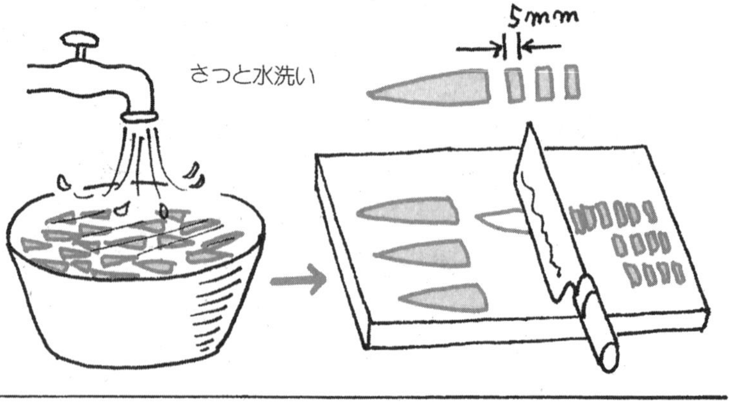

十倉生活改善グループ（代表・小谷光子）

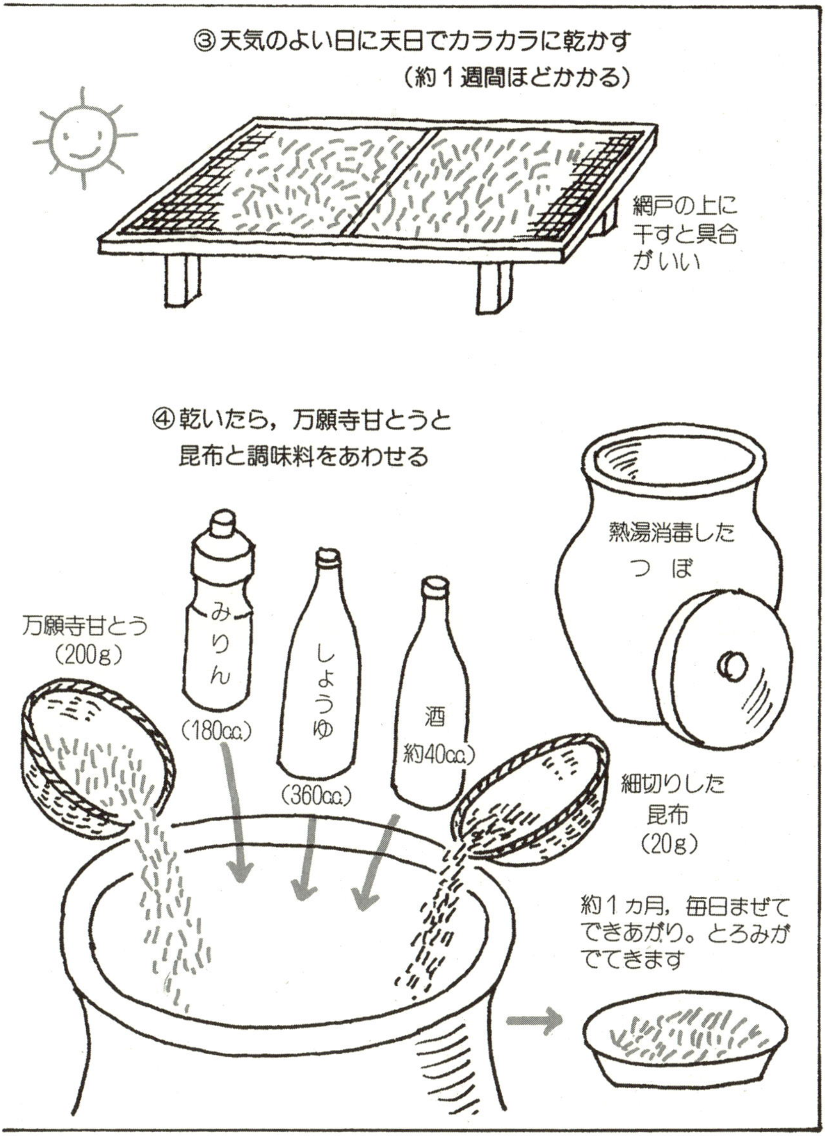

③天気のよい日に天日でカラカラに乾かす
（約１週間ほどかかる）
網戸の上に
干すと具合
がいい
④乾いたら，万願寺甘とうと
昆布と調味料をあわせる
熱湯消毒した
つぼ
万願寺甘とう
（200g）
みりん
（180cc.）
しょうゆ
（360cc.）
酒
約40cc.）
細切りした
昆布
（20g）
約１ヵ月，毎日まぜて
できあがり。とろみが
でてきます

京都 ブルーベリーで梅干し

しそのほかにブルーベリーも一緒に漬けて色鮮やかにした梅干しです。
ブルーベリーの生の実は7月末になると出まわってきます。そこで先に梅を塩で漬けておき、あとでしそとブルーベリーを入れて漬け直します。ブルーベリーと赤じその紫色がマッチして、それはそれはすばらしい鮮やかな色になり、食べるのがおしいような梅干しになります。ブルーベリーも赤しその香りがして、とてもおいしくて、まるで紫色の宝石のようです。

〈材料〉

大梅	1kg
ブルーベリー（生果）	200g
塩	200g
赤じそ	250g

作り方

1 梅は洗って、たっぷりの水に1晩つけて、アク抜きをする。
ザルに上げて水切りする。

洗って水につける。

水切りする。

湯川周子

2

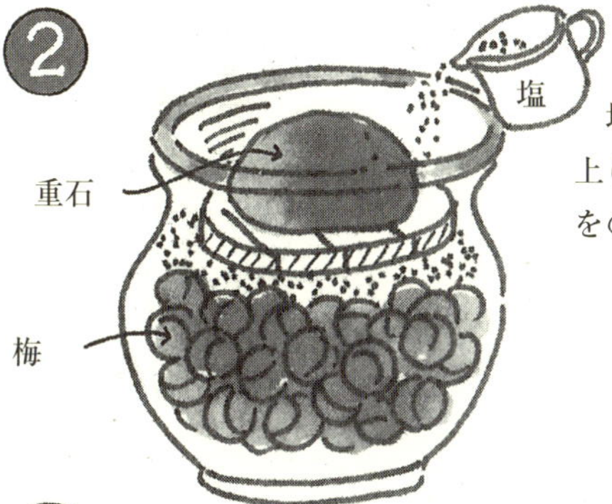

塩をまぶしながら、梅をつぼに入れる。上に塩を多めにして重石（材料の2倍）をのせ、水が上がるまで冷暗所におく。

3

土用になったら梅だけ1日干す。
このときはブルーベリーの実がまだない。
赤じそはあれば先に梅の中へ入れておく。

4

（上に日付、材料、分量を記入しておく。）

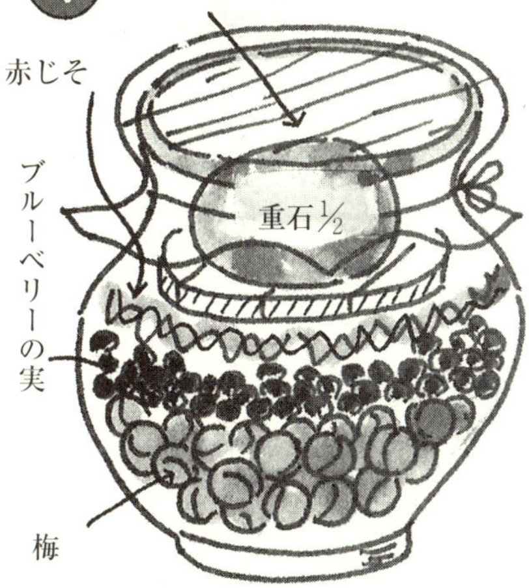

ブルーベリーが出まわってきたら、梅の上に、ブルーベリーと、赤じそ（塩もみしたもの）を置き、半分量の重石をして冷暗所に置く。
水が上がってきたら重石をとって、つぼなどに入れかえて本漬けに。
面倒なら、そのままおいてもいい。
6カ月くらいするとおいしい。

大阪　河内の粕漬けきゅうり

大阪平野を囲む周辺の山手は、昔から水が美しくおいしい。だから、よい米が生産でき酒づくりが盛んでした。いまも北河内地方で5軒の酒造家が盛んに製造しています。私たち生活改良普及員はこれに目をつけ、「ふみこみ粕」を利用してキュウリやウリを漬け込み、普及しています。この漬け方でウリをつけると最高の奈良漬けになります。ふみこみ粕で塩抜きするのが最高です。大変好評で、目下静かなブームになっています。冬に買った酒粕を焼酎で練って、その中に漬け込んでもよい。

水洗い

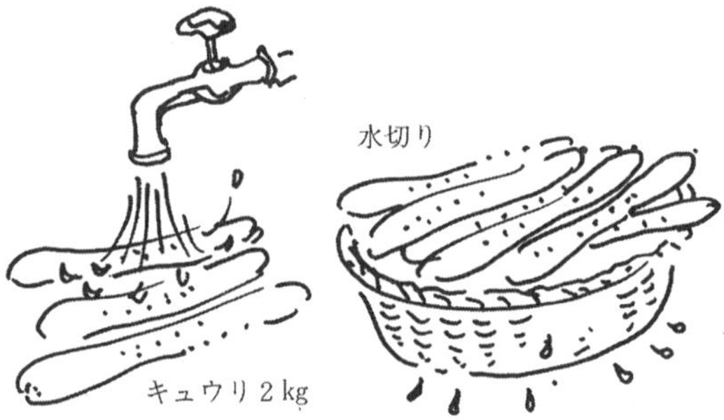

キュウリをよく洗ってザルにあげ,水気を切ります。すぐ塩漬けするばあいは布巾でふきます。漬け込む桶や押しブタ，重石もよく洗います。

塩漬け

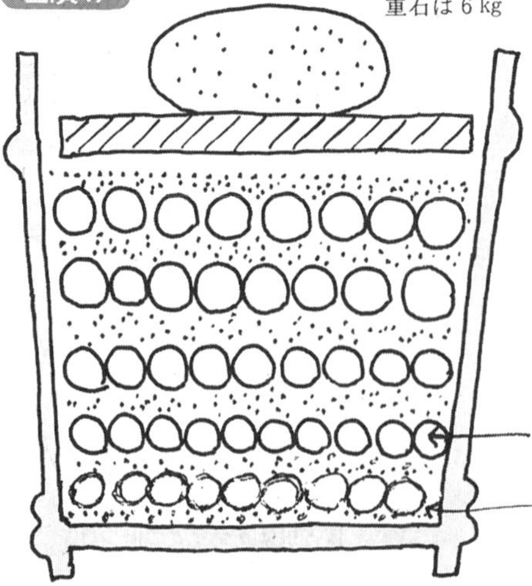

桶の底に塩をふり，キュウリをすき間なくきっちり並べて塩をふり，これをくりかえします。最後に塩をふって押しブタをし，材料の3倍の重石をします。

大量に漬けるときは二度漬けにし，一度目は20%，二度目は材料をもう一度計り，その15%の塩にすると長くおけます。

新保てい子

準備するもの

●キュウリ2kg　●塩400～600g（材料の20～30%）　●ふみこみ粕8kg（塩ぬき用4kg，本漬け用4kg）　●きざら砂糖150～200g　●重石　●桶

塩ぬき

塩漬けしていた桶に水が上がってきたら，ふみこみ粕で塩ぬきします（これがコツです）。桶にポリ袋を入れて，ふみこみ粕をうすく敷きます。塩漬けキュウリを並べ，再びふみこみ粕を敷きます。これをくり返し，空気をぬいてポリ袋を周囲からたたんで押しブタをし，軽い重石をします（1カ月くらい）。

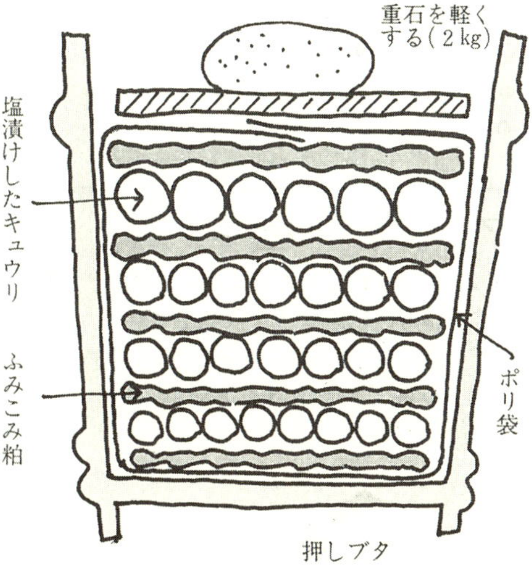
重石を軽くする（2kg）
塩漬けしたキュウリ
ふみこみ粕
ポリ袋

2年目からは本漬けに使った粕を塩ぬき用にまわします。また，塩ぬき粕には台所の野菜の生の切れ端などを漬け込んでおくとおいしく利用できます。

本漬け

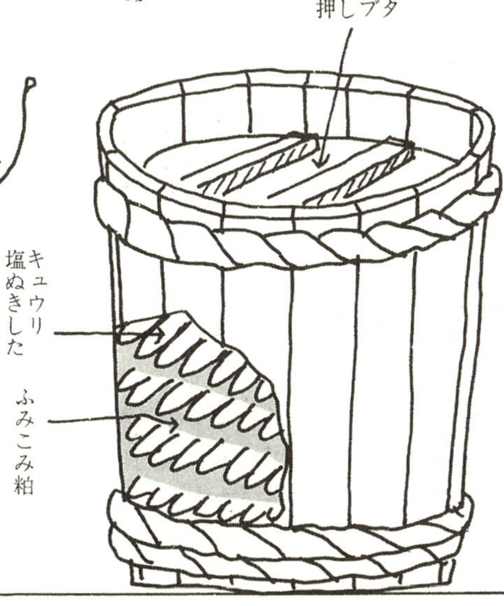
押しブタ
塩ぬきしたキュウリ
ふみこみ粕

①ふみこみ粕ときざら砂糖をまぜ合わせておきます。

②桶にポリ袋を入れ，塩ぬきしたキュウリを①の粕に漬け込みます。上の塩ぬきのばあいと同じ要領で漬け込み，最後を粕できっちり覆い，袋から空気を出して折り込みます。押しブタをして涼しいところにおけば，3カ月くらいから食べられます。長くおくほどおいしくなります。

大阪　奈良漬け

服部白ウリは大阪府高槻市の名産、奈良漬けの原料としてつくられてきました。良い水と、排水のよい砂土にめぐまれ、熱心な農家によって上質のうりが生産され、おいしい奈良漬けがつくられています。

材料（1斗樽分）
- ふみこみ粕（酒粕）13kg
- 塩1.2kg（ふみこみ粕の9％）
- 白瓜12〜13本（9〜10kg）

①下準備

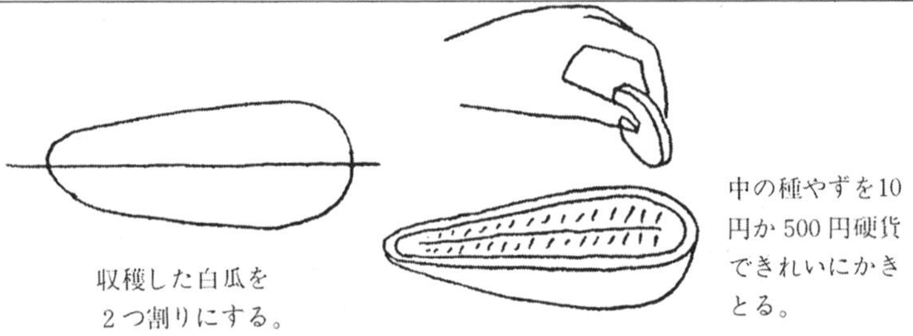
収穫した白瓜を
２つ割りにする。
中の種やずを10
円か500円硬貨
できれいにかき
とる。

②水洗いして陰干し

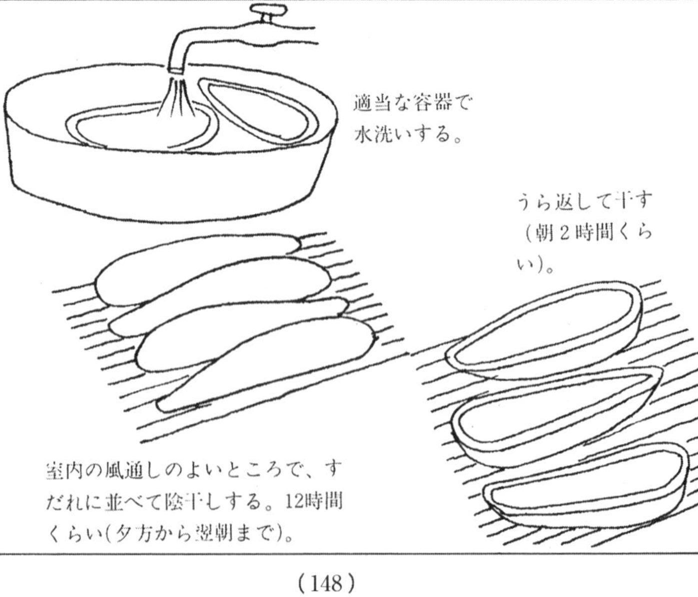
適当な容器で
水洗いする。
うら返して干す
（朝２時間くら
い）。
室内の風通しのよいところで、す
だれに並べて陰干しする。12時間
くらい（夕方から翌朝まで）。

新保てい子

③瓜に粕をのせる	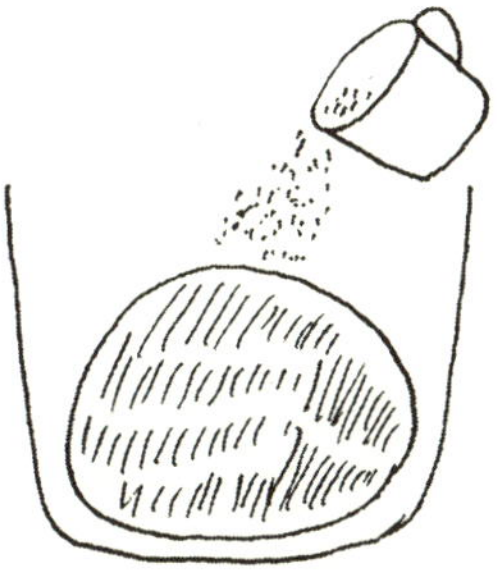 ふみこみ粕と塩 をまぜ合わせる。 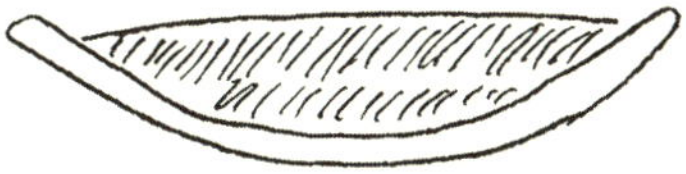 白瓜の舟にふみこみ粕をのせる。
④漬込み	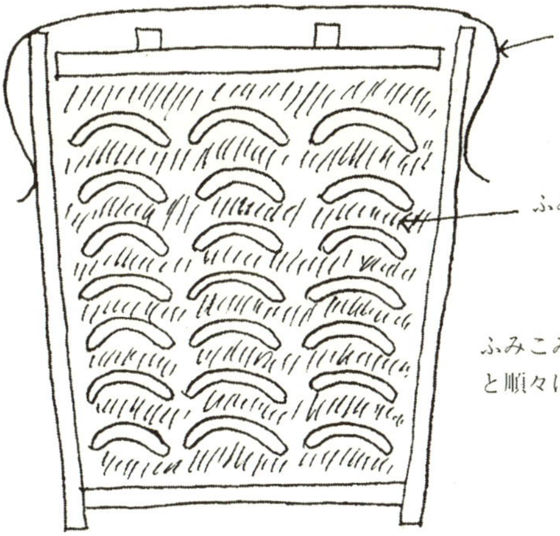 ふみこみ粕、白瓜 と順々に漬けこむ。 押しぶたをしてハトロン紙で覆い密閉 する。３カ月くらいしたら食べられる が、食べ頃は５～６カ月。

兵庫 山椒の実の味噌漬け

山村丹波に「ふる里の味」として昔から伝わっているものに，フキ，ワラビ，ゼンマイなどとともに，山椒があります。山椒は，早春の若芽は味のひきたて役に，実は佃煮や味噌漬けにするとお茶漬けに好適です。山椒の実の収穫適期は，指で容易につぶせる程度の若いころがよろしい。

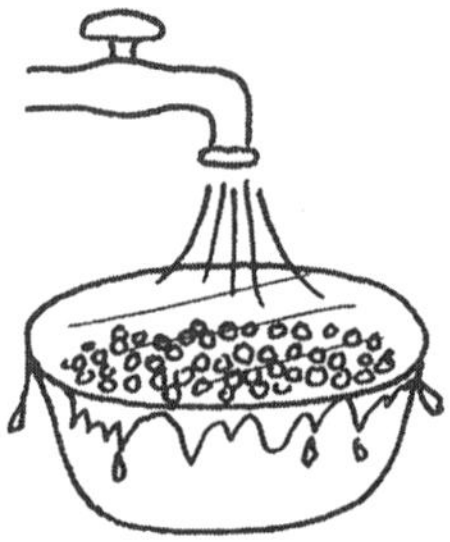

①収穫した山椒の実は葉や枝を取り除き水洗いする。

②沸騰した熱湯で5～6分ゆでる。

③一晩ほど水さらしをする。

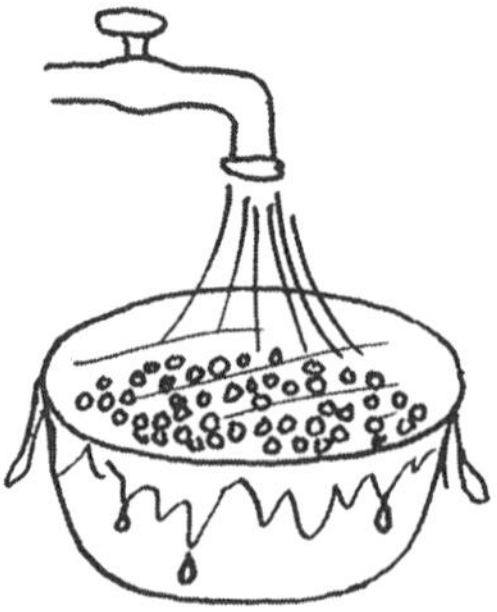

④ザルにあげ，水気をきって半日ていど陰干しする。

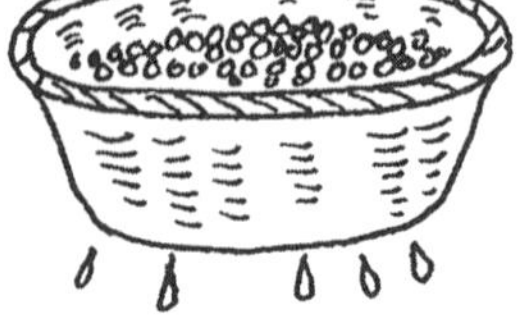

河津敏恵

⑤塩をまぶす(材料の３％)。

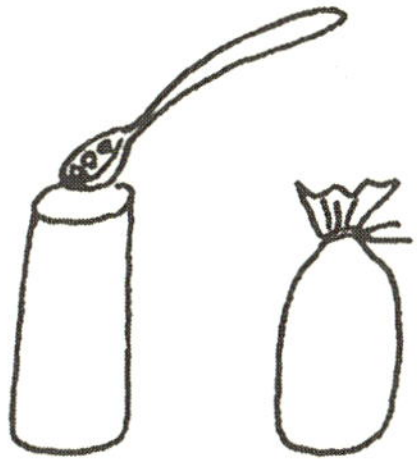

⑥木綿袋に少量(300ｇていど）ずつ入れ，タコ糸などでしばっておく。袋はよく洗って消毒殺菌したものを使う。

（材料と味噌の重さは同じ量にする）

⑦仕込み味噌の下のほうに漬け込む。

味噌を容器の底に敷き，その上に山椒の実の袋入りをならべ，さらにその上に味噌を敷くというようにくり返しながら，残りの味噌を全部入れて表面にポリフィルムを敷き押ブタをのせ，軽い重石をのせておく。３カ月くらいで食べられる。

食べ方　お茶漬けにするととてもおいしい。

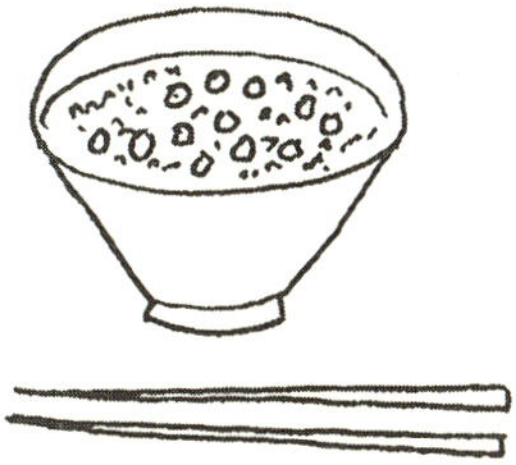

奈良　オクラの味噌漬け

夏野菜のオクラは花が美しく栄養もあり，家庭菜園でも多く栽培されています。このオクラを，冬もおいしく食べられる味噌漬けにしました。大きくなりすぎたオクラも，こうすれば味噌の風味とあいまっておいしいものです。この漬け方は，奈良県磯城郡田原本町味間の農家・北村テルさんに教わりました。

①オクラを準備

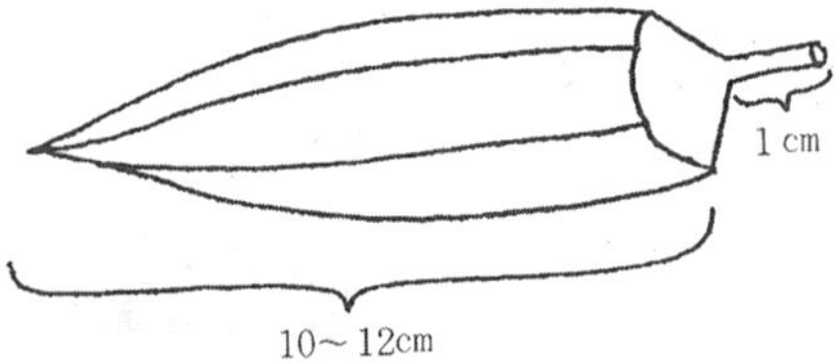

- 10～12cmくらいのオクラがいちばんおいしい。
- オクラは茎の部分を1cmほど残す。
- 土をおとし，さっと水洗いする。

ぬか床の材料(割合)

米ぬか	1 kg
米のとぎ汁	6～7カップ
しょうちゅう	1カップ
塩	100～150 g

②下漬け

- オクラを10日間ぐらいぬか床に漬ける。
- オクラのばあい，あまり水分は出ない。
- ぬか漬けしたあと味噌漬けするため，ぬか床の塩はふつうのぬか床の半分ぐらいでよい。

コツ　ぬか床は，米のとぎ汁，しょうちゅうを入れることにより，おいしくなる。また，カビを防ぐ。

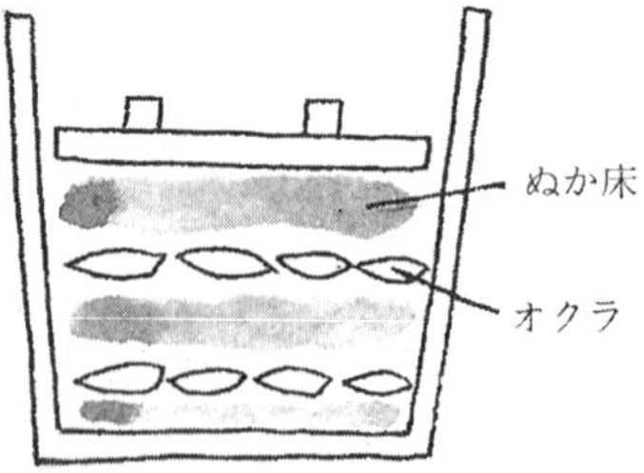

③水洗い

- ぬか床から出してよく水洗いする。

- ザルにあげて約半日ほど乾かす。

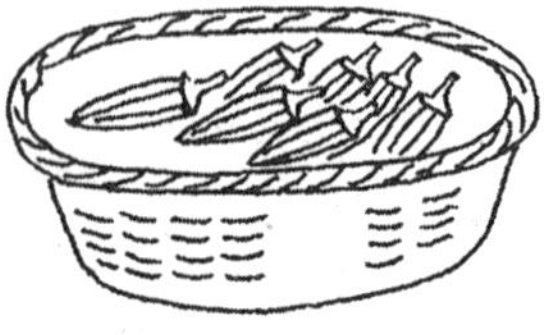

④味噌漬け

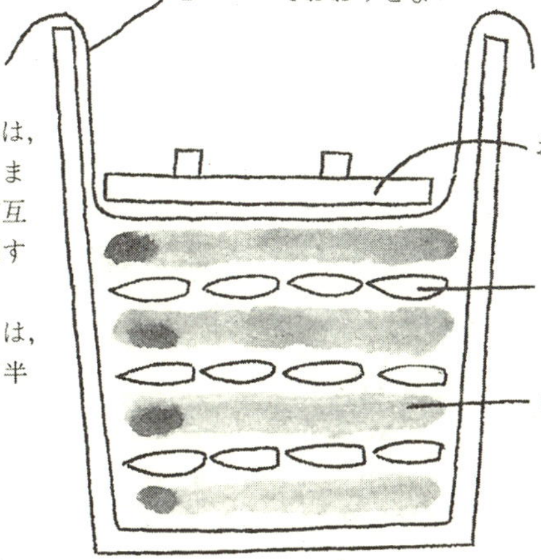
ビニールでおおうとよい
おしぶた
オクラ
味噌

- あらかじめぬか漬けしたオクラは，一段ごとに材料がみえなくなるまで味噌を入れる。一段ごとに交互に漬け込み，中ブタをして密閉する。
- 好みにより甘い味が好きなときは，みりんをみそ2～3kgに対して半カップ弱入れるとよい。

- 1カ月くらいしたら食べられる。
- オクラは7～10月まで長期間収穫でき，また味噌漬けにしたばあい保存性もよい。
- 味噌漬けには，他にナス，キュウリ，白ウリなどを漬けるとよい。

奈良　なたまめ粕漬け

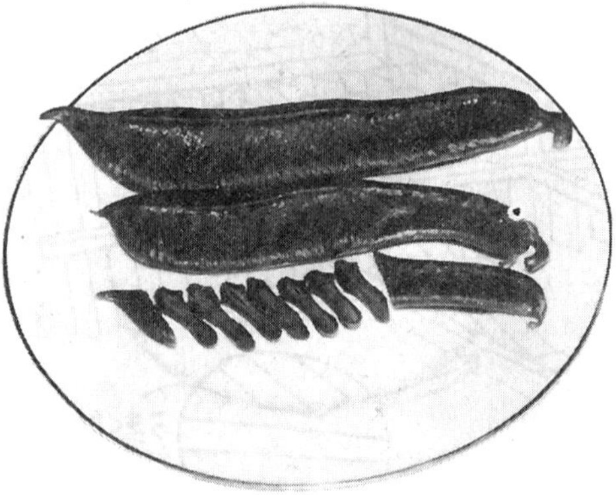

なたまめは７月中旬から収穫でき、歯ごたえのよい漬物になります。水分が少ないため保存にもよく、また他の漬物にあわせても形がおもしろいので気のきいたアクセントになります。

①下漬け

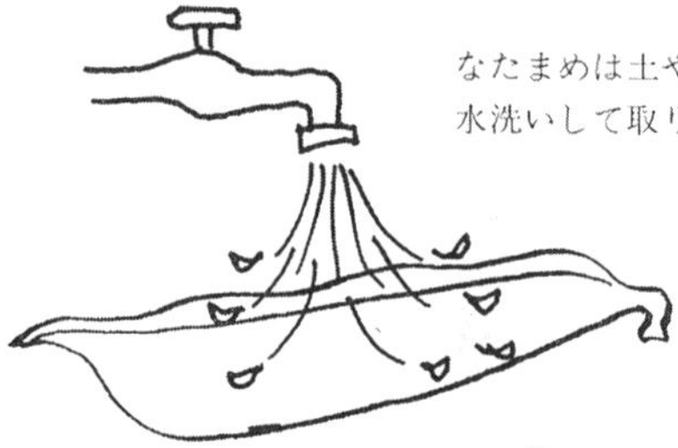

なたまめは土やほこりを
水洗いして取り除く。

ぬか床の材料の割合

ぬか	1 kg
米のとぎ汁	６～７カップ
焼酎	１カップ
塩	250 g

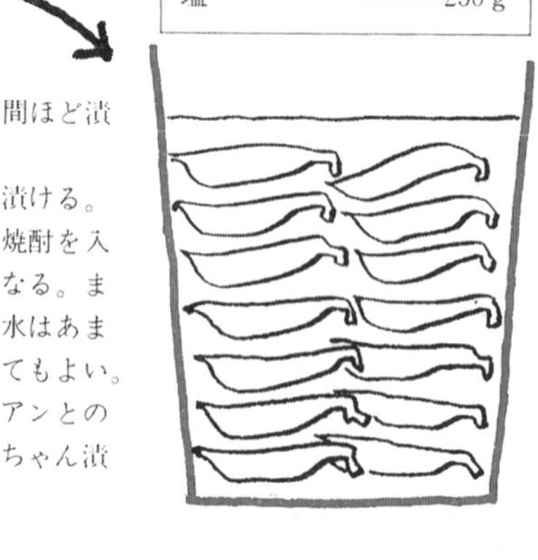

▷なたまめをぬか床に漬ける。10日間ほど漬ける。
▷ぬか床はなたまめが隠れる程度に漬ける。
▷ぬか床の材料には、米のとぎ汁と焼酎を入れるとコクが増し、カビ防止にもなる。また、なたまめは水分が少ないため水はあまり出ないので塩は少し少なめにしてもよい。
▷ぬか漬けしたなたまめは、古タクアンとの福神漬けや、キュウリの「きゅーちゃん漬け」の材料として使用できる。

北村 テル
新田美幸

②本漬けの準備

本漬けの材料

酒粕	2～3kg
砂糖(キザラ)	1kg
みりん	1カップ
焼酎	1カップ
調味料	好みで

粕漬けの材料には、砂糖(キザラ)、みりんを加える。キザラはふつうの砂糖よりも粕漬けが色よくおいしくあがる。

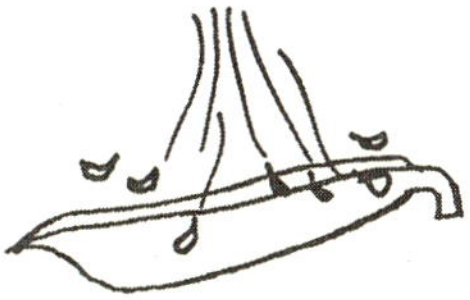

ぬか床から出してよく洗う。

半日ほど乾かす。

③本漬け

粕漬けの材料を混ぜ合わせる。

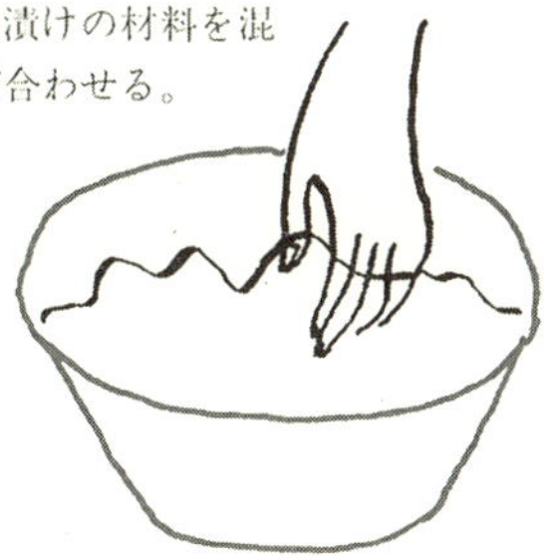

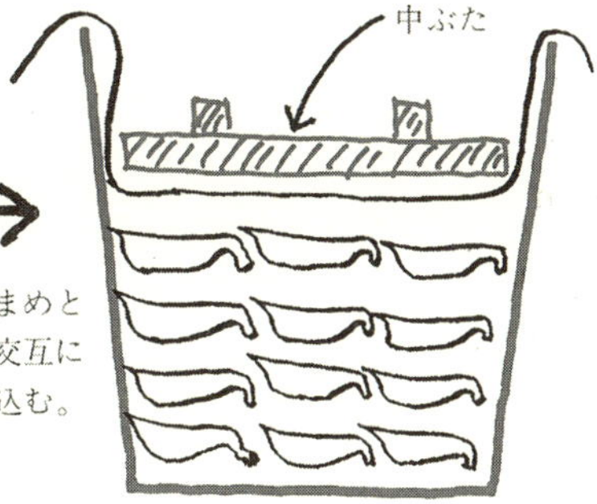

なたまめと粕を交互に漬け込む。

▷粕漬けの材料をよく混ぜ合わせ、なたまめと交互に漬け込み、中ブタをして密閉する。
▷約1カ月くらいで食べられる。
▷なたまめは粕漬けにしておくと長期間保存できる。

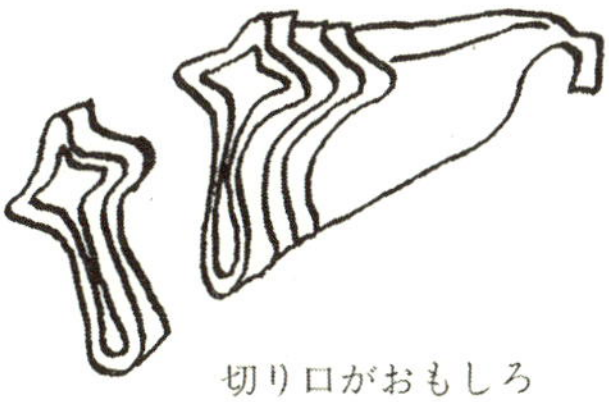

切り口がおもしろい形をしている。

和歌山　美浜のスタミナきゅうり漬け

美浜町はきゅうりの産地で、年中を通しておいしいきゅうりが生産されています。各家庭では、そのきゅうりを利用して、きゅーちゃん漬けなど、いろいろな家庭の味、ふるさとの味がつくられています。今回はそのひとつ、さっぱりした味の中にもコクのあるスタミナ漬を紹介します。

〈材料〉

きゅうり	10本
塩	小さじ1
干しえび	大さじ2
土しょうが	少々
トウガラシ	2本
調味液	

〈調味液の内容〉

酢	1/2カップ
塩	小さじ2
ザラメ	大さじ4
しょうゆ	大さじ4
だし汁	1/3カップ
ゴマ油	小さじ2

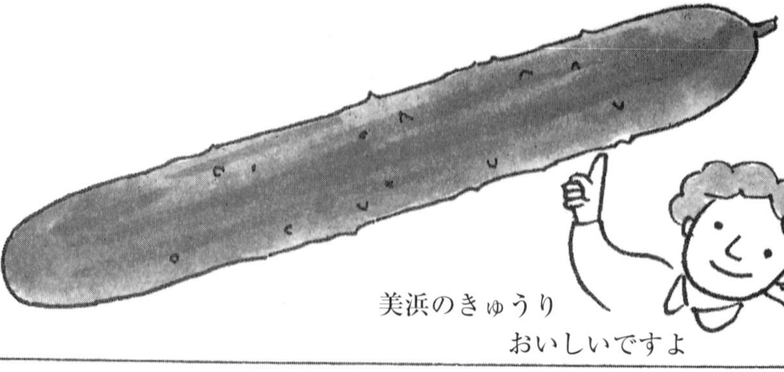
美浜のきゅうり
おいしいですよ

野尻一枝
玉置美保子

つくり方

1 きゅうりは5ミリ厚さの斜め切りにし、軽く塩をふっておく。

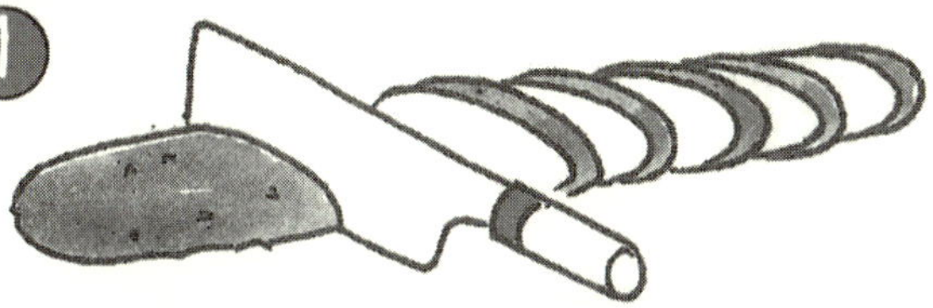

2

干しえびはぬるま湯につけてもどす。

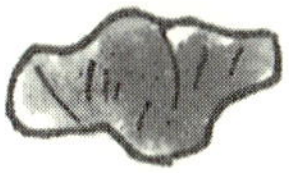

しょうがはうす切りにする。

トウガラシはタネを抜いて2つ切り。

3

さましてからゴマ油。

鍋にゴマ油以外の調味液を合わせ、1～2分煮たて、さましてからゴマ油を混ぜる。

4 深めの容器にペーパータオルで軽く水気を切ったきゅうりと、その他の材料を入れる。

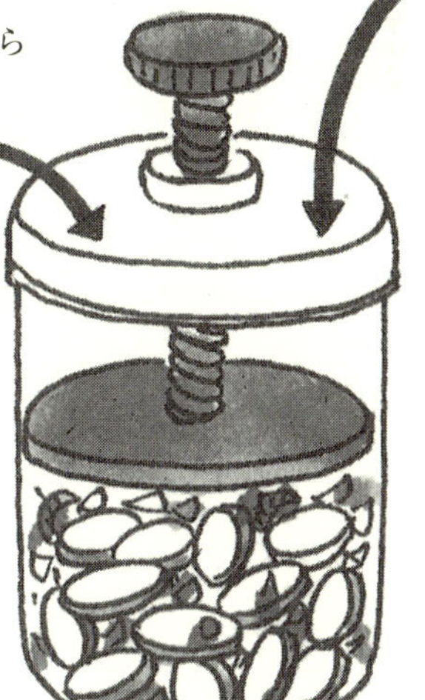

5 調味液をそそいで重石をして漬ける。

〈一晩くらい漬ければ食べ頃〉

鳥取　大山のやたら漬け

塩漬野菜

ナス		
キュウリ		
ピーマン	合わせて 1㎏	
ミョウガ		
シソ		
ナタマメ		

調味料

しょうゆ	½カップ	砂糖がとける程度に煮立てて さます
みりん	大さじ4	
酒	大さじ6	
砂糖	大さじ1	

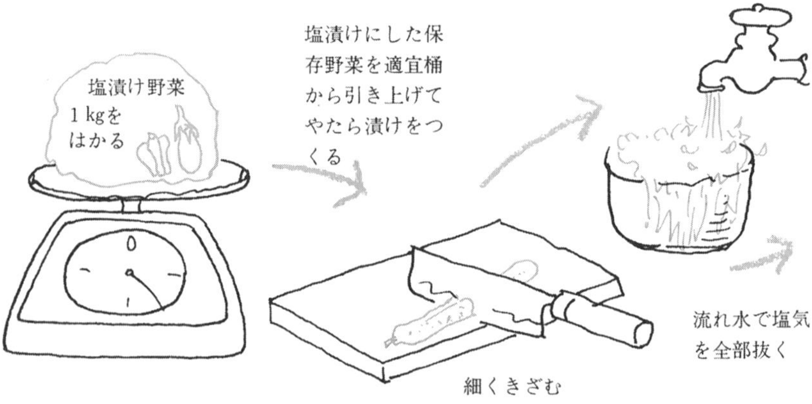
塩漬け野菜
1kgを
はかる
塩漬けにした保
存野菜を適宜桶
から引き上げて
やたら漬けをつ
くる
細くきざむ
流れ水で塩気
を全部抜く

〈野菜の保存法〉 季節の余り野菜を20～25%の塩で漬け、しっかり重石をして保存する。

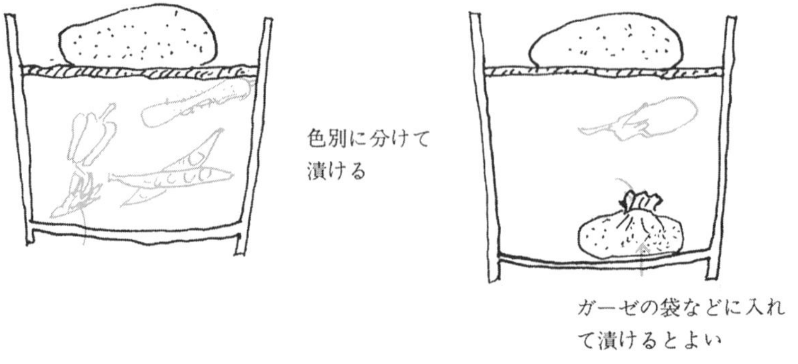
色別に分けて
漬ける
ガーゼの袋などに入れ
て漬けるとよい

大津正枝
野口寿美江

大山のやたら漬けは、手近な家庭野菜を利用した、誰でも簡単につくれるおいしい漬物です。利用する野菜は、ここに紹介したものばかりでなく、ありあわせの野菜ならなんでもよいのです。ただし、**シソとミョウガ**は欠かさないようにします。シソとミョウガの風味がこの漬物の独得な点だからです。

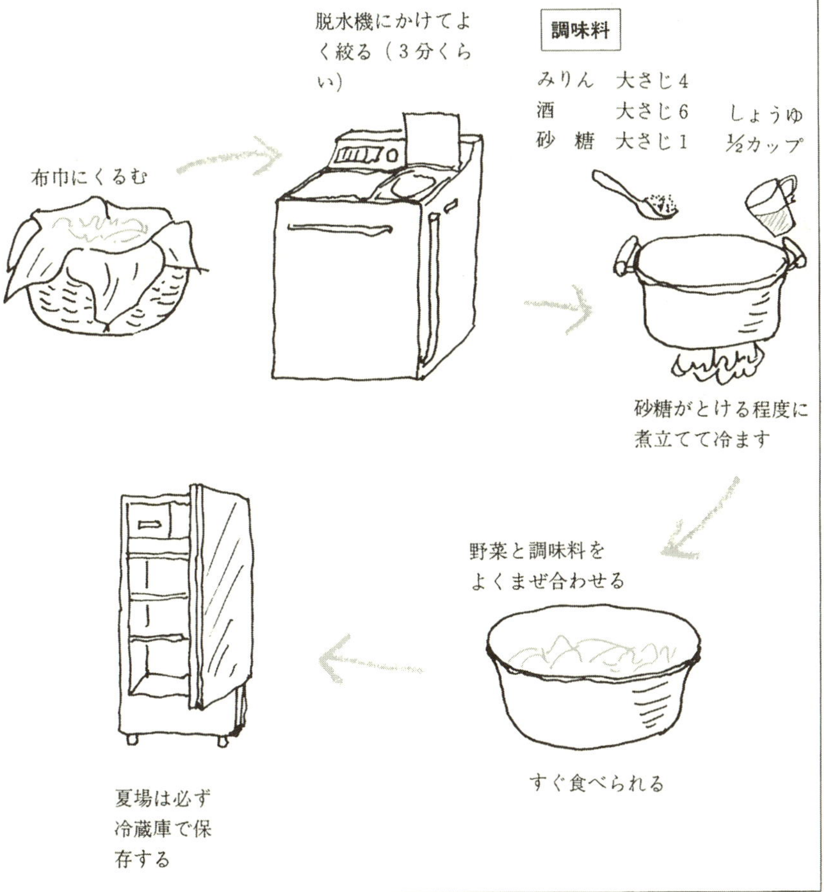
布巾にくるむ
脱水機にかけてよく絞る（3分くらい）
調味料
みりん　大さじ4
酒　大さじ6
砂　糖　大さじ1
しょうゆ　½カップ
砂糖がとける程度に煮立てて冷ます
野菜と調味料をよくまぜ合わせる
すぐ食べられる
夏場は必ず冷蔵庫で保存する

鳥取

しいたけのこうじ漬け

自然食品が見なおされている今日、味よし、香りよし、お酒の友に、お弁当の一品に、一年中保存できる「しいたけのこうじ漬け」を紹介します。

材料

干しいたけ…100g
こうじ………150g
にんじん…… 30g
塩……少々
油……大さじ2

調味料
砂糖……200g
しょうゆ‥100g
酢………… 70cc
みりん…… 50g

しいたけのもどし汁 50cc
粉からし………30g

①調味料の1／2とこうじを、前日によく混ぜておく(こうじ床)。

②しいたけはよく洗い、水につけてもどす。

千切りにし

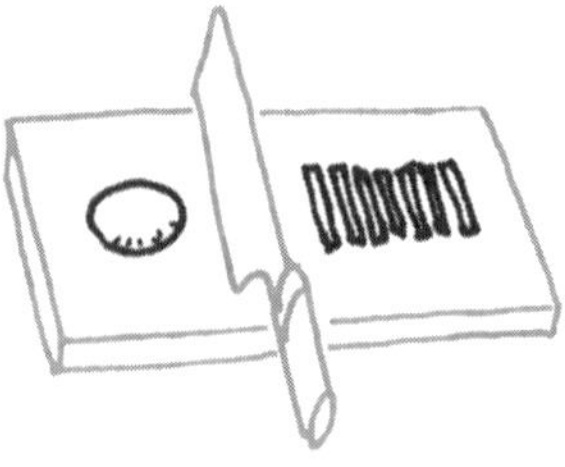

よくしぼる

保木本加津子

③しいたけは油でいためる。
残りの調味料としいたけのもどし汁を加え、汁気がなくなるまでいためる。

④にんじんは千切り、塩もみし、水気をしぼる（塩漬けにんじんでもよい）。

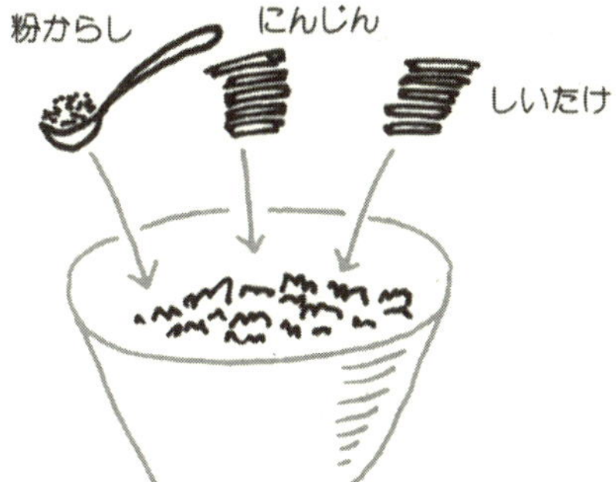

⑤前日作っておいたこうじ床に粉からしをふり込み、しいたけとにんじんを混ぜ漬けこむ。

1ヵ月くらいで食べられる。

鳥取 そうめんかぼちゃの粕漬け

金糸瓜のことを当地方では、そうめんかぼちゃといいます。ゆがいたものをあえ物、酢の物に使うのが一般的ですが、大量に出来たときに粕漬けとしたのが始まりで、そう古くはありません。独特の風味と歯ざわりが好評で、今では朝市会の顔となっています。キク芋、アムスメロンの幼果の粕漬とともに三点セットにし、“味なふるさと便”の名のもと、イベントなどで即売していますが、そうめんかぼちゃの粕漬は地域で最も好評です。

〈材料〉

そうめんかぼちゃ	4 kg
塩	800 g
一度使用した粕床	4 kg
酒粕	4 kg
さとう	1 kg
みりん	1カップ
焼酎	1カップ

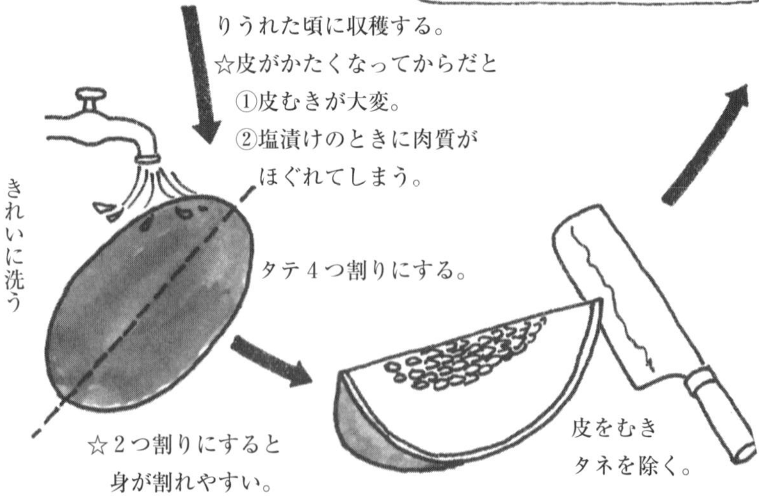
少し青味があるくらいの8分通りうれた頃に収穫する。
☆皮がかたくなってからだと
①皮むきが大変。
②塩漬けのときに肉質がほぐれてしまう。
きれいに洗う
タテ4つ割りにする。
☆2つ割りにすると身が割れやすい。
皮をむきタネを除く。

秋山和子
林原淳美

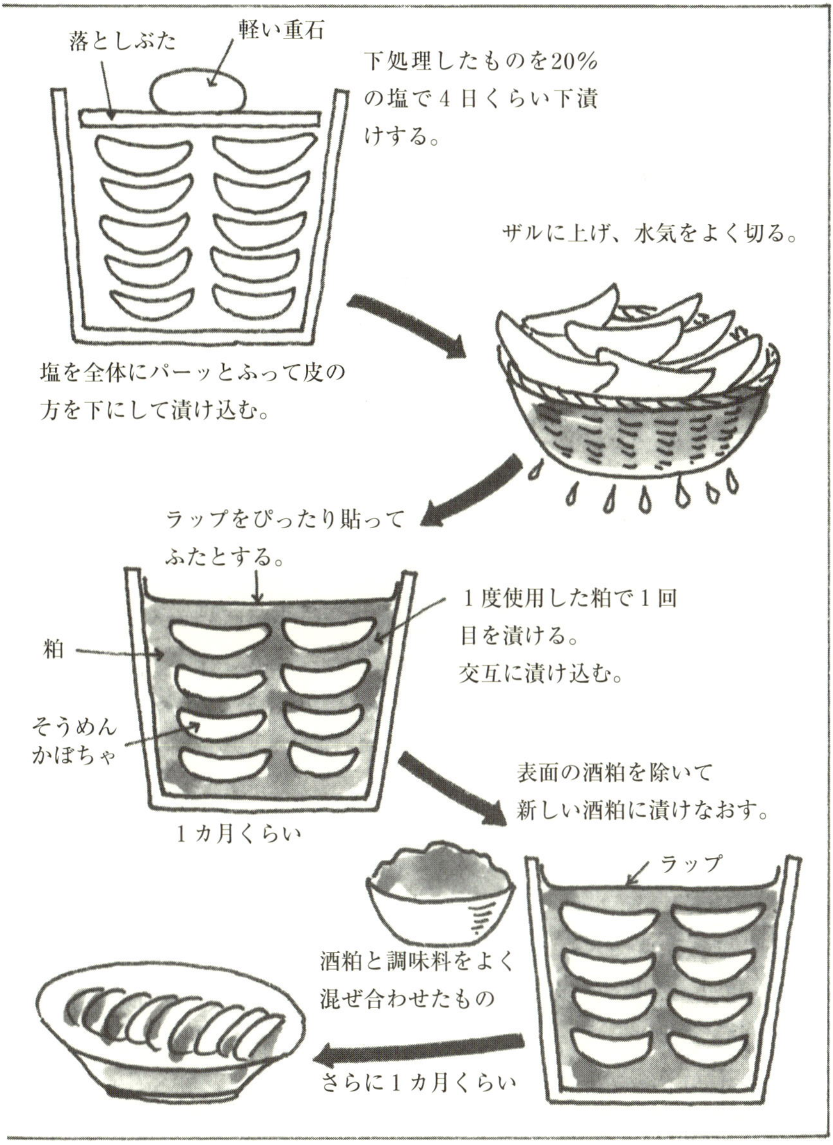
落としぶた
軽い重石
下処理したものを20%の塩で4日くらい下漬けする。
塩を全体にパーッとふって皮の方を下にして漬け込む。
ザルに上げ、水気をよく切る。
ラップをぴったり貼ってふたとする。
粕
そうめんかぼちゃ
1度使用した粕で1回目を漬ける。
交互に漬け込む。
1カ月くらい
表面の酒粕を除いて新しい酒粕に漬けなおす。
ラップ
酒粕と調味料をよく混ぜ合わせたもの
さらに1カ月くらい

島根　高菜のぬか漬け

私の地方では，春の漬物といえば何といってもタカナ漬けです。春ともなれば，団地マダムと違って忙しい毎日ですが，そんな合間をみはからってタカナを漬けます。これはとても重宝で，夏にキュウリが出てくれば，キュウリの油炒めにふりかけるのもよいし，炒めご飯やおにぎりにふりかけるのもよし。私はタカナ漬けに中年の郷愁を感じています。

①ぬかの小米をとる

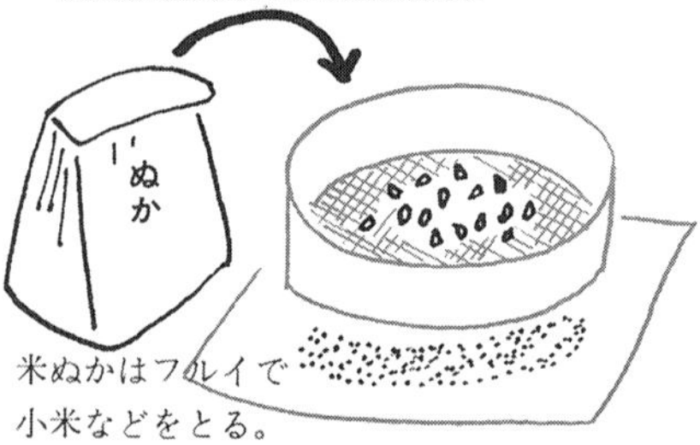

米ぬかはフルイで小米などをとる。

②ぬかを炒る

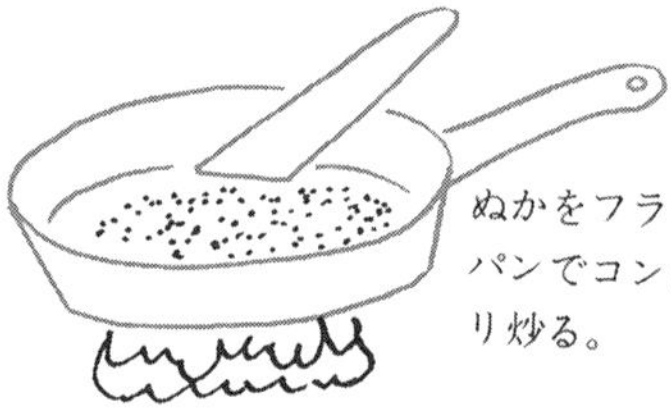

ぬかをフライパンでコンガリ炒る。

炒りぬかにすると香りはよいが，ぬかのビタミンBや酵素などの働きが悪くなるから，半量を炒りぬか，半量を生ぬかにするとよい。

③ぬか床の仕込み

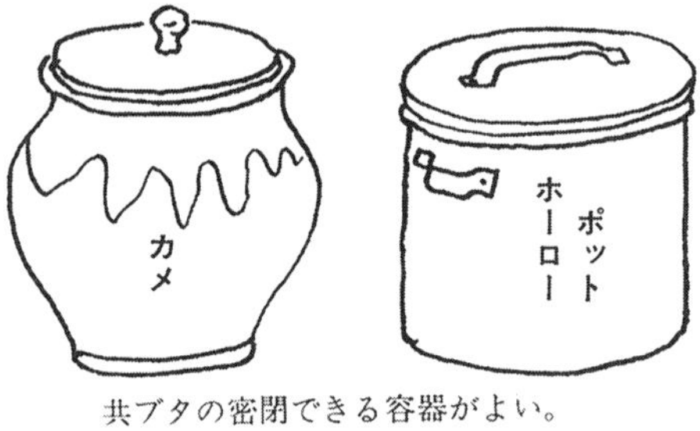

共ブタの密閉できる容器がよい。

塩を入れて溶かす。

湯ざましの水
湯ざましを使うと，微生物の発酵に適する。

湯ざましに塩を溶かしたものの中にぬかを入れ，練り合わせる。

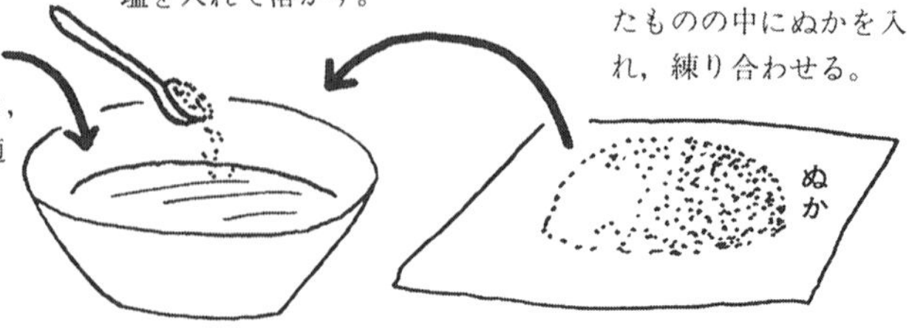

飯塚泰子

④タカナの漬け込み

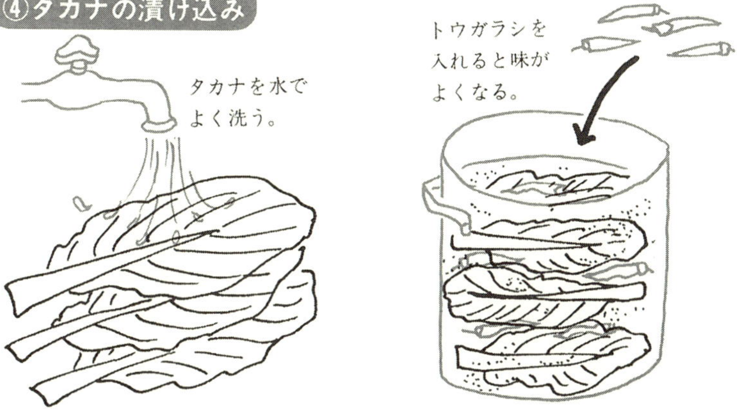
タカナを水で
よく洗う。
トウガラシを
入れると味が
よくなる。

⑤タカナ漬けの利用法

夏はキュウリをきざんで，油でザーッと炒めたものに細かくきざんだタカナ漬けをふりかける。ピリッと辛みがあっておつな味。

おにぎりにタカナ漬けのきざんだものをふりかける。オカカのかわりに入れるのもよい。

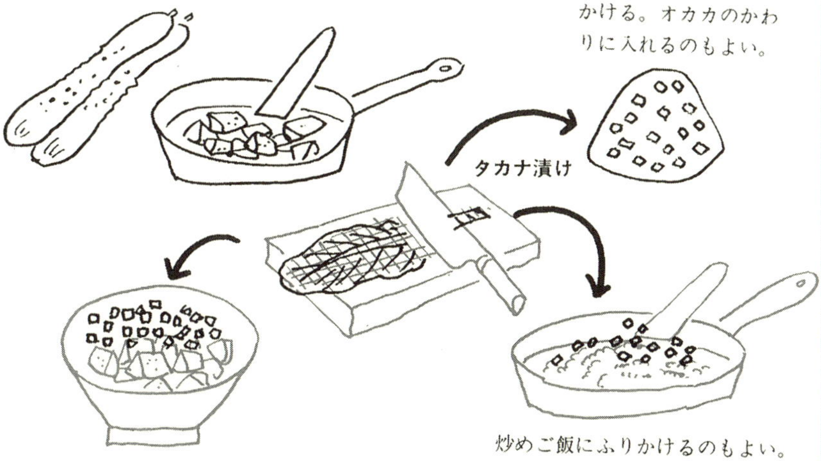
タカナ漬け

炒めご飯にふりかけるのもよい。

島根

きゅうりの印籠漬け

私の地方ではお祝いの膳のあとなどに、お茶漬けを出します。その時、いろいろの漬け物を皿に色どりよく並べて出す風習がありました。その色どり、味によって主婦の評価をされたものです。初めて姑から私に漬け物などの世話を任かされた時は、シソの葉をとるのが遅くて色が黒ずんでしまったことを覚えています。

〈材料〉

きゅうり	500g
シソの葉（若いもの）	100～150g
梅酢	600cc
砂糖	100g
塩	少々

〈シソの準備〉

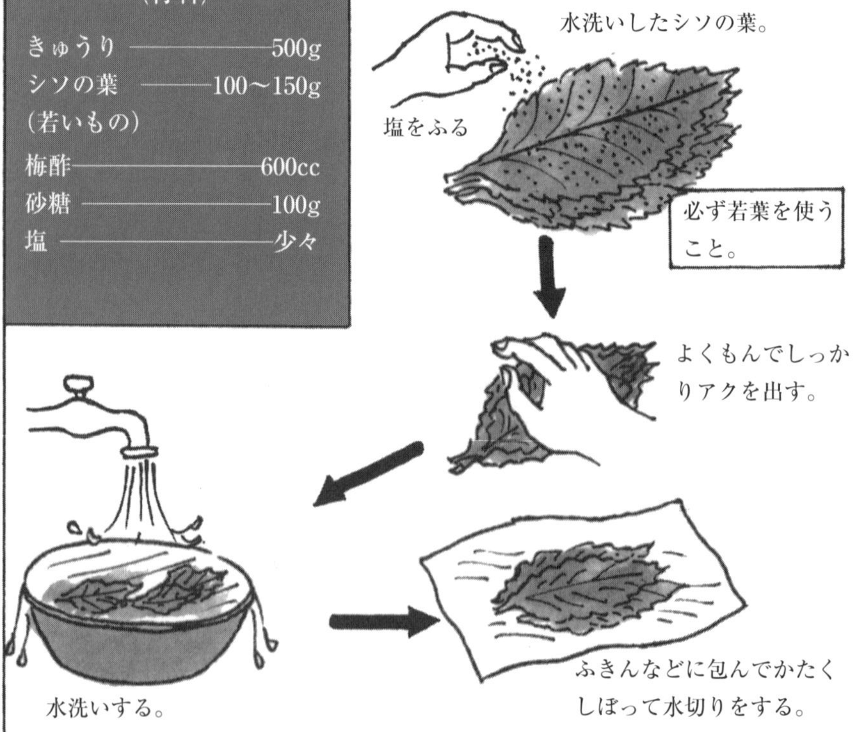

水洗いしたシソの葉。
塩をふる
必ず若葉を使うこと。
よくもんでしっかりアクを出す。
水洗いする。
ふきんなどに包んでかたくしぼって水切りをする。

佐貫みどり

〈きゅうりの準備〉
塩をふって
板ずりする。
3等分する。
〈漬け方〉
砂糖
よくまぜる。
梅酢
(梅酢は前年、20%塩で漬けたものを使う)
きゅうりの中心にはしで穴をあける。
シソの葉
残った
シソの葉
1カ月くらいで色よく漬かる。食べるときは5mmくらいにうす切りする。きゅうりの巻きずしのよう。
シソの葉を詰めたきゅうりをきっちり並べる。残ったシソを上に置いて、梅酢を注ぐ。押板、重石をして暗い所に置く。
赤
紫
うす茶

島根　梅のしそ巻き

材料

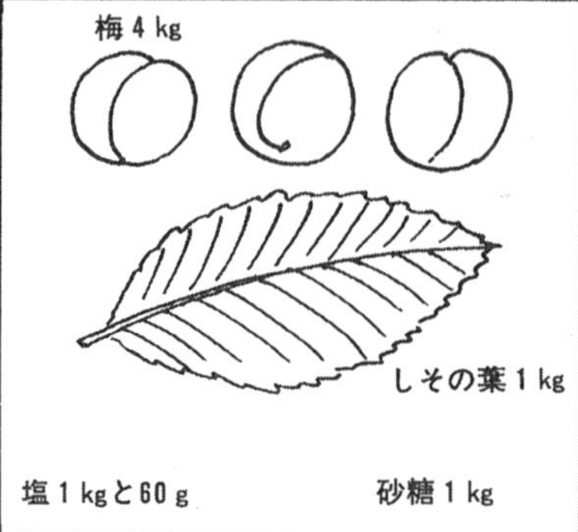
梅４kg
しその葉１kg
塩１kgと60ｇ
砂糖１kg

❶梅は一晩水につけてアクをぬく。

❸押しブタと重石（４kg）をし，水が上がったら重石を軽くして４～５日おく。

❹２日ぐらい天日に干してビンに保存しておく。

❻容器の底に塩を敷き，しその葉を並べる。塩と交互に重ねて漬ける。押しブタをして200ccのさし水をし，重石500gをのせて３日おいてしぼる。

❼梅干しの種を抜き，砂糖をつめて丸める。

砂川幸子

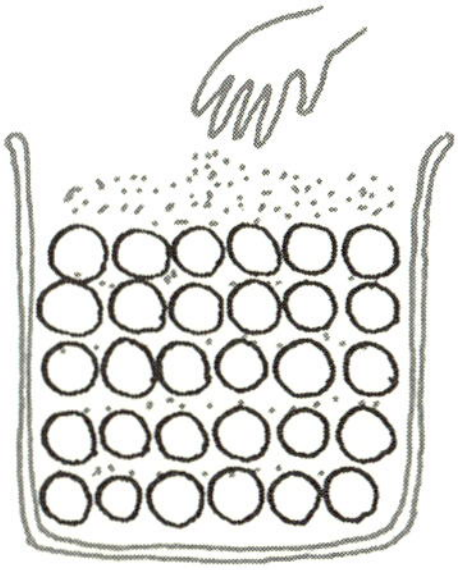

❷水分を充分に切り，容器に梅を入れ，塩は上のほうに多くふる。

❺しその葉を洗い，水気を切る。

❽梅をしその葉で巻いてビンにつめる。2～3週間したら食べられる。

しその巻き方

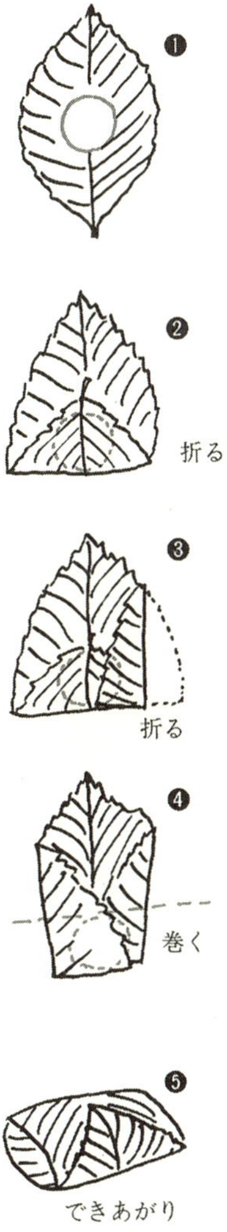

岡山　なすのからし漬け

ＪＡ備南の「岡山千両なす」をつかったなすのからし漬けは、地域の漬物として定着しています。

なすの果肉のやわらかさをいかし、しぼりすぎないよう気をつけます。砂糖とからしを上手にからませ子供からお年寄りまで好まれる味に仕上げています。冷凍庫で保存しておけば年中食べられます。

〈材料〉

〈下漬け〉

なす ―― 2 kg

塩（なすの15%） ―― 300 g

焼きみょうばん ―― （塩の２%）

（塩とよく混ぜておく）

さし水 ―― ８%塩水

（熱湯２ℓ程度に塩を溶かし、冷ましておく）

〈本漬け〉

下漬けしたなす（脱水したもの） ―― 1kg

砂糖 ―― 350 g

からし粉 ―― 65 g

しょうゆ ―― 400cc

酢 ―― 100cc

みりん ―― 100cc

塩 ―― 少々

1 なすは大きいものは２つに切り、塩と焼きみょうばんを入れ、さし水をして漬け込む。（下漬け）

2 下漬けなすを小口切りにし、塩抜きした後、袋に入れてしぼる。

（塩抜き１昼夜）

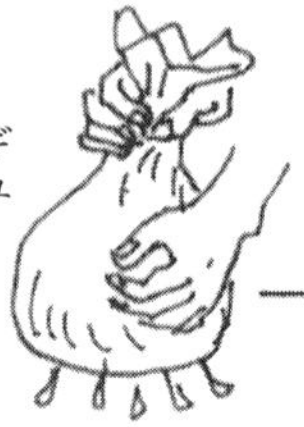

備南 生活改善グループ
宗高美帆

③ 脱水したなすに砂糖を加え、なすにつやがでるまでよくもむ。

④ 調味液をつくる。

⑤ ④の中に③を入れ、この液を全部吸収させる。

⑥ からしは温湯でよくとき、20分位ふせておき、⑤のなすとよく混ぜ合わす。

⑦ 密封できる容器に入れて、冷蔵庫におけば、3～4日でつかり、おいしく食べられる。食べきれない場合は小分けして冷凍する。

岡山　即席香り漬け

材　料

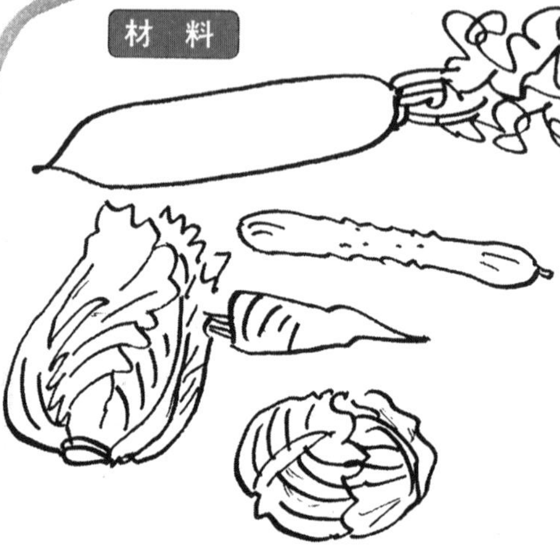

大根…………150g
キュウリ……200g
ニンジン……150g
白菜…………200g
キャベツ……100g

○あくの少ない野菜なら何でも使えます。
○ビタミンCをたっぷり摂れる漬物です。

調味料

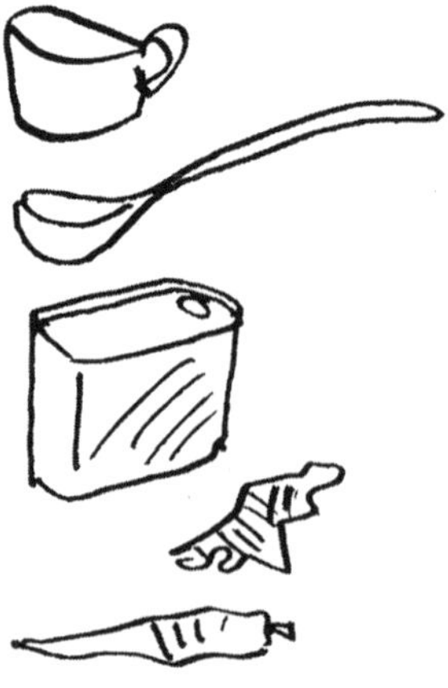

塩……………15g（大さじ1）
しょう油……50cc（大さじ3，小さじ1）
ごま油………25g（大さじ2）
酒……………30cc（大さじ2）
ショウガ……50g
トウガラシ…1／2本

立石重子

つくり方
野菜は形をそろえて短冊に切る
2㎝×4㎝くらい
ショウガは千切り
トウガラシはみじん切り
調味料を合わせる
酒
野菜を容器に入れ
調味液を注いで混
ぜ合わせる
調味液
野菜いろいろ
押ブタと軽い
重石をのせて
3～5時間お
く
漬かりすぎない
うちにいただく

広島　小イワシの酢漬け

昔は七輪で小イワシを焼きました。焼きあがったら、すぐに三杯酢につけます。「じゅん」と音がして香ばしい香りがあたりに漂います。

①三杯酢にきざんだねぎと赤とうがらしをいれる。

②小イワシは頭も腹ワタもとらないで、魚焼き網で焼く。

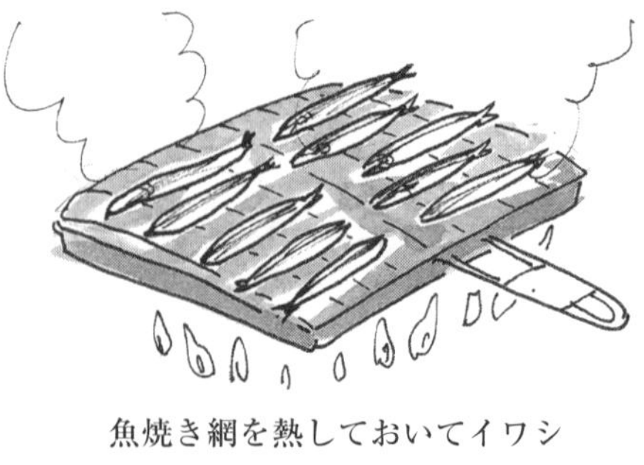

魚焼き網を熱しておいてイワシをのせる。

材料

イワシ
三杯酢
ねぎ
赤とうがらし

山崎妙子

③焼いたイワシをすぐに
三杯酢につける。

半日くらいおくと骨がやわらか
くなる。すぐ食べてもいいが、
かなり保存できる。

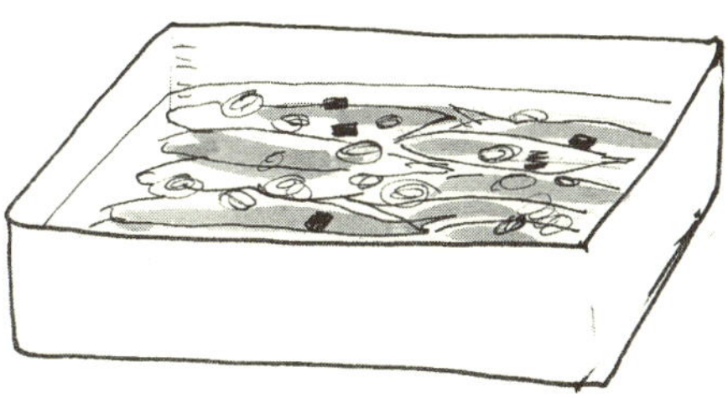

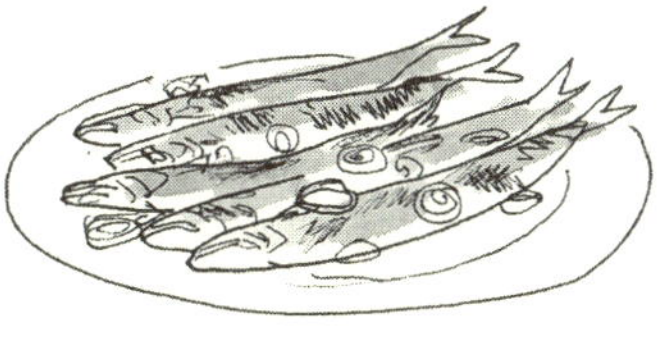

山口　山うどの粕漬け

山うどは独得の風味をもち，酒粕とマッチして，味と香りを楽しむ上品な漬物です。

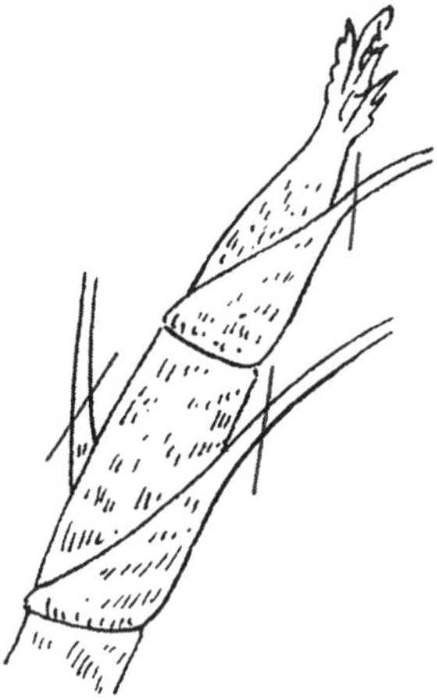

①うどの処理

山うどは採取の適期が短い。大きくなりすぎないうちに採取します。採取したうどは，葉柄や葉を取り除いてさっと洗い，新鮮なうちに塩漬けします。

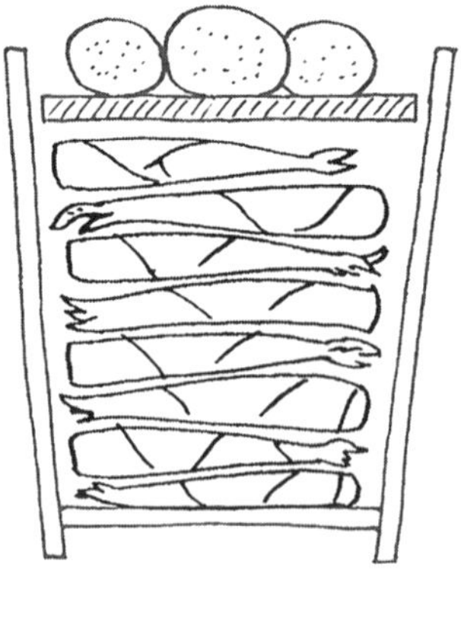

②塩漬け

山うど10kg
塩1.5〜1.8kg（うど重量の15〜18%。早く食べたいときは10%くらいにする）

重石はうどの1.5〜2倍とし，水があがったら同重量くらいにし，押しブタの上に水があるようにします。新粕が出まわるまで冷暗所におきます。

山見艶子

③皮はぎ（洗浄）

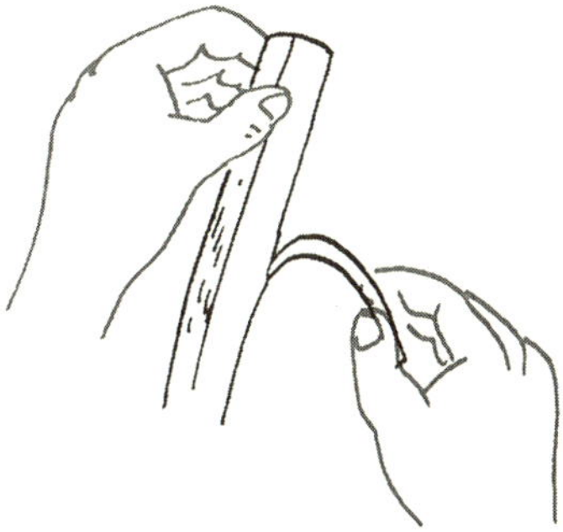

新粕が手に入ったら，漬けておいたうどの皮をていねいにとり，かたい部分を取り除きます。きれいな水で洗い，ふきんで水気をふきとるか日陰干しにして表面の水を取り除きます（10kgのうどは皮をとると半分くらいになります）。

④漬床の調製

酒粕4 kg，砂糖500 g，焼酎400ccをなめらかになるまでよく混合します。

⑤本漬け

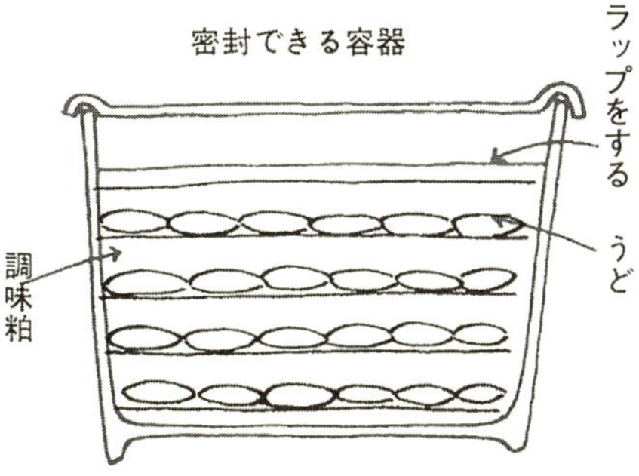

調味粕とうどを交互に漬け込み，上をラップでピッチリ覆います。フタで密封して冷暗所に保存します。１カ月くらいたったら食べられます。

山口　三五八ドレッシング

三五八ドレッシングとは、早い話が甘酒に塩を加えたもの。このドレッシングに季節の野菜をさっと漬け、冷たくしていただくと、じつに美味。食べる分量だけ、その都度漬けるのがコツ。

気温が上がり始める春、三五八ドレッシング作りの適期です。

まずは三五八ドレッシング

〈材料〉

米――――――――――――――――1kg
水（米の容量の2～3割増）―――――1.5 ℓ
塩（炊くときに使う）――――――小さじ2
米こうじ―――――――――――――1kg
塩　――――――できた甘酒の重さの13～15％

① ご飯を炊く

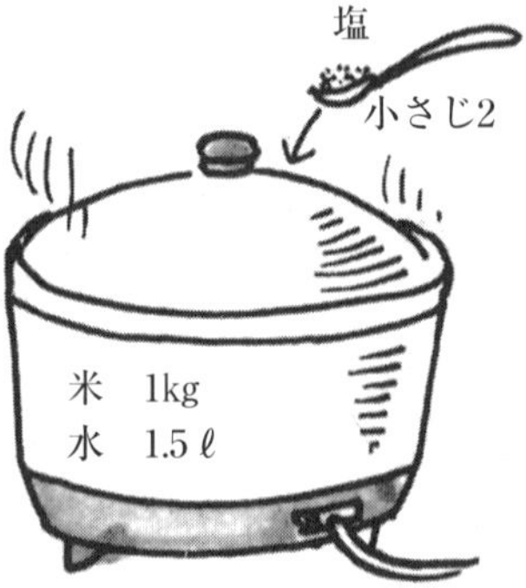
塩
小さじ2
米　1kg
水　1.5 ℓ

② ご飯を冷ましてこうじを混ぜる

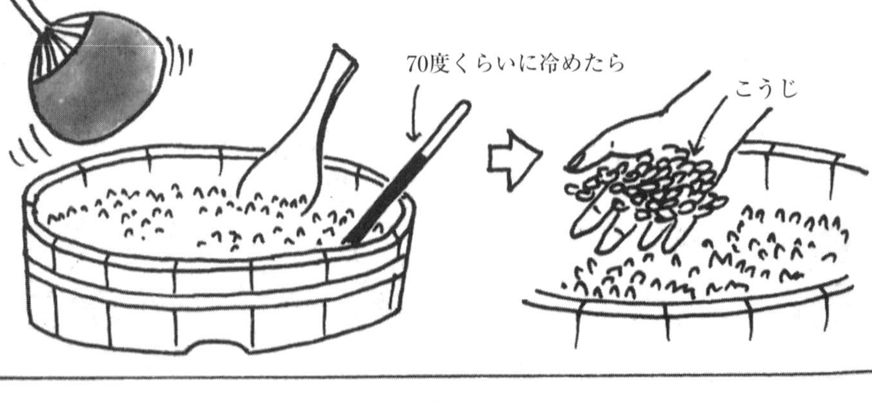
70度くらいに冷めたら
こうじ

美祢市農村婦人の家（代表・蔵田キミ子）

③ 60度に保温して甘酒をつくる

10時間

何回か
かき混ぜる

甘酒完成

④ 塩を加えて、冷暗所に置く

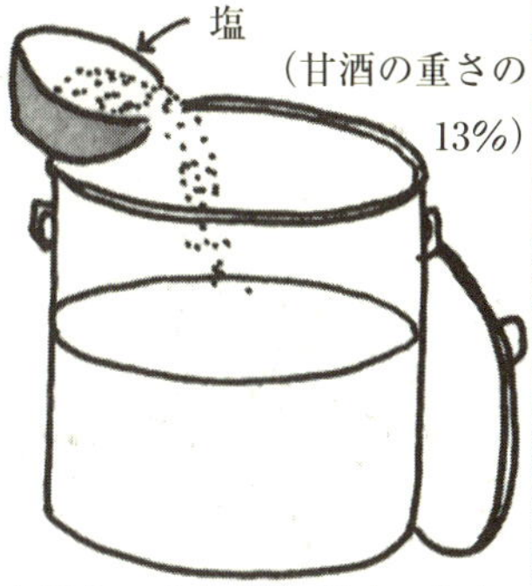

☆暖かいところに置くのなら
塩を15%に。
フタ付きのホウロウ容器がいい

三五八漬けを作る

〈例〉

- 柿――――――――――100g
- 小カブ――――――――200g
- キュウリ―――――――200g
- 三五八ドレッシング　―大さじ5

① 材料を切る

→ 皮をむいて4つ割に
4ミリ厚のイチョウ切り

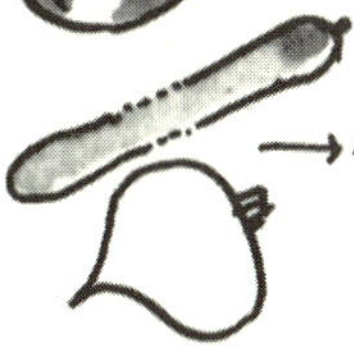

→ 4ミリ厚の輪切り

② ドレッシングで和えて冷蔵庫へ
3～5時間

③ さっとドレッシングを洗って器に盛る

夏なら
氷と一緒に
盛りつけると
グー！

徳島　福神漬け

材料と分量

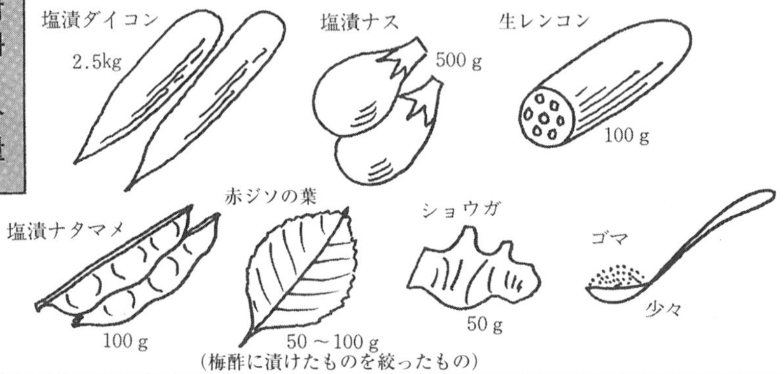

塩漬ダイコン
2.5kg
塩漬ナス
500 g
生レンコン
100 g
塩漬ナタマメ
100 g
赤ジソの葉
50 ～ 100 g
(梅酢に漬けたものを絞ったもの)
ショウガ
50 g
ゴマ
少々

つくり方

①調味液をわかす

しょうゆと水を鍋でわかし，80℃まで加熱する。

火をとめてから調味料を入れてさます。

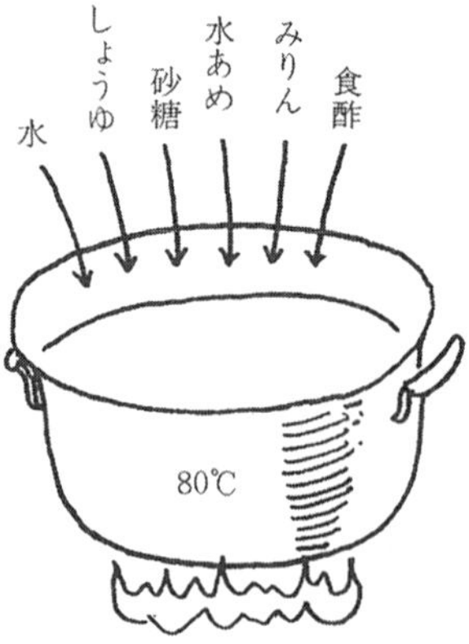

水
しょうゆ
砂糖
水あめ
みりん
食酢
80℃

②塩漬野菜を切る

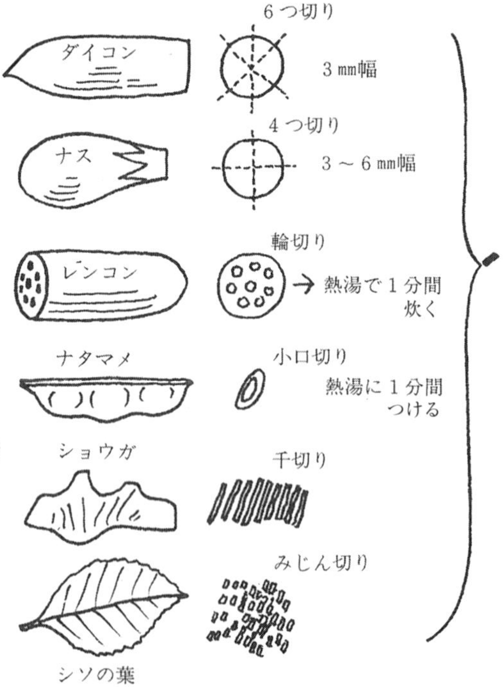

ダイコン
6 つ切り
3 mm幅
ナス
4 つ切り
3 ～ 6 mm幅
レンコン
輪切り
→ 熱湯で 1 分間炊く
ナタマメ
小口切り
熱湯に 1 分間つける
ショウガ
千切り
シソの葉
みじん切り

小林徳子

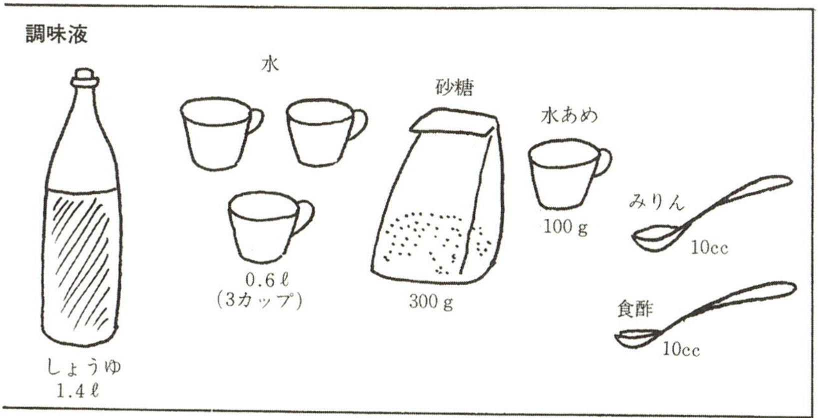
調味液
水
0.6ℓ
（3カップ）
砂糖
300 g
水あめ
100 g
みりん
10cc
食酢
10cc
しょうゆ
1.4ℓ

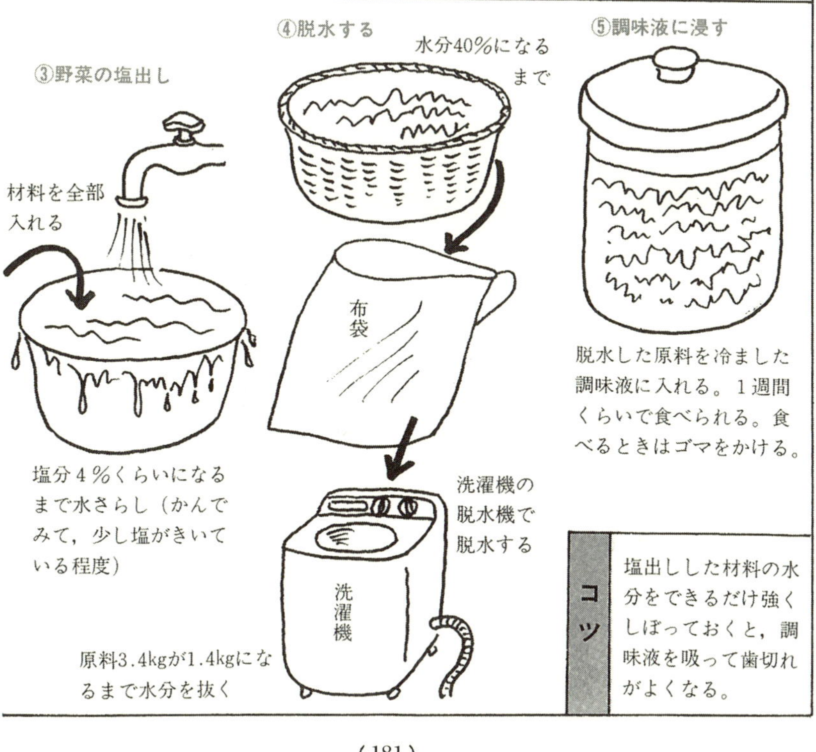
③野菜の塩出し
材料を全部
入れる
塩分4％くらいになるまで水さらし（かんでみて，少し塩がきいている程度）
④脱水する
水分40％になるまで
布袋
洗濯機
洗濯機の脱水機で脱水する
原料3.4kgが1.4kgになるまで水分を抜く
⑤調味液に浸す
脱水した原料を冷ました調味液に入れる。1週間くらいで食べられる。食べるときはゴマをかける。

コツ

塩出しした材料の水分をできるだけ強くしぼっておくと，調味液を吸って歯切れがよくなる。

徳島　梅のカリカリ漬け

材料と分量

梅

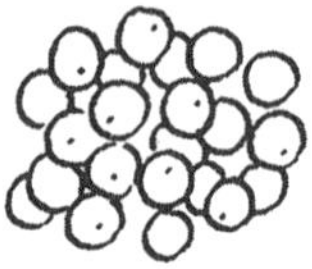

2 kg

塩

300 g
(15%)

氷砂糖

1 kg程度

仕上がり

つくり方

①梅はほどよく熟して青く大粒のものを選ぶ

きれいに洗って水につけ，一晩アク抜きをする

②ザルにあげる

③水気のあるうちに塩をまぶしながら，漬物容器に入れる

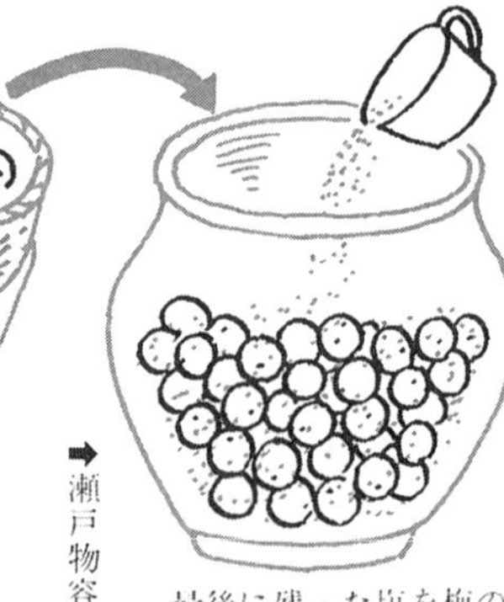

➡瀬戸物容器

最後に残った塩を梅の上にタップリかけて平らにならす。その上に押しブタをおき，重石（梅の目方の2倍＝4 kg）をする

♥梅の選び方のコツ

黄色くなりかけた梅は，漬け上がったとき肉質がやわらかくなりすぎるし，青すぎればかたくなります。梅酒に使う程度のものか，少し熟れてふっくらと肉づきのよいものを選びます。

小林徳子

徳島県の梅の栽培面積は全国第3位の815haです。山間部に散在する小さな産地でつくられ、生産量は3500tになります。

利用法としては、昔から梅干し、梅酒として一年中常備されていますが、変わった食べ方としてカリカリ漬けを紹介します。このカリカリ漬けは塩を少なくして酢と砂糖で漬け込むので、ほどよい甘酸っぱさがあり、食欲のない夏に、また箸休めにおすすめします。

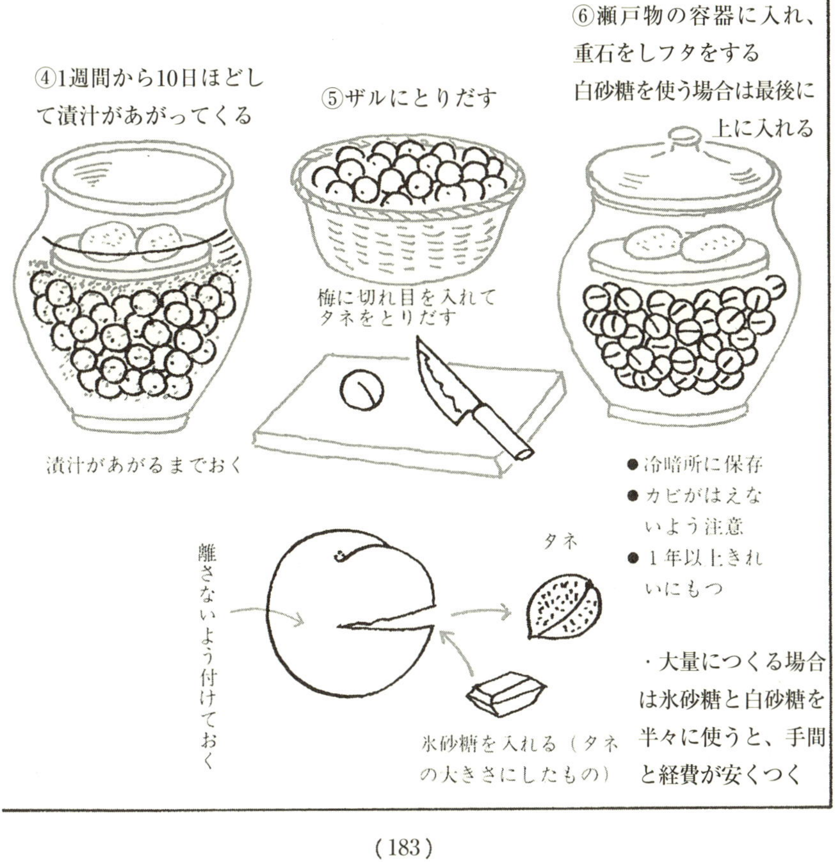

④1週間から10日ほどして漬汁があがってくる
⑤ザルにとりだす
⑥瀬戸物の容器に入れ、重石をしフタをする
白砂糖を使う場合は最後に上に入れる
梅に切れ目を入れてタネをとりだす
漬汁があがるまでおく
●冷暗所に保存
●カビがはえないよう注意
●1年以上きれいにもつ
タネ
離さないよう付けておく
氷砂糖を入れる（タネの大きさにしたもの）
・大量につくる場合は氷砂糖と白砂糖を半々に使うと、手間と経費が安くつく

香川

なすのからし漬け

ナス，キュウリ，ウリなどがたくさんとれたときは，20～30%の塩漬けにしておけば，必要なときにとりだして利用することができ大変便利です。漬け込むときに焼きミョウバンを入れておくと色が変わりません。

私たち農家は，季節に合った野菜をいつでもつくれます。それを利用して，お互いに勉強し合っていきたいものです。

ナス	4 kg
からし	50 g
水あめ	600 g
米こうじ	300g(約3合)
ザラメ	300 g
酢	1カップ
しょうゆ	1カップ

①ナスをひと口大に切る。

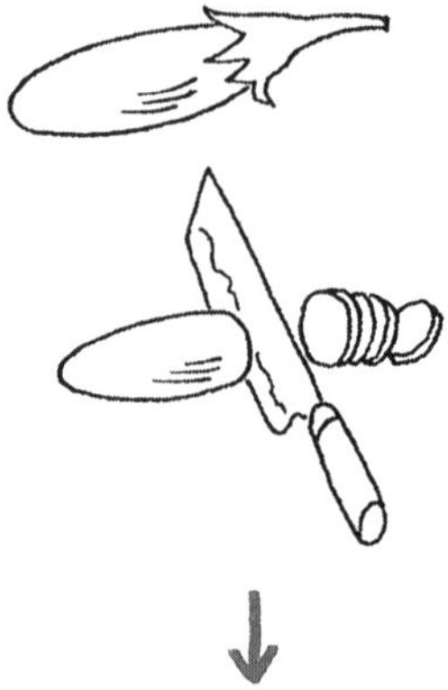

②15%の塩漬けにしてひと晩おく。

③ザルにあげて水気をよくしぼる。

小山ツタエ

④ナベに水あめを入れて火にかけ，やわらかくなったら，しょうゆとさとうを合わせてひと煮立ちさせる。

⑥米こうじはすり鉢でよくすり，酢を加えて⑤の材料と合わせてよく混ぜる。

⑤少しさめたところでからしを入れてよくまぜる。

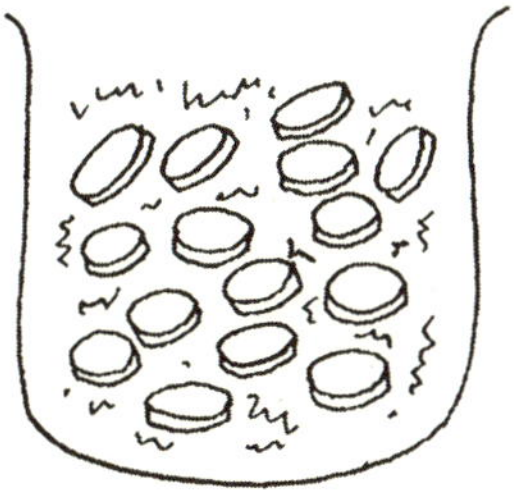

⑦ナスに合わせてよく混ぜ合わせ，冷えたところで容器に入れて保存する。

コツは，よく冷やすために密閉しないこと。

香川　金山寺味噌

材料

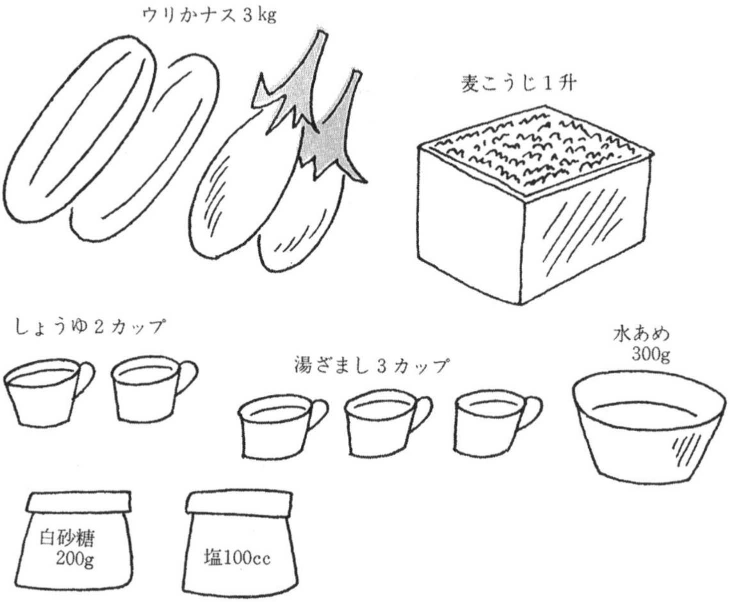
ウリかナス３kg
麦こうじ１升
しょうゆ２カップ
湯ざまし３カップ
水あめ
300g
白砂糖
200g
塩100cc

つくり方

❶ ウリかナスをひと口くらいの大きさに切る。

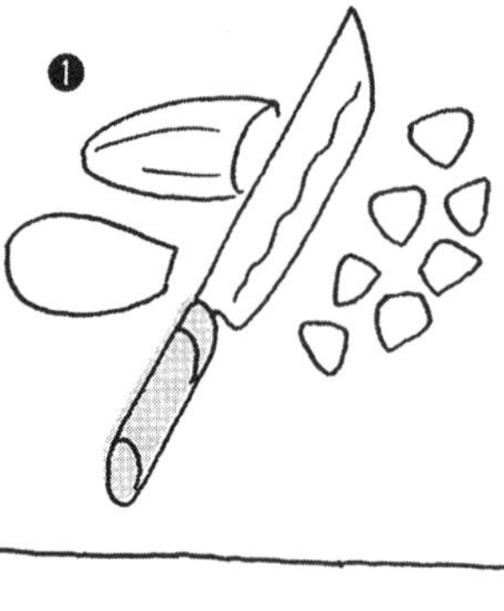

❷ 切ったウリやナスを２割の塩漬にする。

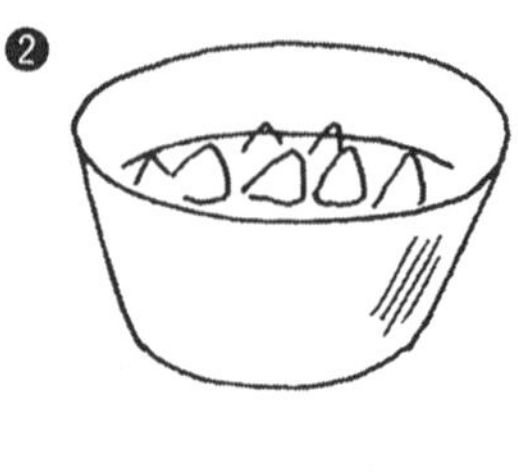

小山ツタエ

❸

1日くらい塩漬したらザルに上げてよく絞る。

❹

こうじ，しょうゆ，湯ざまし，塩，砂糖，水あめを混ぜ合わせた中にウリかナスを入れ，再びよく混ぜ合わせる。

❺

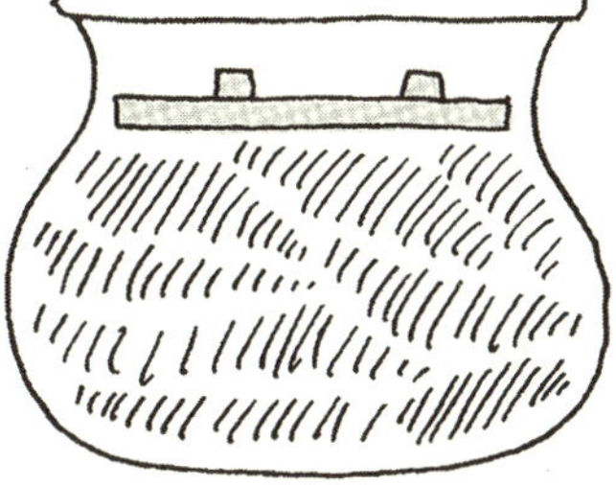

よくおさえて落としブタをする。2日に1回くらいかき混ぜるとよい。半月くらいたつとおいしく食べられる。

❻

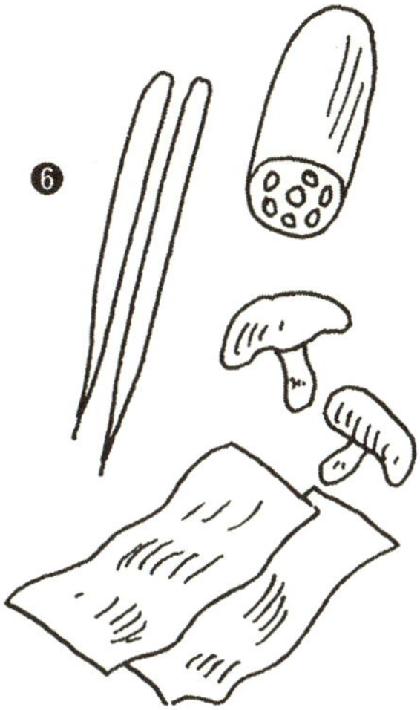

レンコン，ゴボウ，シイタケ，コンブなどを甘辛く煮つけて冷ましたものを入れるといっそうおいしくなる。

香川　うりの酒粕漬け

漬物は私たちにとって１日として欠かせない食べ物です。私は、自宅でつくった野菜をいろいろと漬け方を変えて漬物にしてみたらと思い、普及所の先生にお願いして、クラブ員の方々とともに教えていただきました。

５～６年前からつくり始めましたが、初めは失敗も多く、夕方畑の中に埋めたこともありました。やっと最近、自分の気にいった味が出せるようになりましたのでご紹介します。

下漬け

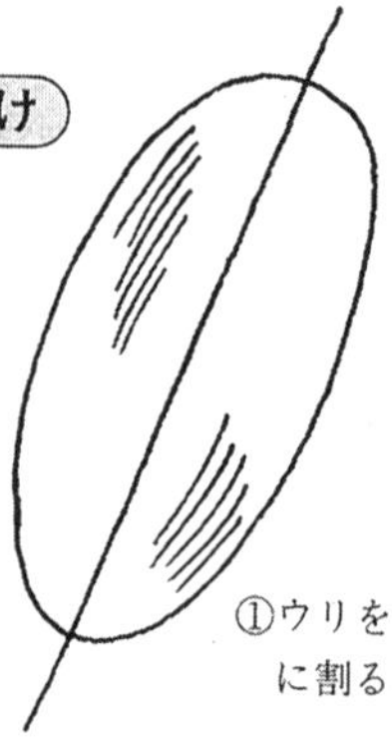

①ウリを縦に割る。

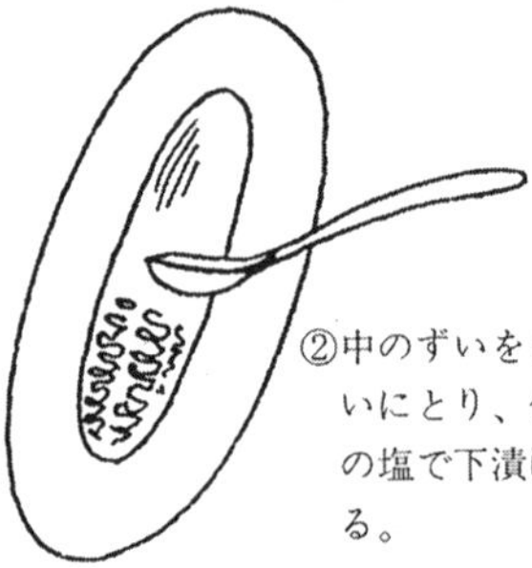

②中のずいをきれいにとり、分量の塩で下漬けする。

③重石はウリの1.5倍のものを使う。

④漬汁があがって３～４日目にウリを取り出し本漬けへ。

小山ツタエ

下漬材料			本漬材料				
ずいをのけたウリ	塩 700g	重石	酒粕	塩	砂糖	みりん	焼酎
5kg		7kg	4kg	150g	400g	1カップ	1カップ

本漬け

⑤下漬ウリをザルにあげ、乾いた布巾で水気をふく。

⑥酒粕、砂糖、塩、みりんをよく混ぜ合わせる。

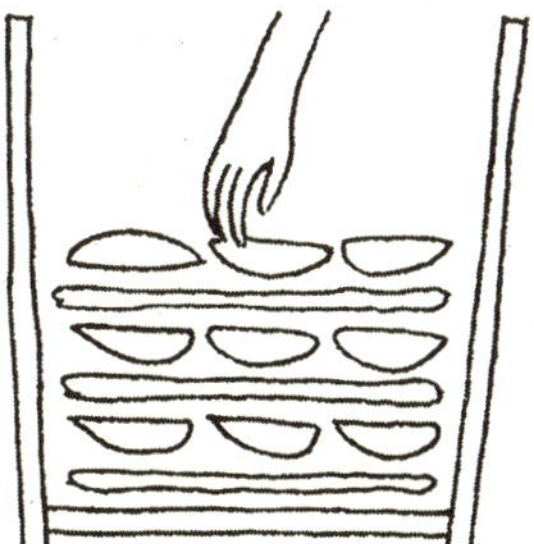

⑦焼酎を手につけながら、ウリと酒粕を交互に漬け込む。空気層をつくらないよう、よくおさえて漬ける。

⑧つめ終わったら上部を平らにならしてビニールで覆う。軽く押ブタをして密閉。1ヵ月たてば食べられる。

愛媛　てんぐ漬け

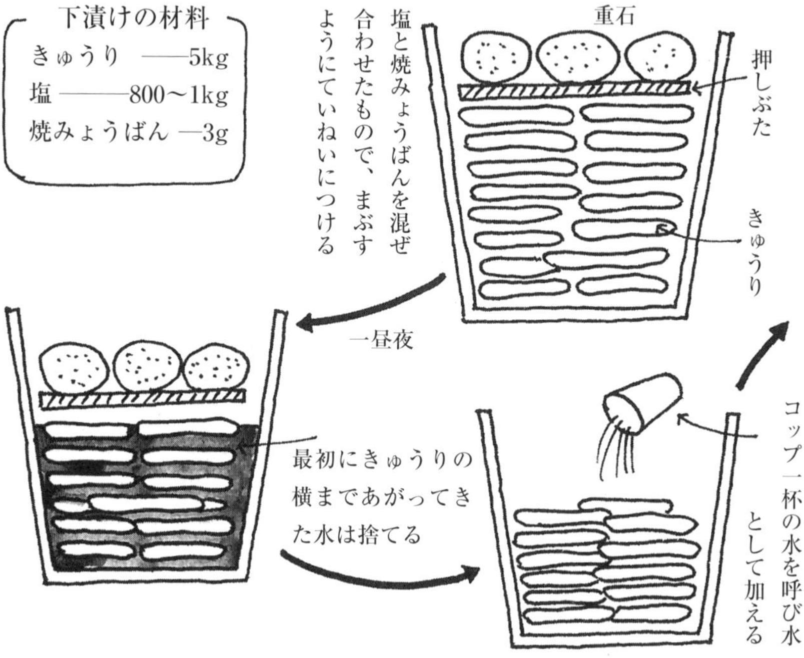

下漬けの材料
きゅうり ——5kg
塩 ———800～1kg
焼みょうばん —3g
塩と焼みょうばんを混ぜ合わせたもので、まぶすようにていねいにつける
重石
押しぶた
きゅうり
一昼夜
最初にきゅうりの横まであがってきた水は捨てる
コップ一杯の水を呼び水として加える

愛媛県内では古くからきゅうりが栽培されており、いろいろ変化に富んだ漬け物があります。このてんぐ漬けは、四国のお山として名高い石鎚山を象徴するてんぐ様の鼻よりも自慢のものということで名づけられました。きゅうりの粕漬けとしても広く愛用されています。

下漬けのときに熱いままの漬け汁をかけることで酸化酵素を破壊し、葉緑素を残すことができます。

オリーブ色に漬かりカリカリと歯ごたえのよい漬け物になります。

塩分が15％以下の場合は、きゅうりがとけるようになります。みりんは酒粕が硬いときにつかいます。酒粕がやわらかいときには使わない方がよいです。

森八千代

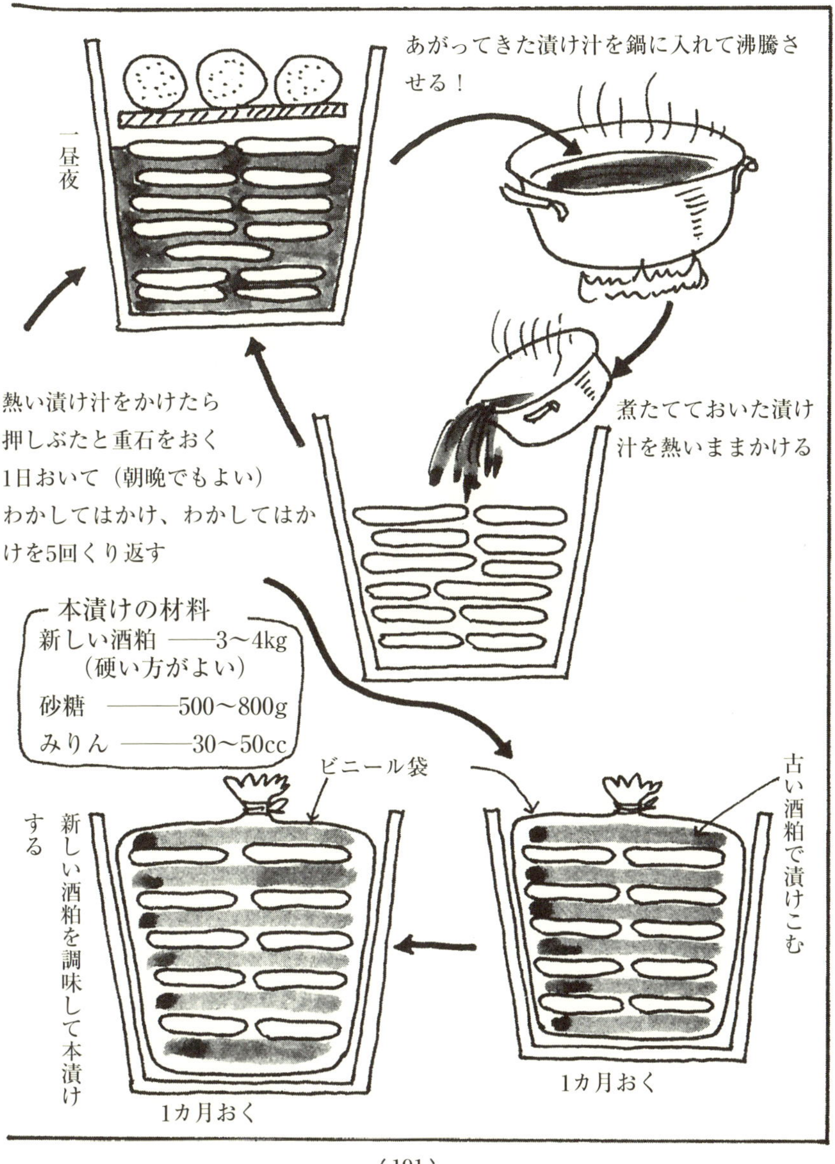

あがってきた漬け汁を鍋に入れて沸騰させる！
一昼夜
煮たてておいた漬け汁を熱いままかける
熱い漬け汁をかけたら
押しぶたと重石をおく
1日おいて（朝晩でもよい）
わかしてはかけ、わかしてはかけを5回くり返す
本漬けの材料
新しい酒粕 ――3～4kg
（硬い方がよい）
砂糖 ―――500～800g
みりん ―――30～50cc
ビニール袋
古い酒粕で漬けこむ
1カ月おく
新しい酒粕を調味して本漬けする
1カ月おく

愛媛

つわぶきのサクサク漬け

春の野山に自生するつわぶきは、葉や茎に魚毒を消す効能があり、ふぐやかつおの中毒にはこれをせんじて飲んだり、生葉を絞った汁を飲むとよいと昔からいわれています。
つわぶきのサクサク漬けは歯ぎれがよく、青味が残るさわやかさが若者にも好まれています。

①つわぶき採取

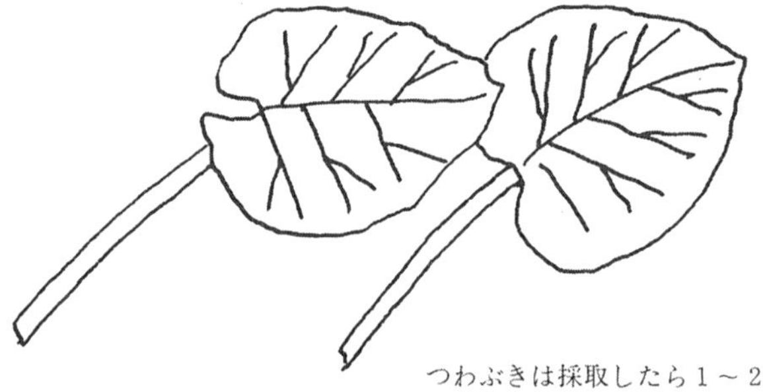

つわぶきは採取したら１～２日放置する。

②アクぬき

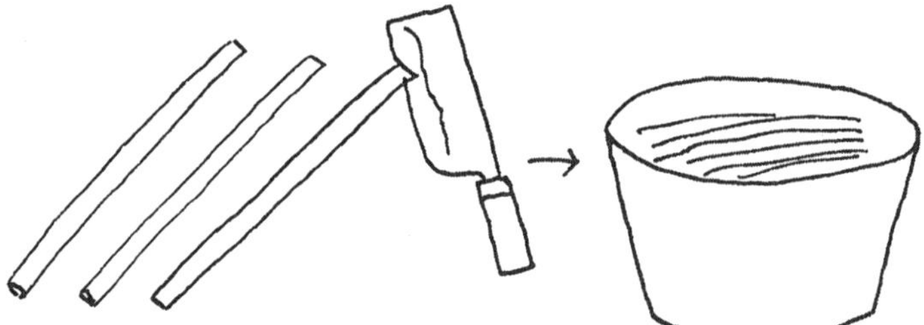

つわぶきの皮をむく。

１日水につけてアクを抜く。

③熱湯に入れる

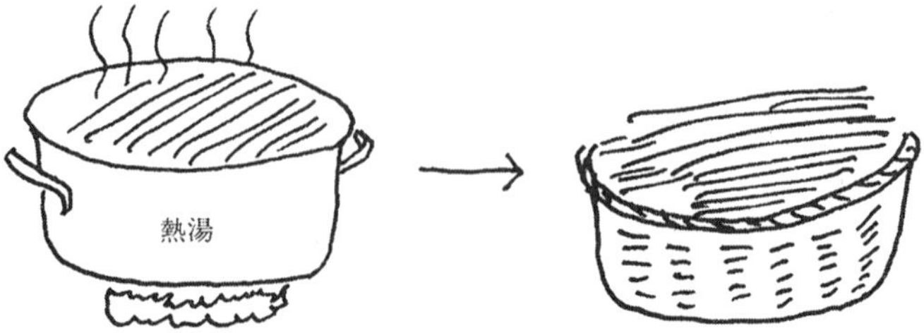

つわぶきを熱湯に入れ、色が変わったらザルにあけそのまま冷ます。

大西咲栄

④塩漬け

塩をふりながら容器に漬け込む。

つわぶきと同じ重さの重石をのせ、4～5日下漬けをする。

⑤甘酢をつくる

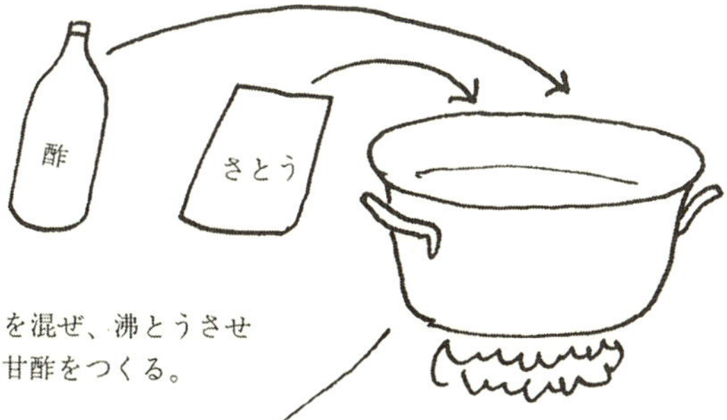

酢とさとうを混ぜ、沸とうさせてから冷まし甘酢をつくる。

⑥本漬け

下漬けしたつわぶきを　甘酢で漬け込む。

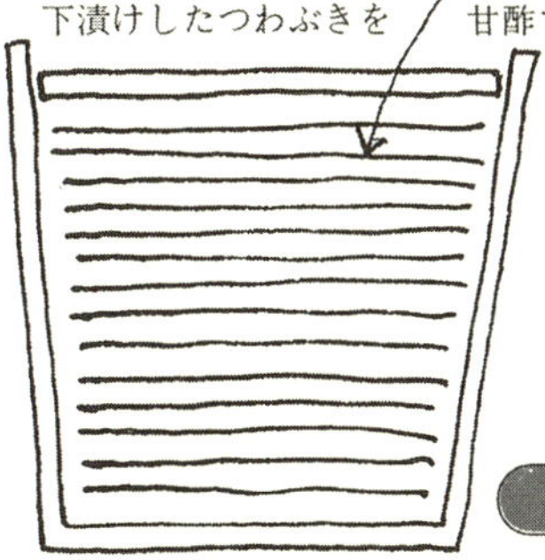

材料

つわぶき（葉をとったもの）		1 kg
塩		10～15%
甘酢	酢	1 ℓ
	さとう	100～150 g

食べ方

4～5日後から食べられ、1年間は保存できる。

高知　きゅうりのかわうそ漬け

園芸王国高知県の須崎市は、年間50億円ほどの野菜販売額をあげる園芸地帯です。そのうちの40%がキュウリの売上げ。半面、毎年たくさんの規格外のキュウリが出ることになります。農協婦人部の母さんたちがそこに目をつけてつくりあげたのが、キュウリのしょうゆ漬。近くを流れる新庄川に住むカワウソにちなんで「かわうそ漬」と名づけました。今や市民の人たちに親しまれ、心待ちにされている漬物です。

♥材料を用意する（材料と調味液）

材料

塩蔵キュウリ
塩蔵ダイコン
ニンジン
ショウガ

①キュウリは刻んで塩ぬきしてしぼる。

②ショウガとニンジンは、いちょう切りにし、塩をあてててから水で洗い、しぼる。

③ダイコンもいちょう切り。塩ぬきしてしぼる。

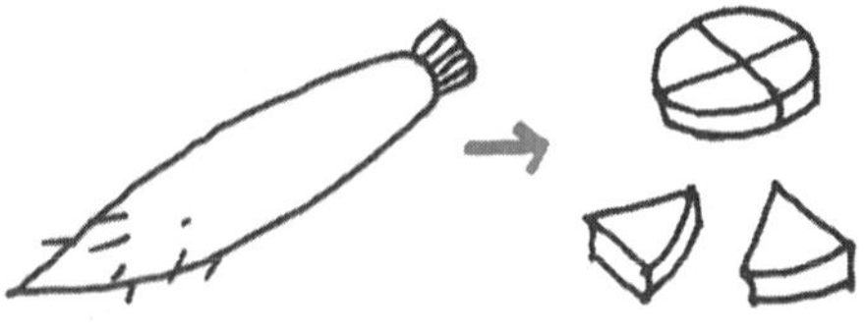

調味液

しょうゆ	400cc
食　酢	50cc
砂　糖	大さじ2
みりん	50cc
水アメ	50g

④調味料を鍋でわかす。

⑤冷めたらゴマ少々を加える。

福留雅子
須崎市地域内食生活向上対策推進グループ

♥漬けこむ

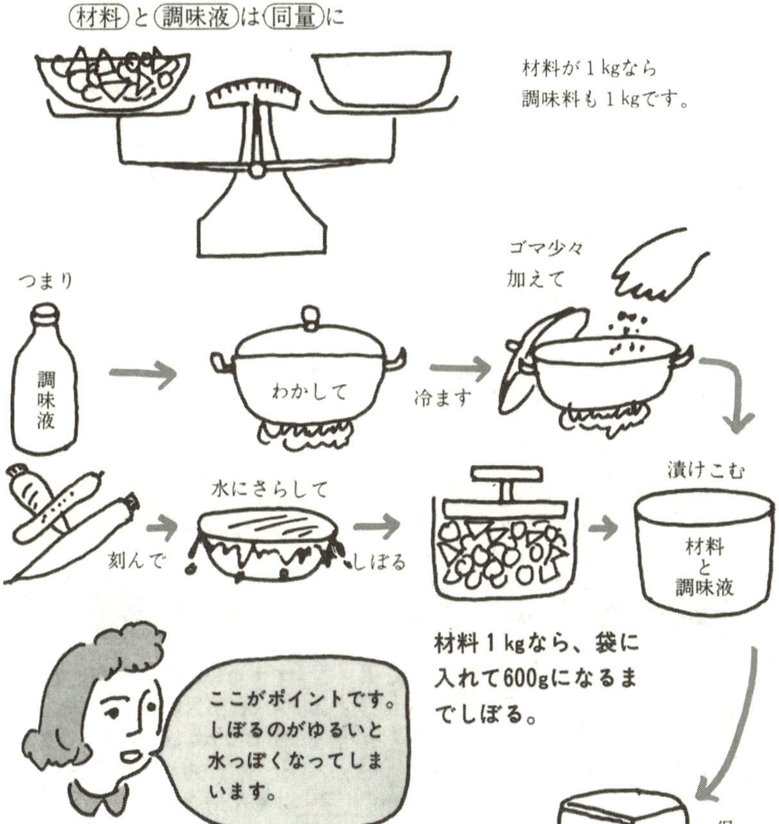
材料と調味液は同量に
材料が1kgなら
調味料も1kgです。
つまり
調味液
わかして
冷ます
ゴマ少々
加えて
刻んで
水にさらして
しぼる
漬けこむ
材料
と
調味液
材料1kgなら、袋に入れて600gになるまでしぼる。
ここがポイントです。しぼるのがゆるいと水っぽくなってしまいます。

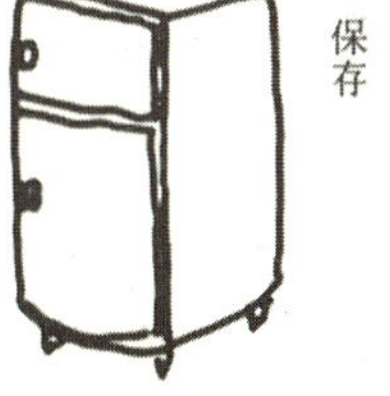
保存

♥保存

夏の間は常温では腐りやすいので、冷蔵庫に入れて保存する。20日間で食べてしまう。

高知　わさびの醤油漬け

漬物は毎食欠かさずに食べる。わさびの醤油漬は春につくって食べる。自生しているわさびをとってくるので、大量にはつくれない貴重品である。

【材料】

葉わさび
醤油
（砂糖）

①葉わさびを天日でちょっと干す。

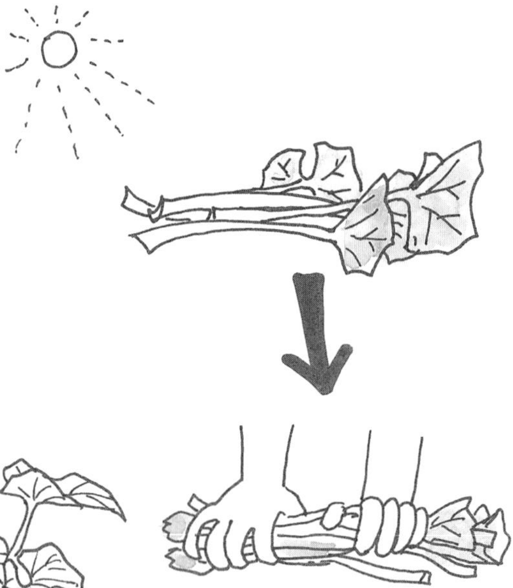

②干した葉わさびに塩を少しふりかけ、手でもんでやわらかくする。生のままもむと、葉が裂けたり折れたりするので、少し干してからもむのがよい。

坂本　正夫

③食べやすい長さに切る。

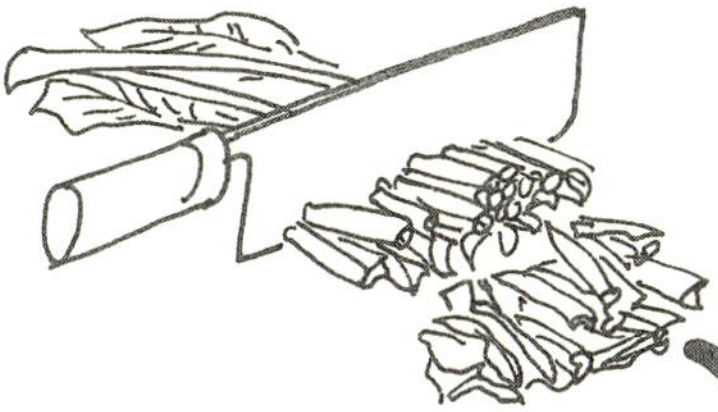

④かめの中でわさびがたっぷり漬かるくらいに醤油を加える。

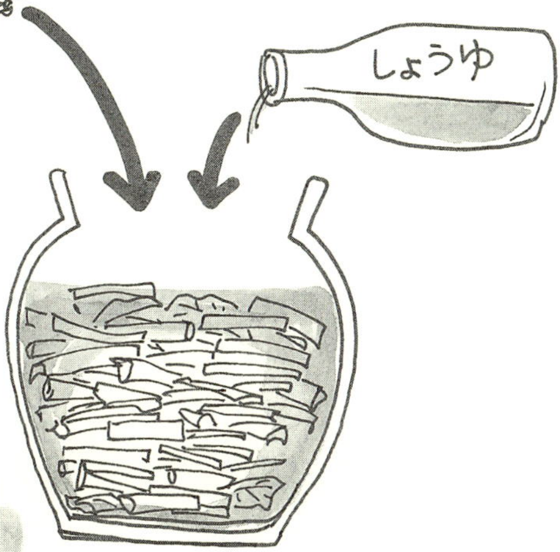

⑤夜に漬ければ翌朝から食べられる。２～３週間のうちに食べきる。保存中は密封しておかないと味が落ちる。

＊好みで砂糖を加えてもおいしい。

高知　いたどりの塩漬け

「いたどり漬けたかねえ」。4〜5月になると当地で必ず聞かれるあいさつの言葉です。農作業の合間には、誰も彼もいたどりの塩漬け保存に懸命になっています。国内全域に自生するいたどりを食用にしているのは高知県と徳島県の一部だけと聞きます。春になればアスパラと同じ姿で芽を出すいたどりは、摘んだらまた芽が出るくり返し。1尺ぐらいに伸びたものを年間の保存食として塩につけておきます。都会の人たちにはふるさとの味として贈り物にしています。当地ではこのいたどりは一年中スーパーに並ぶほど親しまれ愛食されています。

〈材料〉

いたどり5kgに対して

塩――――――1〜1.5kg

にがり―――100〜150g

米ぬか――――――適量

〈注意〉塩と米ぬかは多くてもかまわないが、にがりが多すぎるとポキポキ細かく折れてしまうことがある。

アスパラのように芽が出る。

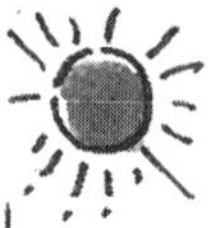

1尺ぐらいのものがよい。軟らかいところなら大きくてもよい。

皮をむきやすくする。

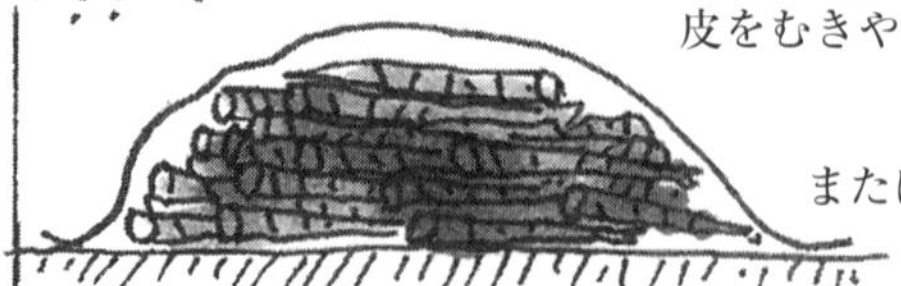

ビニールをかけて日光であたためる。

または

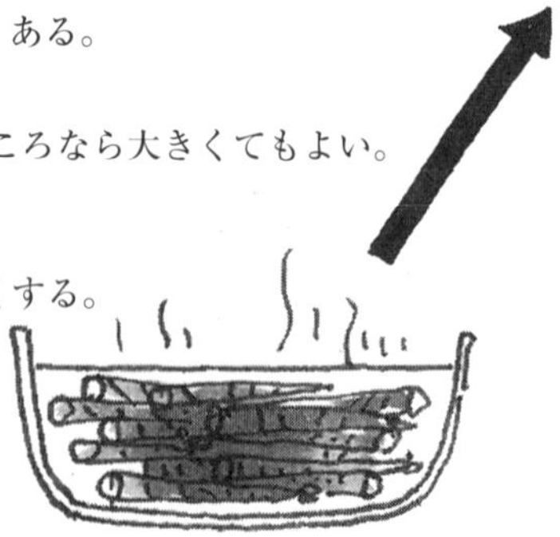

ぬるま湯に入れる。
(コタツであたためてもよい)

(あたたまると、うす皮、厚皮両方ともラクにむけるようになる)

山田美佐子

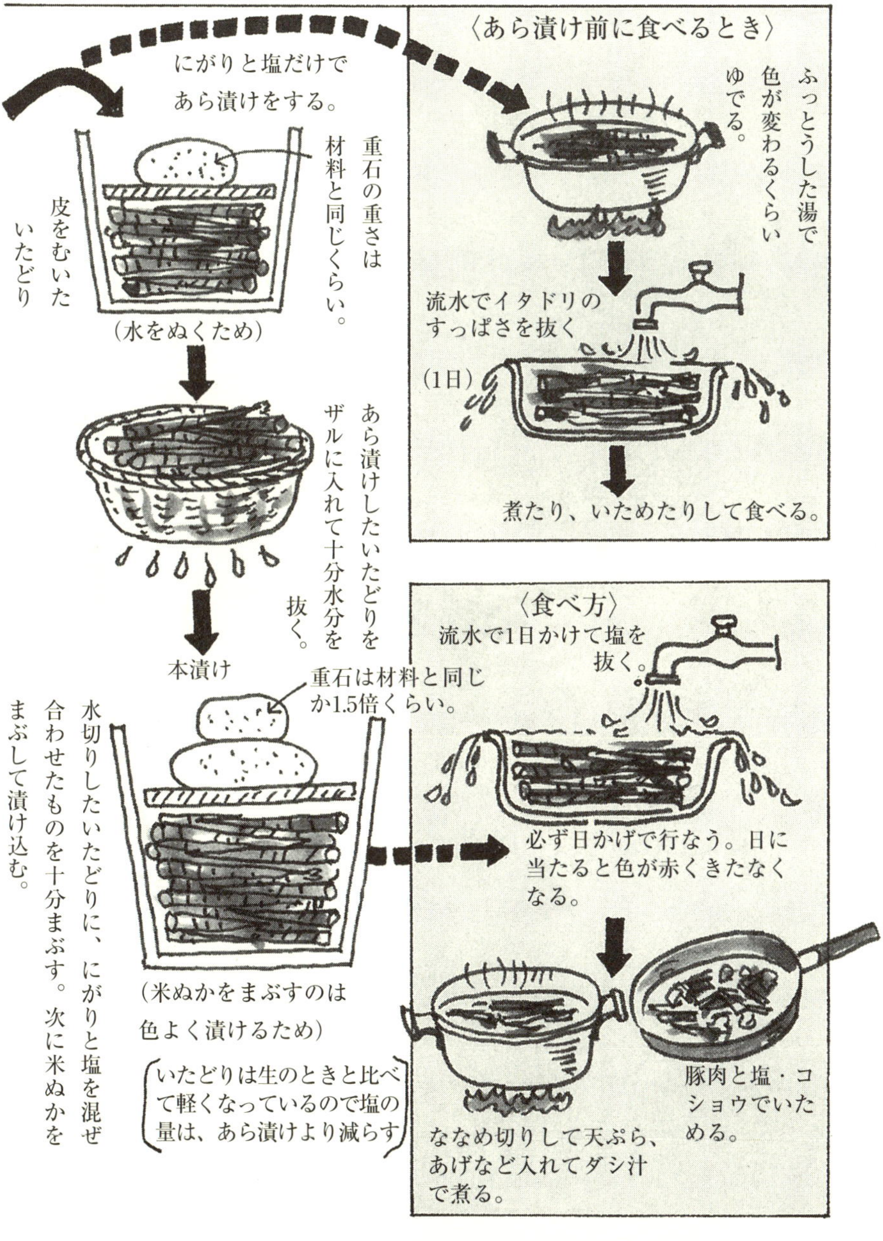

にがりと塩だけで
あら漬けをする。
皮をむいたいたどり
重石の重さは材料と同じくらい。
（水をぬくため）
あら漬けしたいたどりをザルに入れて十分水分を抜く。
本漬け
重石は材料と同じか1.5倍くらい。
水切りしたいたどりに、にがりと塩を混ぜ合わせたものを十分まぶす。次に米ぬかをまぶして漬け込む。
（米ぬかをまぶすのは色よく漬けるため）
いたどりは生のときと比べて軽くなっているので塩の量は、あら漬けより減らす
〈あら漬け前に食べるとき〉
ふっとうした湯で色が変わるくらいゆでる。
流水でイタドリのすっぱさを抜く
（1日）
煮たり、いためたりして食べる。
〈食べ方〉
流水で1日かけて塩を抜く。
必ず日かげで行なう。日に当たると色が赤くきたなくなる。
ななめ切りして天ぷら、あげなど入れてダシ汁で煮る。
豚肉と塩・コショウでいためる。

高知 いたどりの甘酢漬け

県面積の80%を占める山林は山菜の宝庫でもあります。南国土佐では、いたどりの皮をむき、いろいろな料理に作って食べる風習があります。その中から歯ざわりよく酒のさかなに喜ばれているものを紹介しましょう。

♥いたどりの塩漬け

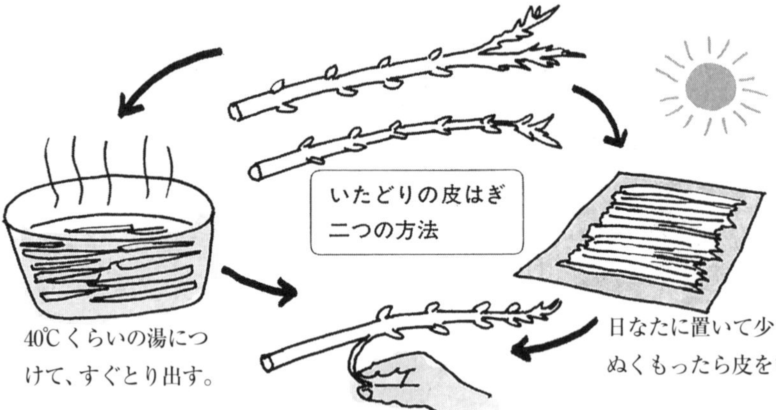
いたどりの皮はぎ
二つの方法
40℃くらいの湯につけて、すぐとり出す。
日なたに置いて少しぬくもったら皮をむく。
皮をむく。

下漬け

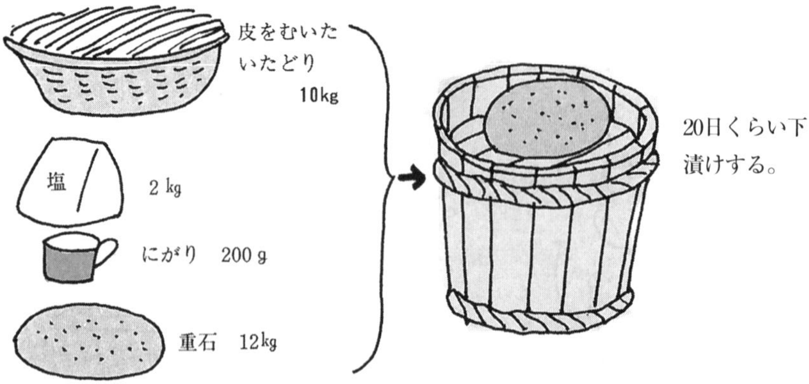
皮をむいたいたどり 10kg
塩 2kg
にがり 200g
重石 12kg
20日くらい下漬けする。

福留雅子

本漬け

下漬けした
いたどり 4 kg

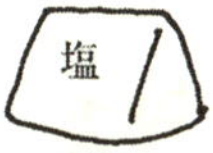

塩　4 kg

重石　10kg

にがり　1 kg

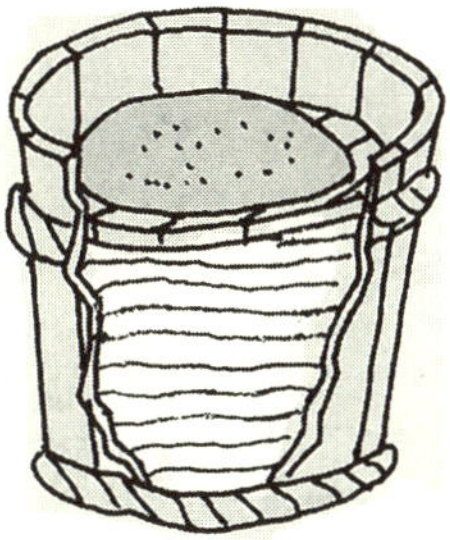

ビニール袋を使いたるに漬ける。塩漬けしておいたいたどりを使うだけとり出して塩抜きし、甘酢につけて食べます。

♥いたどりの甘酢漬け

材料

いたどり 1 kg	砂糖70 g	酢　70cc	コハク酸	少々
	塩　30 g	焼酎60cc	クエン酸	少々

（砂糖・塩・酢・焼酎：調味液）

①たるからいたどりをとり出し、2 cmの長さに切り、水にさらす。

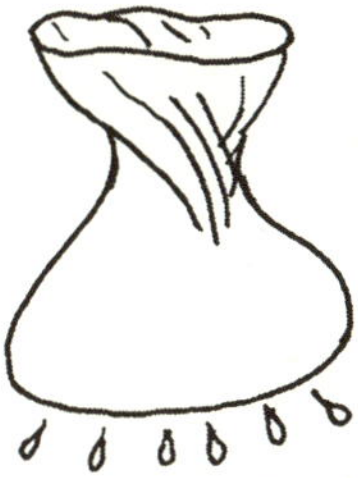

②布袋にいたどりを入れて水分60％くらいになるまで水を切る。あまり水気を切ると調味液が入りすぎて濃い味になる。

③砂糖、塩、酢、焼酎、コハク酸、クエン酸を合わせて調味液を作る。

④ボールにしぼったいたどりを入れ調味液を加えてまぜる。

好みでせん切りショウガまたはせん切りしたユズの皮を加えるとよい。

冷暗所に保存する。

福岡　ミツバの粕漬け

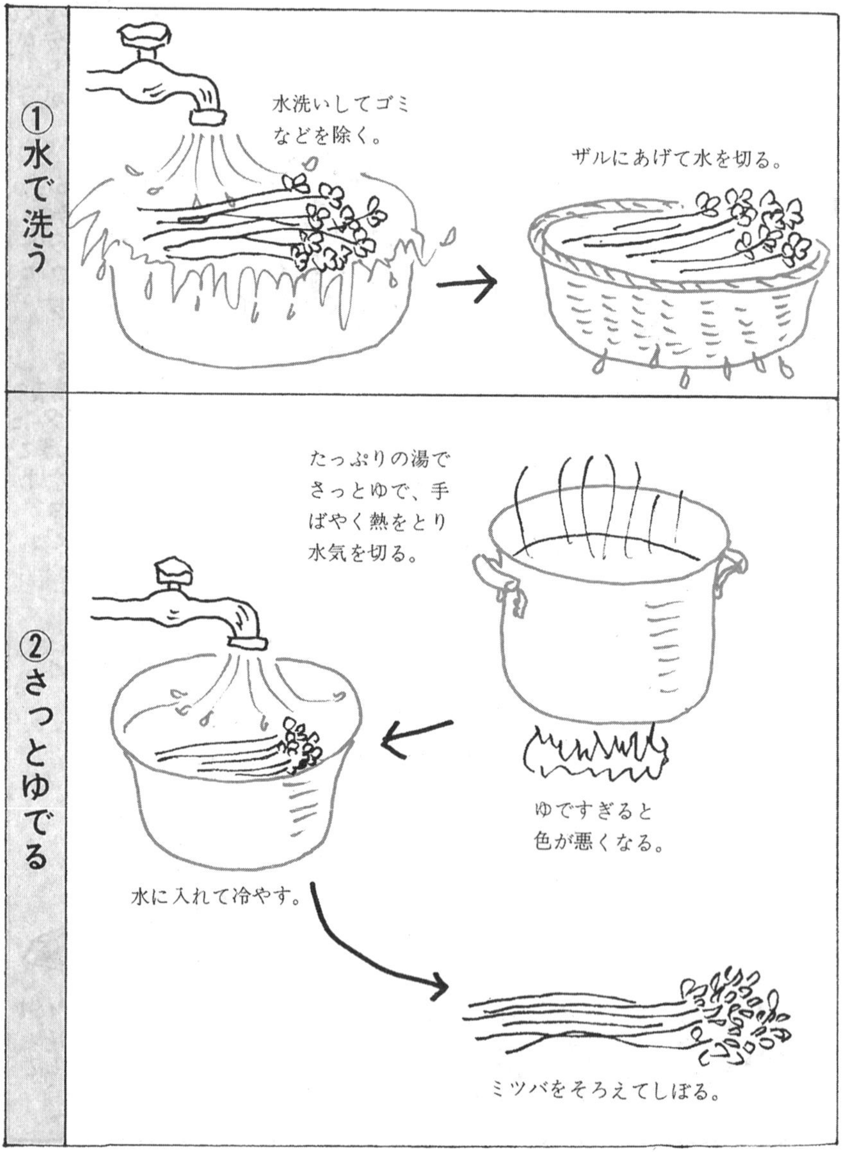
①水で洗う
水洗いしてゴミなどを除く。
ザルにあげて水を切る。
②さっとゆでる
たっぷりの湯でさっとゆで、手ばやく熱をとり水気を切る。
ゆですぎると色が悪くなる。
水に入れて冷やす。
ミツバをそろえてしぼる。

林田勝子

福岡県北野町では、昭和50年からミツバの水耕栽培をしています。ミツバは高級野菜というイメージが強いため、家庭では吸物などに少量しか使われていません。

そこで農家は消費を拡大するために、

おひたし、サラダ、油いため、漬物など調理法の研究をしています。

粕漬けもその研究成果の一つです。酒粕とミツバの風味がマッチして、なんともいえない味です。

③粕漬け

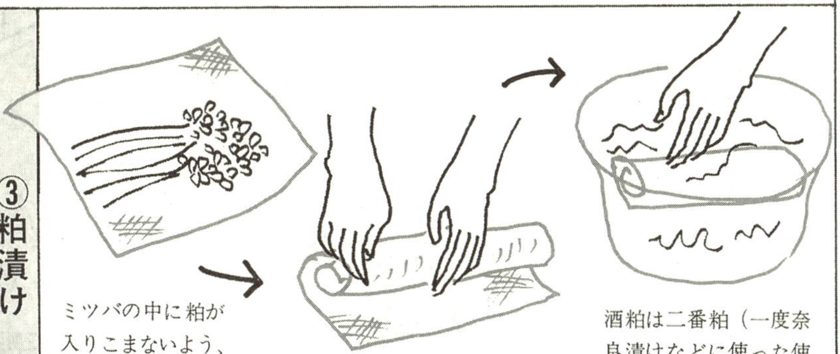

ミツバの中に粕が入りこまないよう、ガーゼに包む。

酒粕は二番粕（一度奈良漬けなどに使った使い古しの粕）でよい。

▷粕に漬けて1週間程度たったころが食べごろです。
▷ガーゼをはずして、3～4cmに切って食べます。
▷冷蔵庫に入れておくと、いつまでもさわやかなグリーンが保てます。

福岡　青梗菜《ちんげんさい》の香油漬け

昔、志賀島は万葉歌にもうたわれた、中国大陸からの玄関口でした。その島を愛し、そこに根をおろした農家の若妻が、新しい野菜を使って、新感覚の漬物を工夫しました。

〈下漬け〉

ちんげん菜

ちんげん菜の重量の３％の塩で下漬け（一夜漬け）する。
（ちんげん菜３kg→塩90g
　　〃　　　５kg→塩150g）

〈二次加工の材料〉

ちんげん菜の一夜漬１kg（に対して）

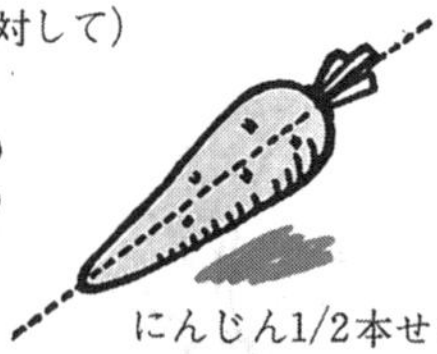

にんじん1/2本せん切り

しょうが１片
せん切り

赤とうがらし
せん切り大さじ２

実ざんしょう大さじ２

砂糖
大さじ４

しょうゆ
大さじ1/2

酢
大さじ６

ごま油
大さじ２

サラダ油
大さじ２

北本和代

〈つくり方〉

①にんじんに塩少々してしんなりさせる。

②ちんげん菜は、水気をしぼり、5㎝長さに切り、せんいにそってさらに5㎜幅にせん切りする。

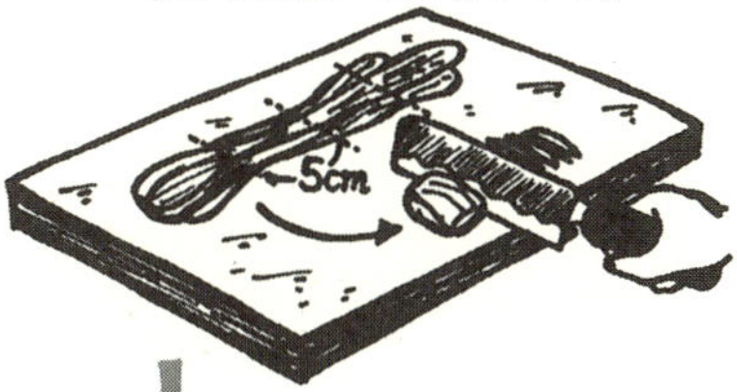

③深めのバットに、にんじんとちんげん菜を混ぜ入れて並べ、しょうが、赤とうがらしを散らし、砂糖、しょうゆ、酢を合わせてかける。

④鍋にごま油とサラダ油を熱し、実ざんしょうを入れてよく炒め、油だけを野菜にかける。

⑤香りがとばないように、密ぺいしておく。

福岡

にんじんのオーロラ漬け

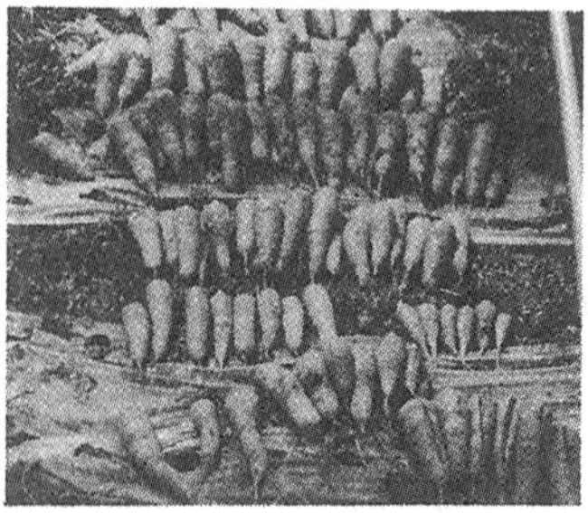

福岡県北野町では，昭和35年から水田裏作にニンジンを栽培しています。４月中旬から主に関東・阪神方面に出荷されています。出荷が続く間は，畑周辺にはニンジンの甘い香りがただよっています。

この地域では，出荷できないニンジンを，生食はもちろん味噌漬けや粕漬け，ピクルスなどにして利用しています。

①下漬け

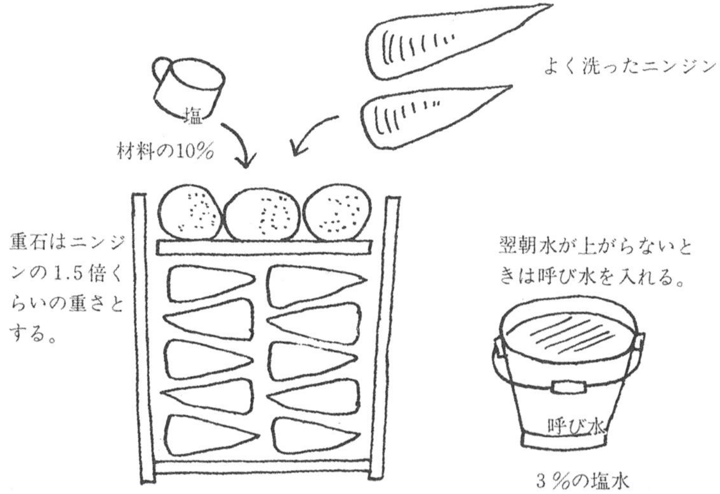
よく洗ったニンジン
塩
材料の10%
重石はニンジンの1.5倍くらいの重さとする。
翌朝水が上がらないときは呼び水を入れる。
呼び水
3％の塩水

②材料（本漬）

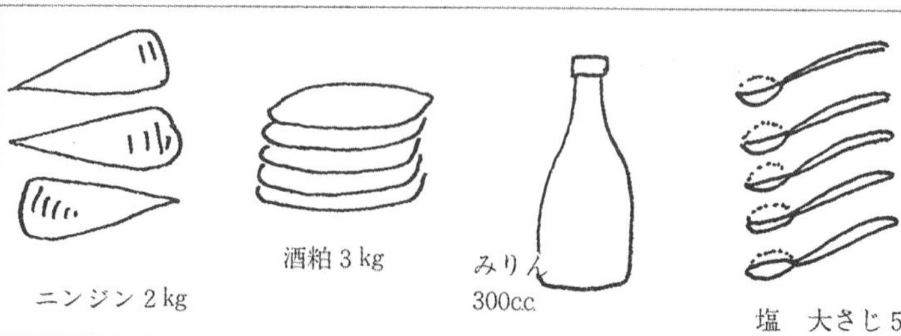
ニンジン 2 kg
酒粕 3 kg
みりん
300c.c.
塩　大さじ５杯

林田勝子

③ 水気をふきとる

2～3日下漬けしたニンジンをとり出し，充分に水気をふきとる。

④ 粕床つくり

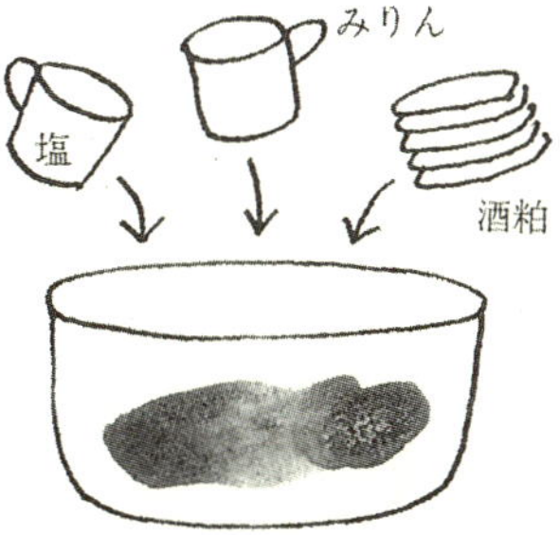

塩，みりん，酒粕で粕床をつくる。

⑤ 粕に漬ける

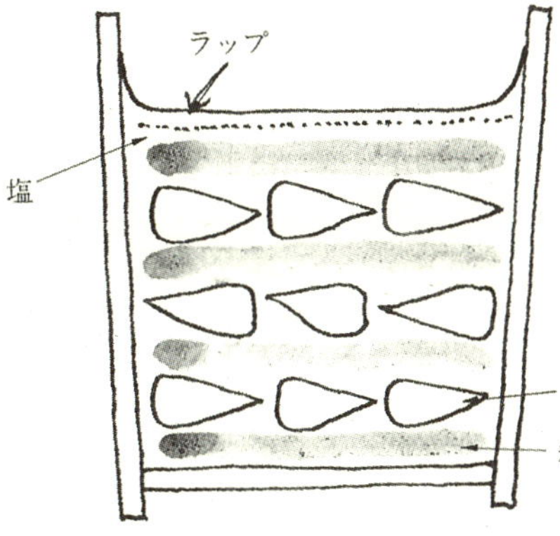

容器の底から4～5cm粕を敷き，ニンジンを一列に並べて粕で覆い，またニンジンをおく。

これを順次くりかえし，一番上は粕で4～5cm覆って振り塩をする。ラップで覆い，ふたをして目ばりをしておく。

⑥ 食べごろ

★粕に漬けて1カ月くらいからが食べごろ。
★粕の風味とニンジンの甘さがとけあって，酒のさかなにもお茶づけにもよく合う。ニンジン特有の香りが少なくなり，ニンジンぎらいの人でも食べやすくなる。
★粕でニンジンの色があざやかになるため，きれいな赤い歯ざわりのよい漬物ができる。

福岡

こしょう巻き昆布の味噌漬け

昆布の中にこしょうを巻き込み，味噌漬にします。
栄養価の高いこしょうと昆布が合わさってうま味も抜群，漬物としては最高の味です。

材料

こしょうの葉	200g
昆布（長さ20cm）	10本
塩	10g
味噌（熟成味噌）	1kg
みりん	1/2カップ

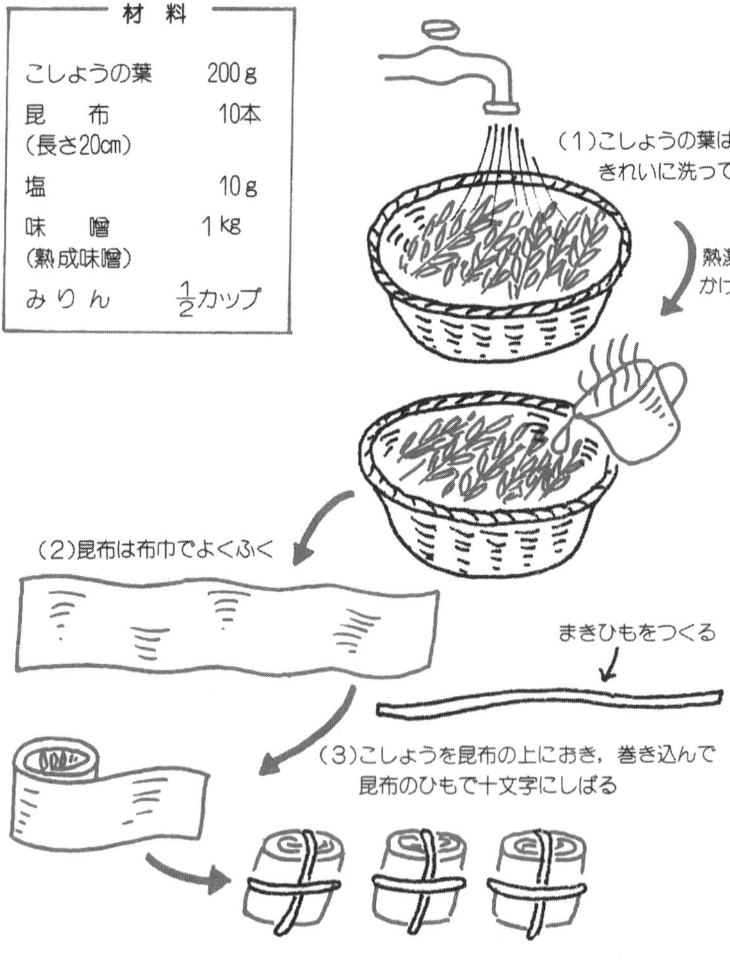

（1）こしょうの葉はきれいに洗って
熱湯をかける
（2）昆布は布巾でよくふく
まきひもをつくる
（3）こしょうを昆布の上におき，巻き込んで昆布のひもで十文字にしばる

和田ミヤ子

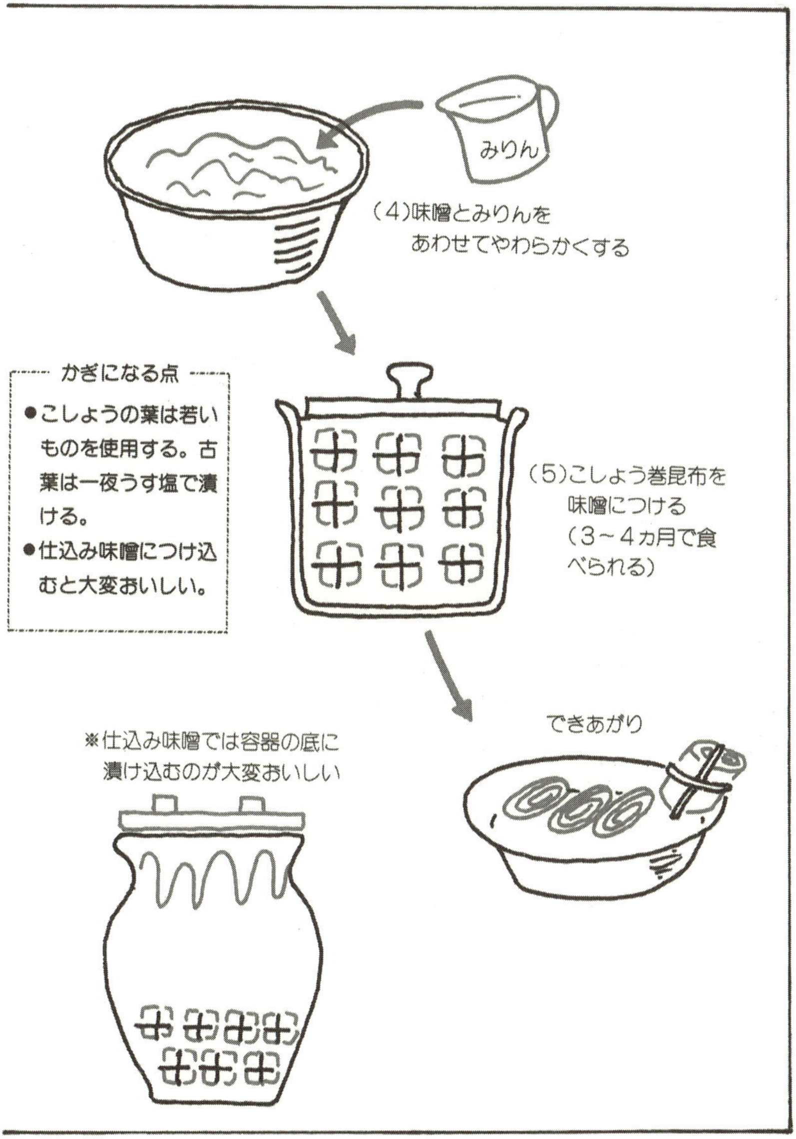

みりん
(4)味噌とみりんをあわせてやわらかくする
かぎになる点
●こしょうの葉は若いものを使用する。古葉は一夜うす塩で漬ける。
●仕込み味噌につけ込むと大変おいしい。
(5)こしょう巻昆布を味噌につける(3～4ヵ月で食べられる)
※仕込み味噌では容器の底に漬け込むのが大変おいしい
できあがり

福岡　パセリの味噌漬け

下漬け

①パセリはよく洗ってたっぷりの水でさっとゆでます。

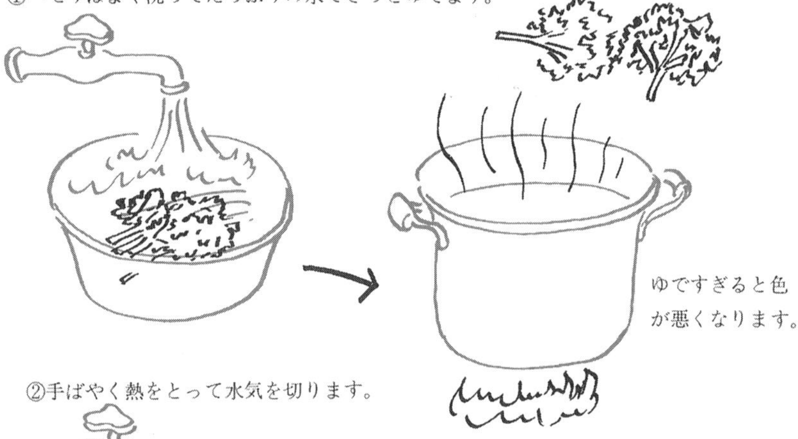
ゆですぎると色
が悪くなります。

②手ばやく熱をとって水気を切ります。

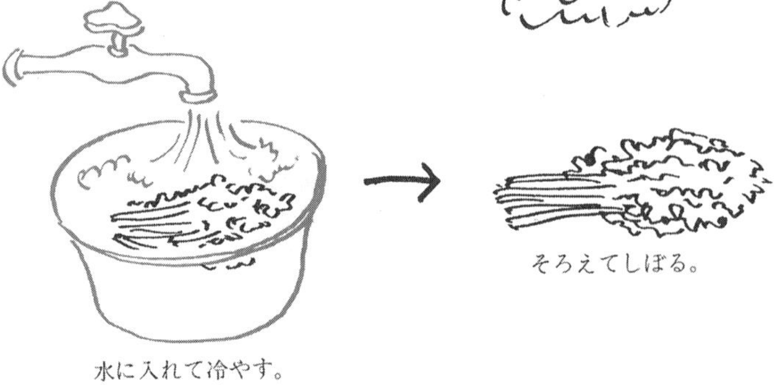
そろえてしぼる。
水に入れて冷やす。

③よくしぼったパセリを４％の塩で一晩塩漬けします。

塩
重石はパセリと同量
くらいが適当です。

林田勝子

パセリはセリ科のものですが，日本のセリとはまったく異なり，オランダの牧草地帯が本場です。

福岡県三井郡北野町では，このパセリを1965年ころから栽培し始め，今ではパセリの名産地になっています。

このパセリはふつうは料理の色どりにしか使われていませんが，タンパク質，カルシウム，鉄，カロチン，ビタミンCがたくさん含まれています。そこで「色どりのための野菜」よりも「食べる野菜」としてもっと活用していこうと，パセリごはん，パセリの茎の炒め煮，パセリのからし和え，漬物などいろいろな料理が工夫されています。

漬物にするとビタミンCはほとんど消えてしまいますが，他のタンパク質，カルシウム，鉄などは充分活用することができます。みその風味とパセリ独得の香りと味がうまく溶け合っておいしい漬物になります。あったかいごはんといっしょに食べるのもよいのですが，ビールのつまみにも最適です。

本漬け　塩漬けパセリの水があがったら水気を切り，パセリをガーゼに包んでみそに漬けます。

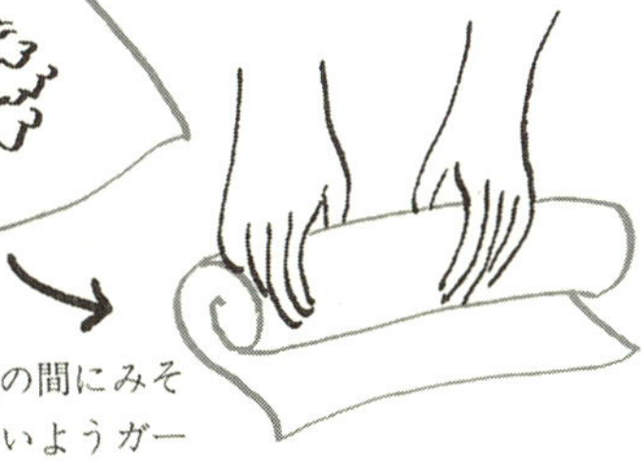

パセリの葉の間にみそが入りこまないようガーゼに包みます。

みそは家にある普通のものを使ってください。

食べる

本漬けして一週間程度たったころが食べ頃です。ガーゼをはずして適当な長さに切って食べます。

葉のあまりかたくなったものは，食べるとき少しもさつきます。

みそ漬けの要領で「粕漬け」もつくってください。

佐賀 アスパラガスの味噌漬け

アスパラガスの収穫期には、毎日伸びてくるアスパラガスを、サラダで、油でいためて、肉で巻いて……と料理方法も工夫していただいています。味噌漬けのおいしさにも気づきました。一夜漬けでいただくアスパラガスの味噌漬けを紹介します。

1. アスパラガスは朝採りする。

2. 沸騰した湯に塩を入れ、アスパラガスをさっとゆでる。

3. アスパラガスはさましておく。

〈材料〉

アスパラガス	500g
味噌（赤でも白でも）	250g
砂糖	50g

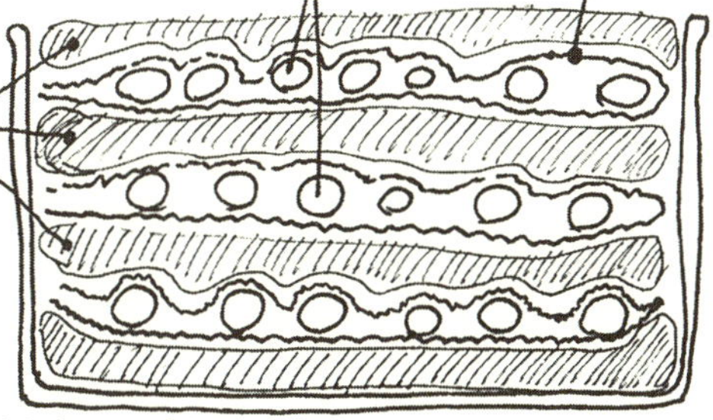

❹ 味噌と砂糖はまぜておく。

❺ 容器の底に味噌をしき、
ガーゼではさんだアスパラガスと味噌を交互に重ねていく。
（ガーゼはなくてもよいが、ガーゼではさむとアスパラガスに味噌がつかず、洗わずに食べられる。）

一夜漬けのアスパラガスは、あっさりとして歯ざわりもよく、食がすすむ。残ったら冷蔵庫で保存すれば２、３日は色もきれいでおいしく食べられる。ヤサイマメ（サヤインゲン）でやってもおいしい。

長崎

即席きざみ粕漬け

とれ始めた野菜，それに冬の間につくっておいた干し大根をつかった「きざみ粕漬け」。漬けて５日もすれば食べられる手軽さが好評です。それに，きざみ粕漬けですから，食べるときは野菜と酒粕をいっしょにいただくことになります。酒のさかなにすれば，こたえられません。

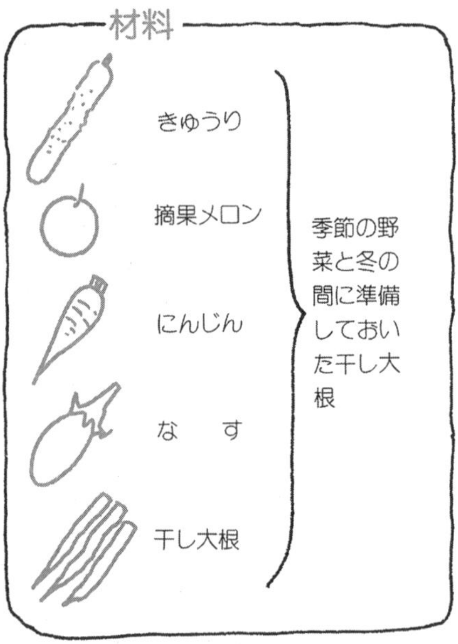

材料
きゅうり
摘果メロン
にんじん
な　す
干し大根
季節の野菜と冬の間に準備しておいた干し大根

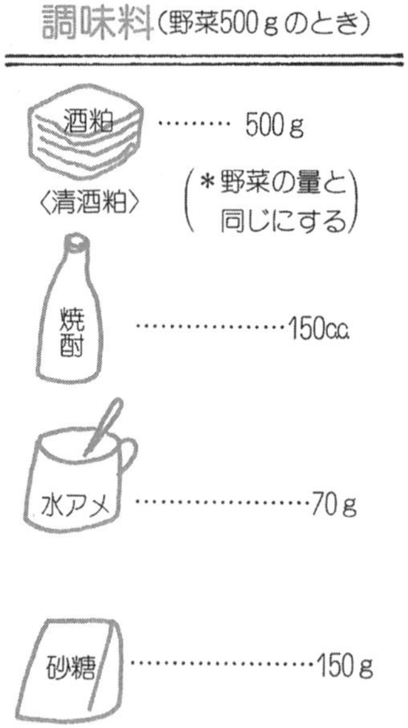

調味料（野菜500ｇのとき）
酒粕
〈清酒粕〉
500ｇ
（＊野菜の量と同じにする）
焼酎
150cc.
水アメ
70ｇ
砂糖
150ｇ

１．材料は刻んで塩をふる

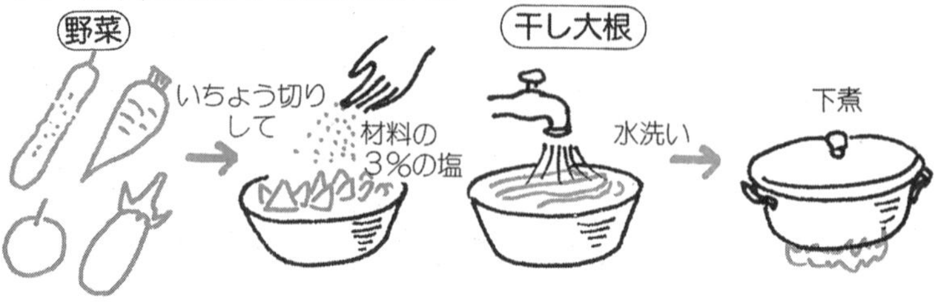

野菜
いちょう切りして
材料の３％の塩
干し大根
水洗い
下煮

2．野菜をよくしぼって水を切る

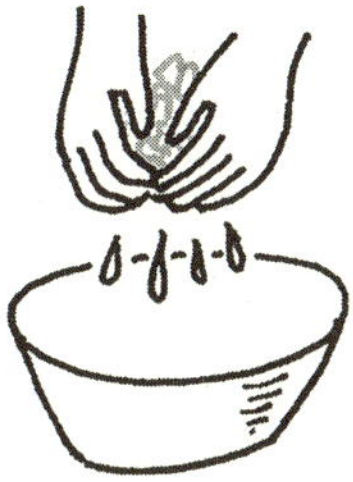

3％ていどの塩だと塩出しする必要はありません

☆よくしぼった野菜の重さと酒粕の量を同じにします

3．調味料をよ～く混ぜる。次に野菜を入れてよく混ぜる

水アメ70ｇ
焼酎150cc
砂糖150ｇ
酒粕500ｇ
野菜を入れてよく混ぜる

☆酒粕のかたさや味によって，焼酎，水アメ，砂糖，塩の量は加減してください

4．空気をぬくようなつもりできっちり詰める

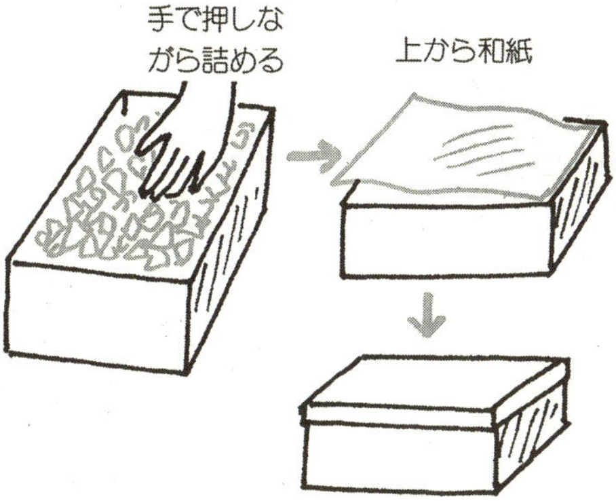
手で押しながら詰める
上から和紙

5．冷蔵庫に保存

5～7日で食べ始める
塩が少ないので，小出しにすること。

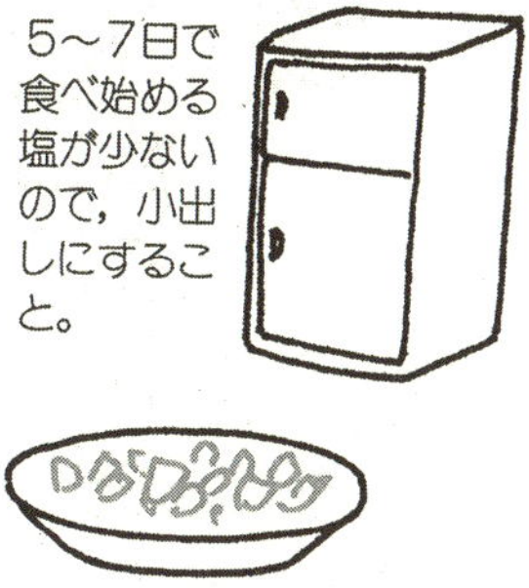

長崎

かぼちゃの味噌漬け

島のお母さんたちの自給菜園には、必ず何株かのカボチャが植えられています。これまで２本仕立てにして、１本のツルに３～４個つけ、残りは摘果していました。

「もったいないね……」という気持ちからできあがったのが、この“未熟かぼちゃの味噌漬”。コリコリした歯ごたえにかぼちゃの甘味が生き、島のみんなに愛されている漬け物です。

下漬け	未熟かぼちゃ	10kg
	塩（８％）	800 g

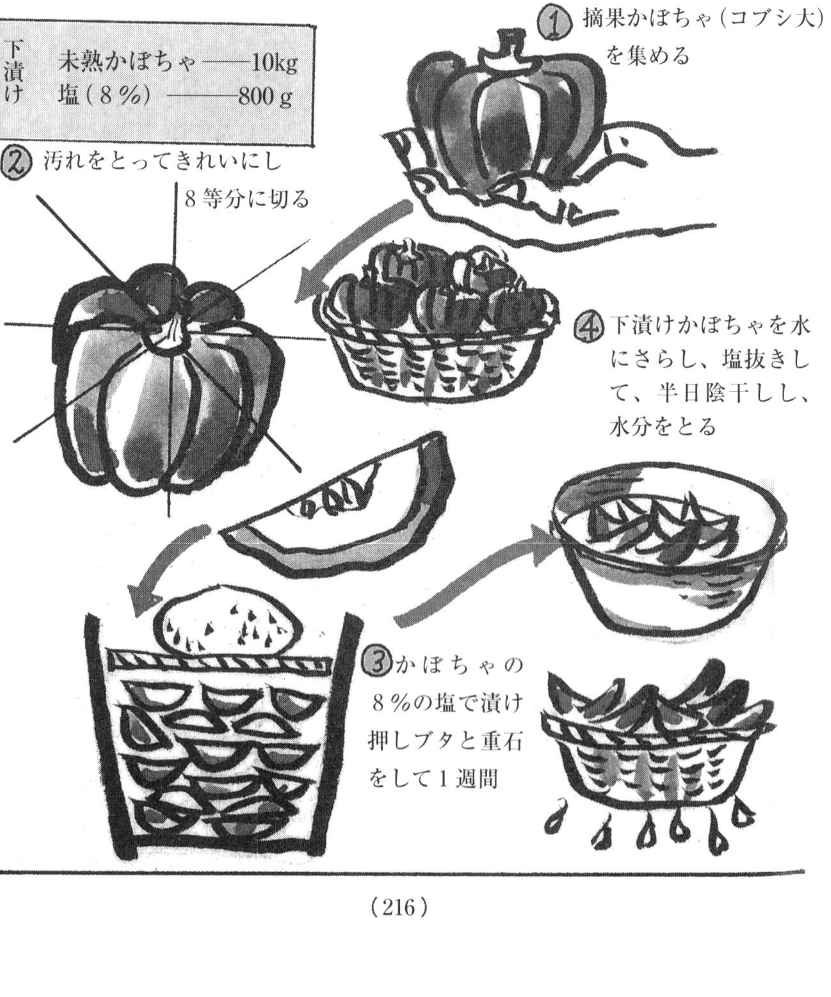

①摘果かぼちゃ（コブシ大）を集める
②汚れをとってきれいにし８等分に切る
③かぼちゃの８％の塩で漬け押しブタと重石をして１週間
④下漬けかぼちゃを水にさらし、塩抜きして、半日陰干しし、水分をとる

壱岐のお母さんたち

中山鶴

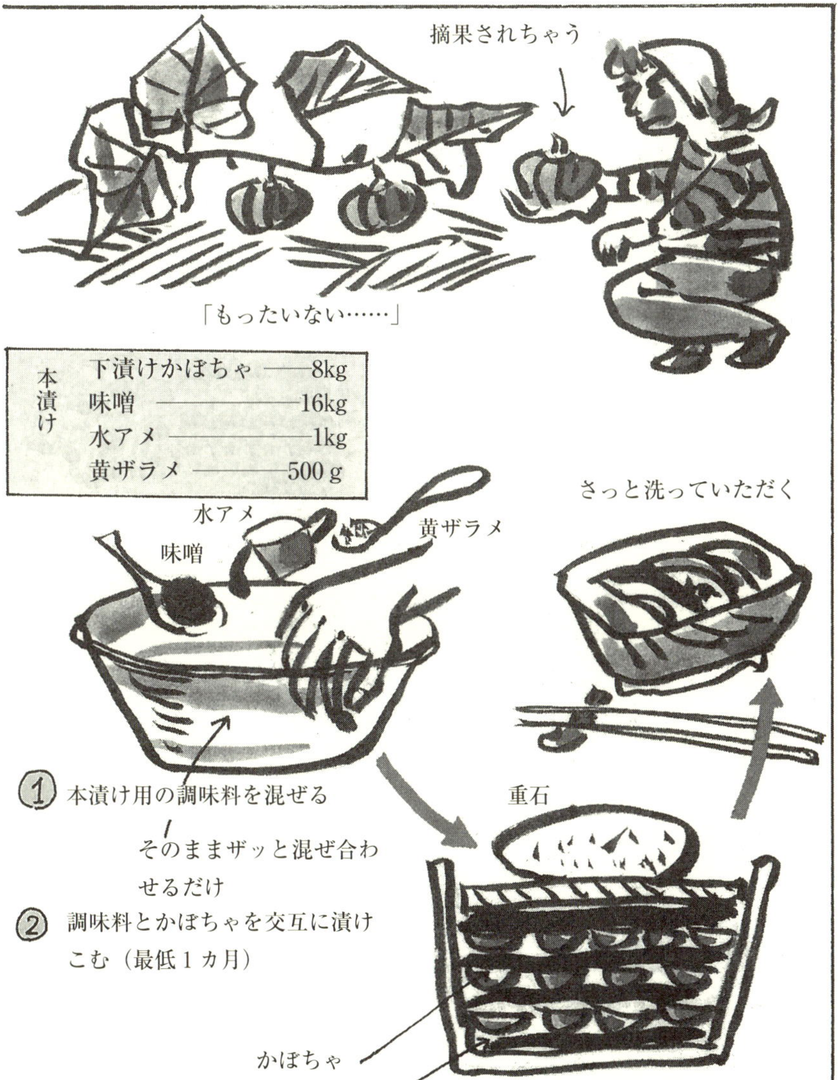
摘果されちゃう
「もったいない……」
本漬け
下漬けかぼちゃ――8kg
味噌――16kg
水アメ――1kg
黄ザラメ――500 g
水アメ
味噌
黄ザラメ
さっと洗っていただく
① 本漬け用の調味料を混ぜる
そのままザッと混ぜ合わせるだけ
② 調味料とかぼちゃを交互に漬けこむ（最低1カ月）
重石
かぼちゃ
調味料
冷暗所で保管

長崎　摘果かぼちゃの粕漬け

摘果したカボチャをどうしておられますか？　長崎では５月に入るとカボチャの摘果時期。そのカボチャを利用して、歯切れのよい粕漬に変身させてみてはいかがでしょうか。栄養満点なだけでなく、意外なおいしさを発見することでしょう。

①材料

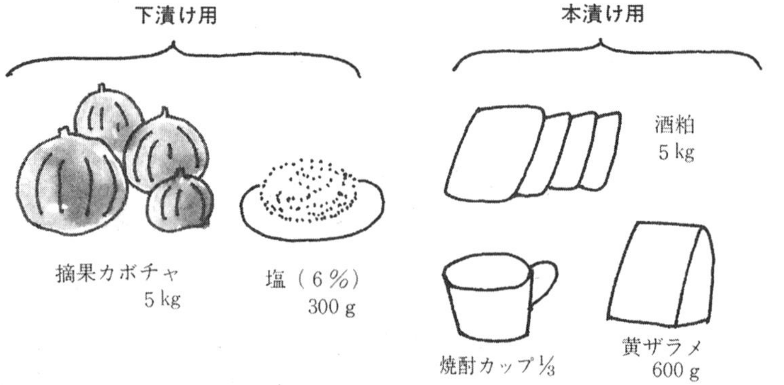

下漬け用
本漬け用
摘果カボチャ
5 kg
塩（6％）
300 g
酒粕
5 kg
焼酎カップ⅓
黄ザラメ
600 g

②下漬け

摘果カボチャをよく洗う。

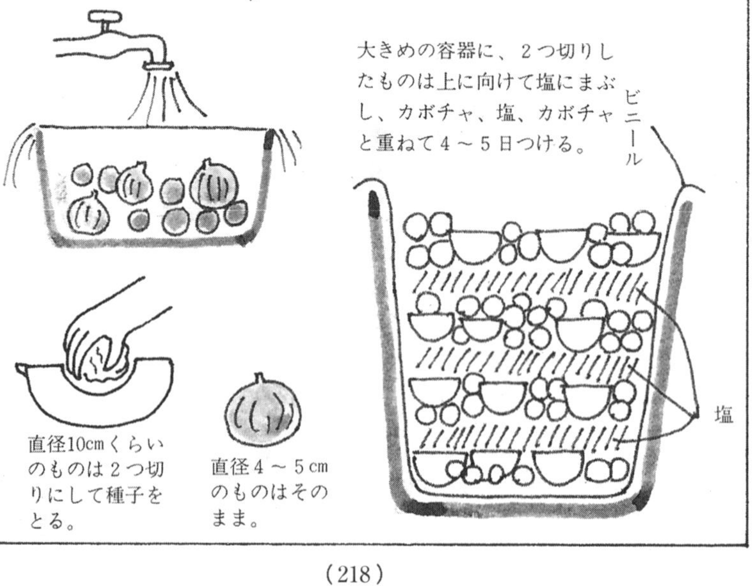

直径10cmくらいのものは２つ切りにして種子をとる。
直径４～５cmのものはそのまま。
大きめの容器に、２つ切りしたものは上に向けて塩にまぶし、カボチャ、塩、カボチャと重ねて４～５日つける。
ビニール
塩

中山鶴

③陰干し

下漬け後ザルにとり、
半日、陰干しする。

ふきんで充分ふきとる。

④本漬けと食べ方

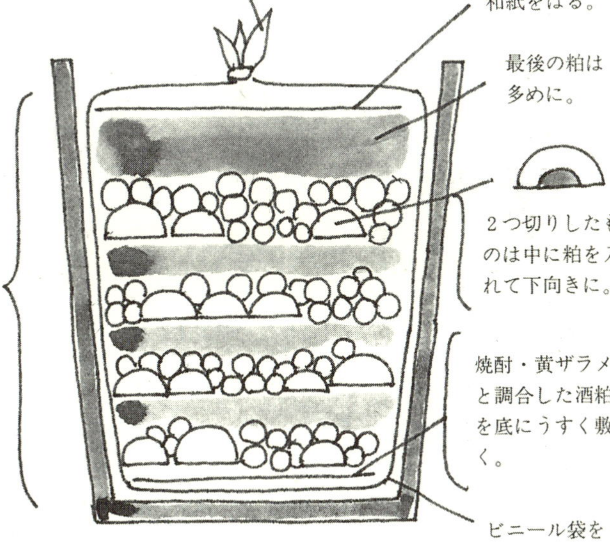
ビニール袋を閉じて外気にふれないように密閉する。
和紙をはる。
最後の粕は多めに。
粕とカボチャを交互に漬ける。
樽かビニール容器に
2つ切りしたものは中に粕を入れて下向きに。
焼酎・黄ザラメと調合した酒粕を底にうすく敷く。
ビニール袋を内側に張る。

▷冷暗所に保存し、10日目くらいから食べ始める。
▷適期は長崎で5月初旬～中旬。
▷粕はつけたまま薄切りにする。歯切れのよい粕漬けである。

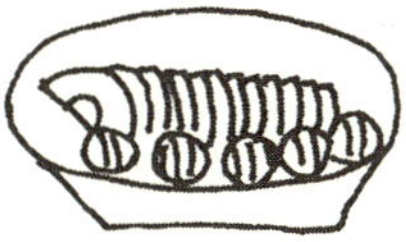

長崎　夏大根の梅酢漬け

材　料

大根２本。葉を切りおとして水洗いし、半月切りかいちょう切りにする。

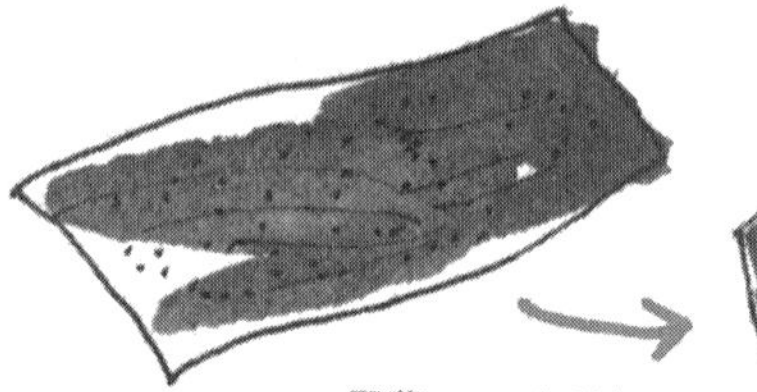

野菜コンブ（早く煮えるコンブ）は砂をおとし、はさみで切る。

赤とうがらしは種子をのぞき、はさみで輪切りにする。

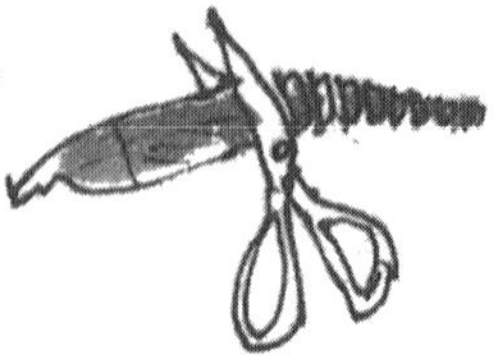

梅酢50cc　　酢500cc　　砂糖350ｇ　　みりん150cc

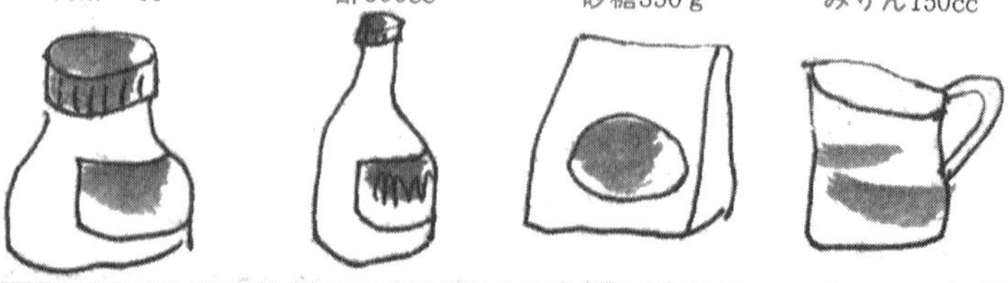

中山鶴

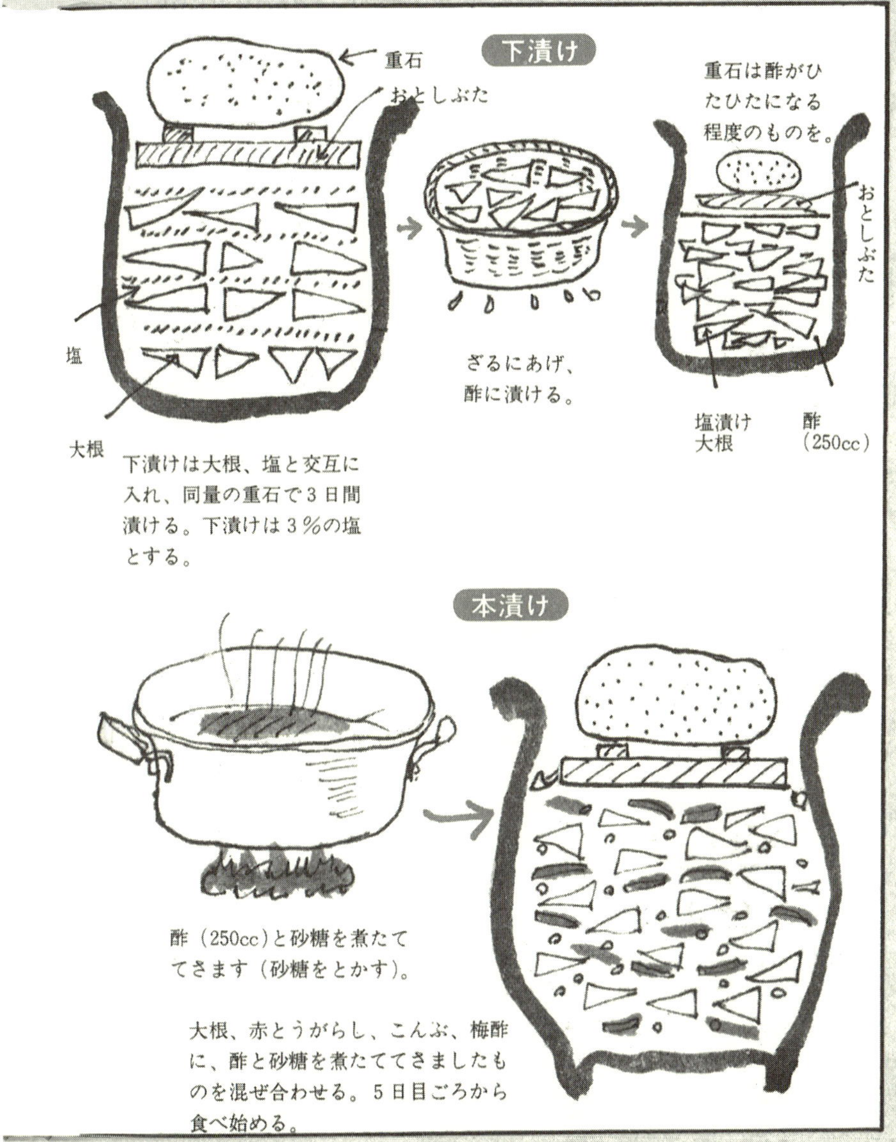
下漬け
重石
おとしぶた
塩
大根
下漬けは大根、塩と交互に入れ、同量の重石で３日間漬ける。下漬けは３％の塩とする。
ざるにあげ、酢に漬ける。
重石は酢がひたひたになる程度のものを。
おとしぶた
塩漬け大根
酢（250cc）
本漬け
酢（250cc）と砂糖を煮たててさます（砂糖をとかす）。
大根、赤とうがらし、こんぶ、梅酢に、酢と砂糖を煮たててさましたものを混ぜ合わせる。５日目ごろから食べ始める。

長崎　ふきの塩漬け

壱岐の島には、ふきがたくさん自生しています。でも、身近にありすぎると、案外利用しないものなんですね。「もったいないねぇ」というので地域で工夫されたのが、一年中ふきを食べることができる「塩漬け」による保存法と、それを使った「佃煮」でした。

フキの塩漬け保存法

材料は

ふき ――――――適当量
塩 ――――――ふきの20%

下漬け〈一番漬け〉

① 湯通し

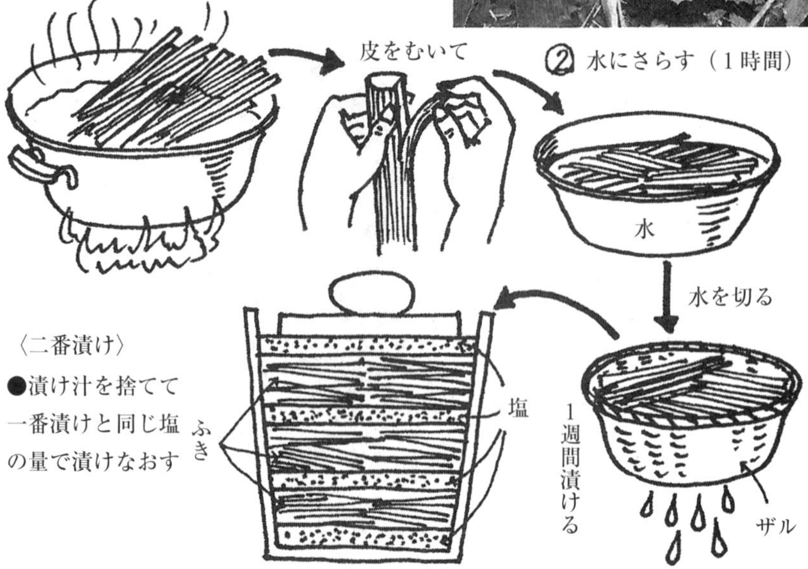

皮をむいて
② 水にさらす（1時間）
水
水を切る
1週間漬ける
ザル
〈二番漬け〉
●漬け汁を捨てて一番漬けと同じ塩の量で漬けなおす
ふき
塩

壱岐のお母さんたち
壱岐農業改良普及所

塩漬けしたふきでつくる

壱岐風フキの佃煮

材料は

下漬けふき	5kg
しょうゆ	1.5 ℓ
砂糖	180g
みりん	100cc
唐辛子	少々
ごま	少々

① 下漬けしたふきを3～4 cmに切って
塩抜き→水きり

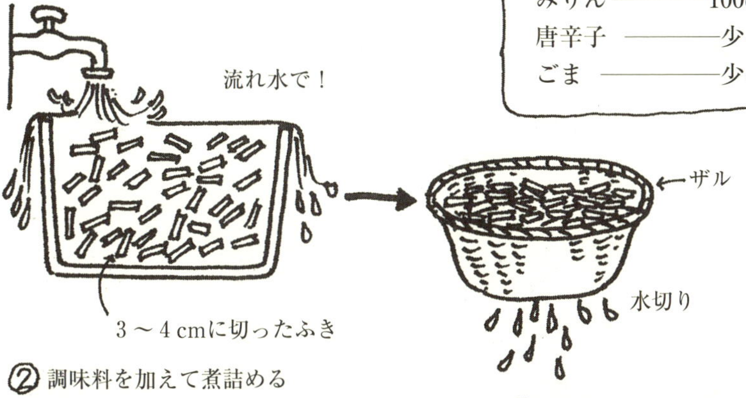
流れ水で！
ザル
水切り
3～4 cmに切ったふき

② 調味料を加えて煮詰める

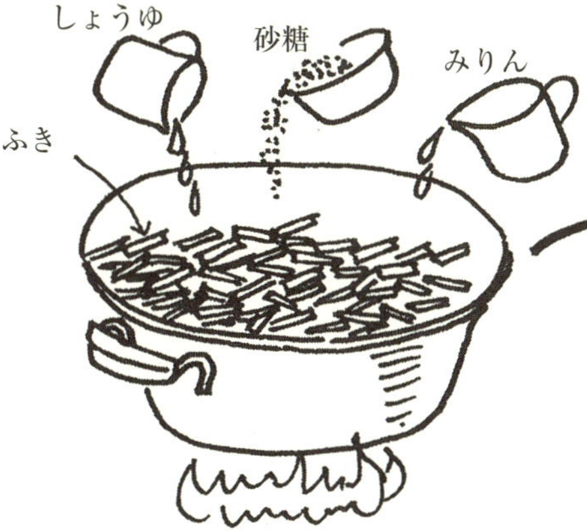
しょうゆ
砂糖
みりん
ふき

③ 唐辛子と炒りごまを
加える

炒りごま

④ 保存ビンに入れる

ふきの佃煮
ふきの佃煮

長崎
にんにくの味噌漬け

長崎県壱岐島のニンニクは大正7年ころにこの島に入ってきた作物ですが，今や県内生産の大半を占めるほどになっています。

壱岐島の重粘な土の性質にニンニクが適していたことと，海から絶えず吹いている風がウイルス病を伝播するアブラムシの飛翔を抑えてくれているからでしょう。

「匂いが強いから嫌い」なんて言わないでください。みそ漬けにするとくさ味がとれて，歯切れのいい漬け物を楽しむことができます。島中でつくられている漬け物です。

材料と分量

ニンニク	1kg
水あめ	100g
みそ	1kg
ざらめ	50g

つくり方

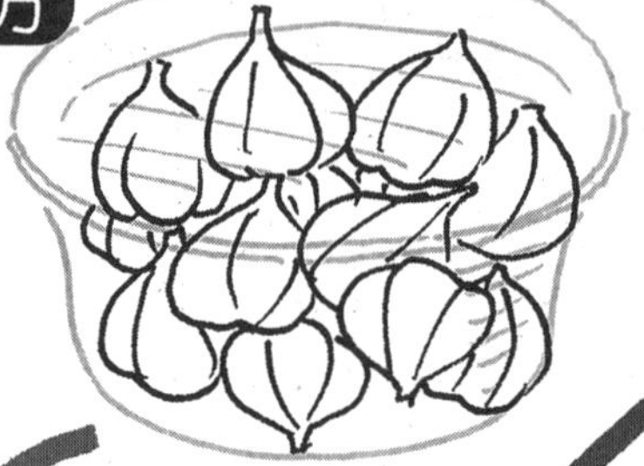

ニンニクを水につけ（6時間くらい）1片ずつ離してから皮をむく

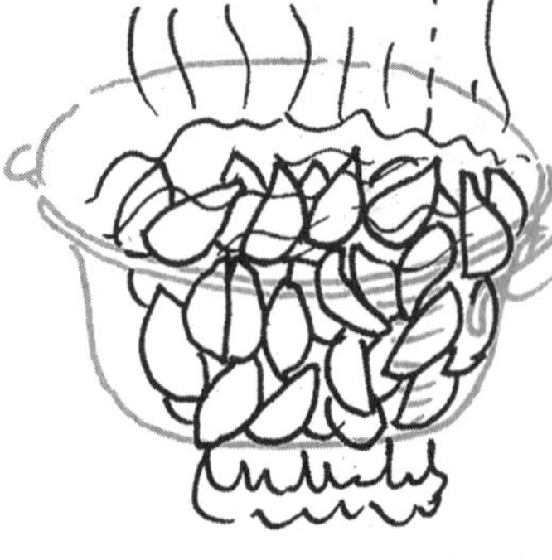

さっと熱湯をとおす

ゆでる時，時間をかけず手早く処理すること

壱岐のお母さんたち
中山鶴・大久保智子

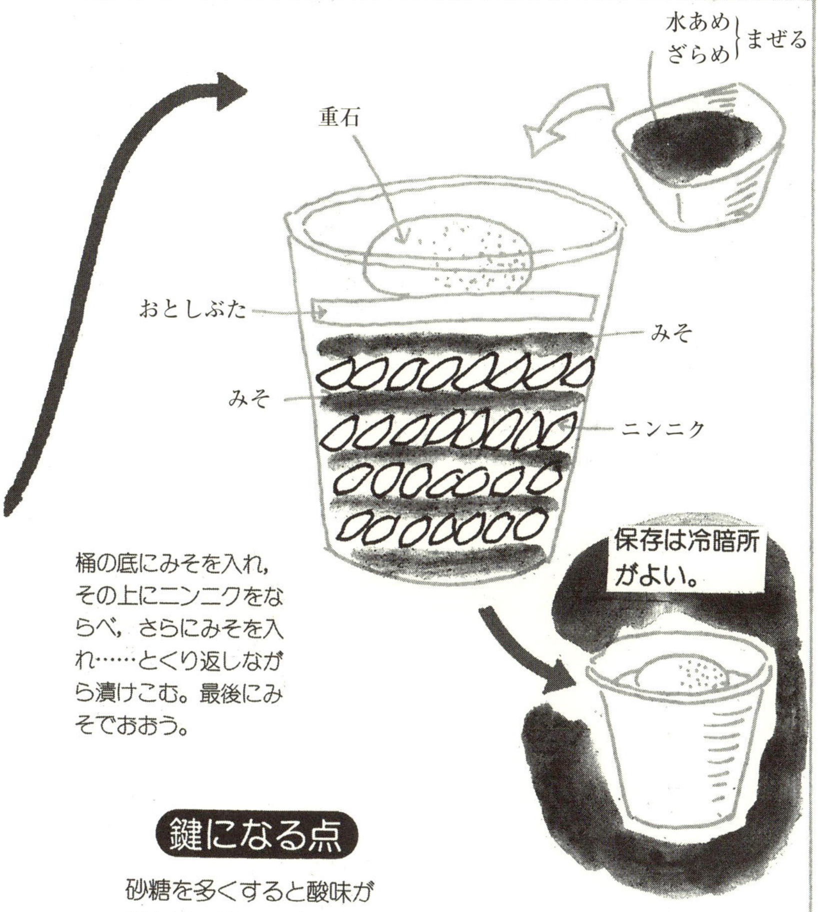
水あめ
ざらめ
まぜる
重石
おとしぶた
みそ
みそ
ニンニク
保存は冷暗所がよい。

桶の底にみそを入れ，その上にニンニクをならべ，さらにみそを入れ……とくり返しながら漬けこむ。最後にみそでおおう。

鍵になる点

砂糖を多くすると酸味がでたり，歯切れが悪くなる。

漬けこんで３ヵ月で食べられるが，半年もおくとくさみもとれる。

長崎

わかめの茎の味噌漬け

わかめの収穫は春の仕事。出荷するために調整をすると茎が残る。壱岐ではこの茎を天日でカラカラに乾燥して保存してきた。これを味噌漬けにして食べる工夫をしてみたのが、これから紹介するわかめの茎の味噌漬け。最近は乾燥すると色が黒くなってしまうので、塩漬けしたものを塩抜きして使うことも多い。

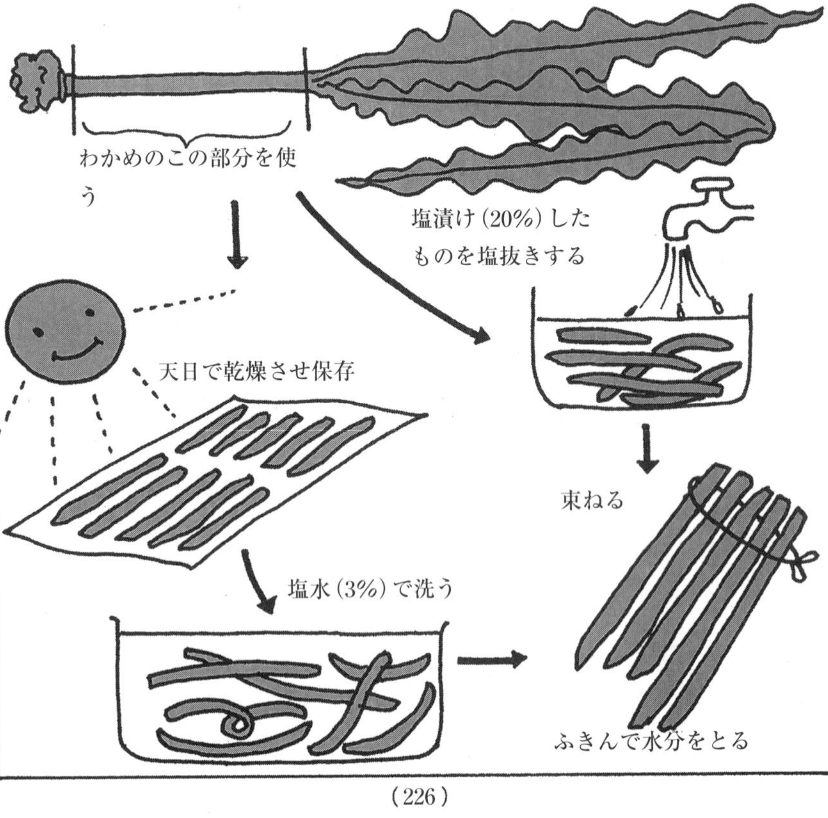
わかめのこの部分を使う
塩漬け（20%）したものを塩抜きする
天日で乾燥させ保存
束ねる
塩水（3%）で洗う
ふきんで水分をとる

中山鶴
大久保智子

〈材料〉

わかめの茎（乾燥）—2kg
味噌 ——10kg
水あめ ——500g
ザラメ ——300g

食べ頃は漬け込みから1～3カ月頃まで。
その日のうちに食べられるよう10cmぐらいに切って出すとよい。

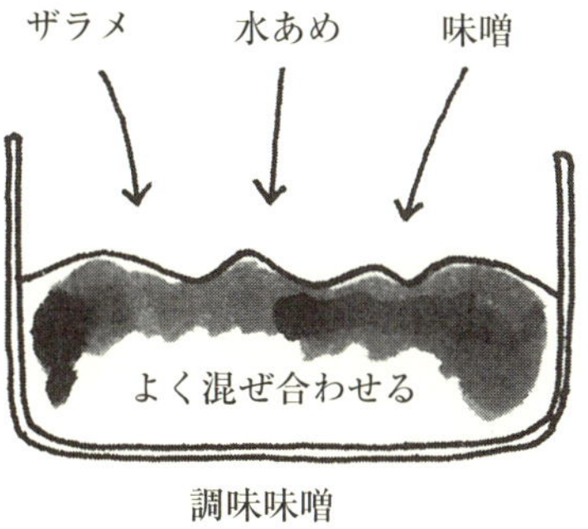
ザラメ
水あめ
味噌
よく混ぜ合わせる
調味味噌

仕込み方

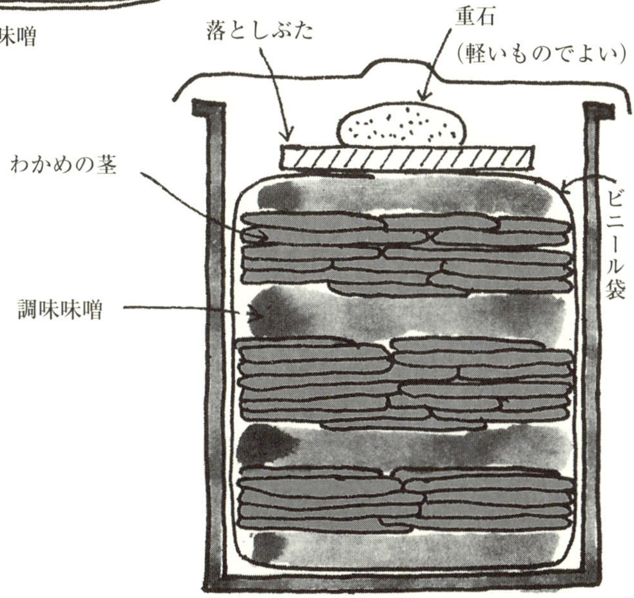
落としぶた
重石
(軽いものでよい)
わかめの茎
調味味噌
ビニール袋

熊本　高菜漬け

洗わないで漬ける

♥庭の桜の花びらがちらほらと舞い落ちて，タカナの葉と葉の間に１，２枚みつかったころが私のタカナを漬ける時期。

♥当地は九州も南で夏場の漬物は塩を多く使ってしまいます。しかし塩からいのはおいしくありませんから，塩を少なめにして味をよくし，長持ちできないかと考えました。

♥では，私の考えだしたおいしい漬物をつくるコツを紹介しましょう。

洗わないで漬けるので消毒はしません。雨降りの後でお天気のよい日に収穫します

屋根に２時間くらいほして，しなやかになったら塩をふりかけてもみます

葉で茎を保護

漬け直しはしません。樽の中にすき間がないように並べます。１本の切り口をもう１本の葉先でくるんで漬けるようにします。こうすると，悪くなっても茎は葉に守られてきれいです。

葉の先は家畜のエサにもできますが，切り取らずに漬けます。葉は大きくなりますので切り取る人もいますが，まるごと漬けたほうがよい。

郡　佐和子

重石は重すぎず軽すぎず

重石は軽いと水っぽくなるし，重すぎてもよくありません。置く場所はできるだけ涼しいところに

水をためない

水が上がってきたら全部捨てます

重石をしたままくみとってから，専用のタオルで吸いとります。上のほうに常に水がないように

中ブタをきれいにふき，その上に和紙か白布をおき，ナイロンの風呂敷をかぶせて粘土をすき間なくひろげます。粘土は塩を少し混ぜてやわらかに。漬物が外気にふれず色と味がかわりません

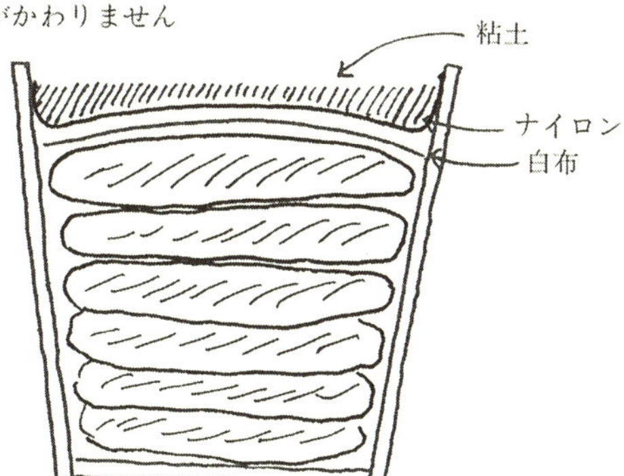

冬まで保存するには

タクアンの味をかえず長もちさせる法

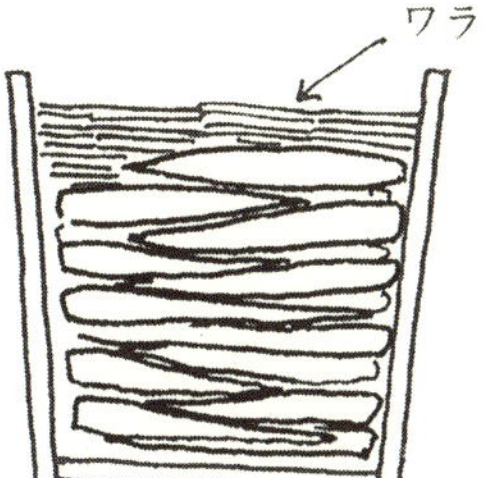

きれいに洗ったワラを桶の大きさに切って，塩をふりかけ少し厚めに上にのせます。へこんできたら，その部分にワラを足します。

熊本

五木村の豆腐の味噌漬け

材　料

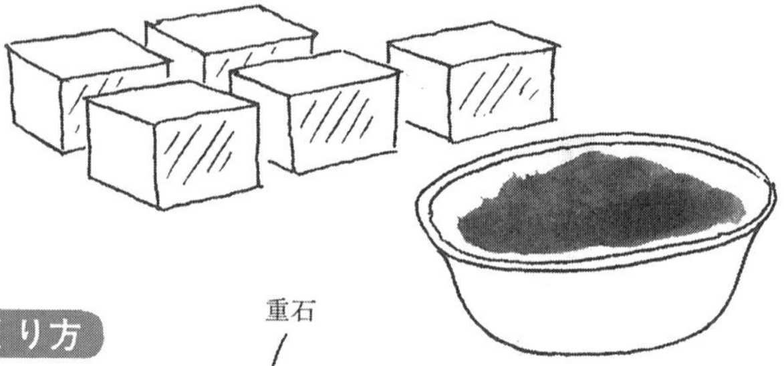
かためにつくった豆腐(大)5丁
麦味噌
5 kg

つくり方

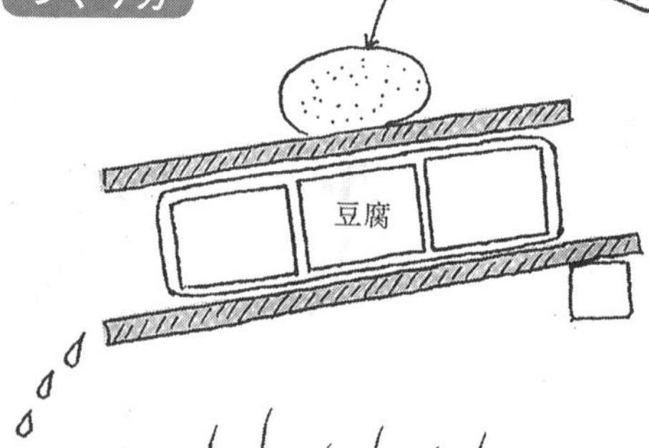
重石
豆腐

❶布巾に包み重石をかけて水気を切る。

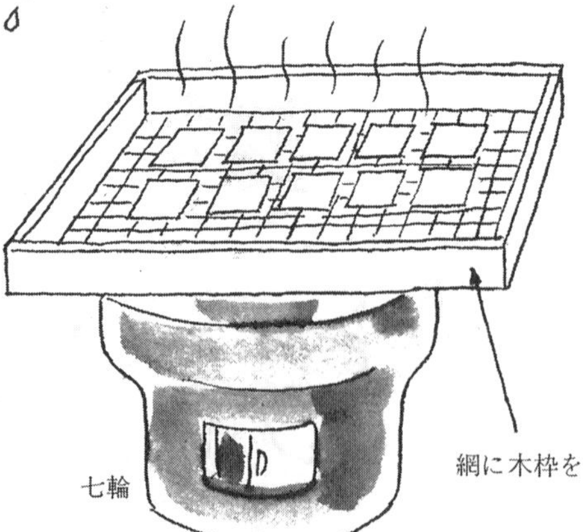
網に木枠をつけると便利
七輪

❷4つ切りにし焼き網にのせ，炭火でこがさないようゆっくり返しながらあぶる(5時間くらい)。

豊永京子

交通の不便な山間地の熊本県五木村では，豆腐は味噌，醤油とともにどこの家でもつくり，貴重なタンパク源でもあった。多めにつくっては味噌漬にし，保存食として常時貯えられていた。しかし近年は交通の便がよくなり，他の食品が容易に入手できるためか，つくる人がめっきり少なくなった。

ところが最近また，ふるさとの味として見直され，酒の肴や土産物として静かな人気を呼んでいる。わざわざ譲ってほしいと訪れる人も少なくない。家によって堅づくりのものと柔らかいものとがあり，それぞれの味わいがある。また漬け込む味噌の味によって一味ちがうところが手前味噌ならぬ〝手前豆腐の味噌漬〟となる。

味噌の酵母によって分解された豆腐のタンパク質の旨味と風味が「チーズのようだ」「ウニのようだ」ともいわれ，酒客に珍重されている。もちろん，ご飯のおかずによし，お茶うけにもよし。

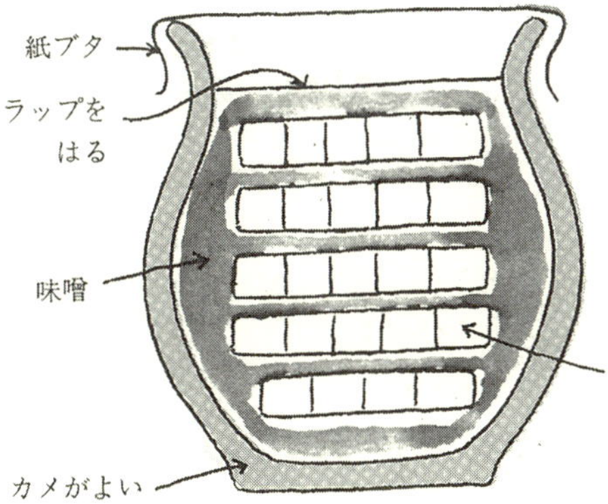

❸味噌床に段々に重ねて漬け込む。

注）このときあとで豆腐に味噌の色がついて見分けにくくなるので，ガーゼか布巾で一段ごとに包んで漬けると取り出しやすい。

❹２カ月以上たち，べっこう色になったら，洗わずに味噌を落として薄切りにして食べる。

大分　きゅうりの粕漬け

いま私たちの村では、若い人たちの手でピーマンやコショウ、きゅうりなどが栽培されています。きゅうり栽培農家で出荷できないきゅうりが毎日出るので、それをいただいて酒かす漬にしました。畑からのもぎたての野菜で漬ける喜びを文字通り味わっています。

〈材料〉

きゅうり――10kg
酒かす――5kg
砂糖――2kg
塩――400g
焼酎――カップ1杯
調味料――少々

❶ きゅうりは丸ごと大きいボールで水にさらす。

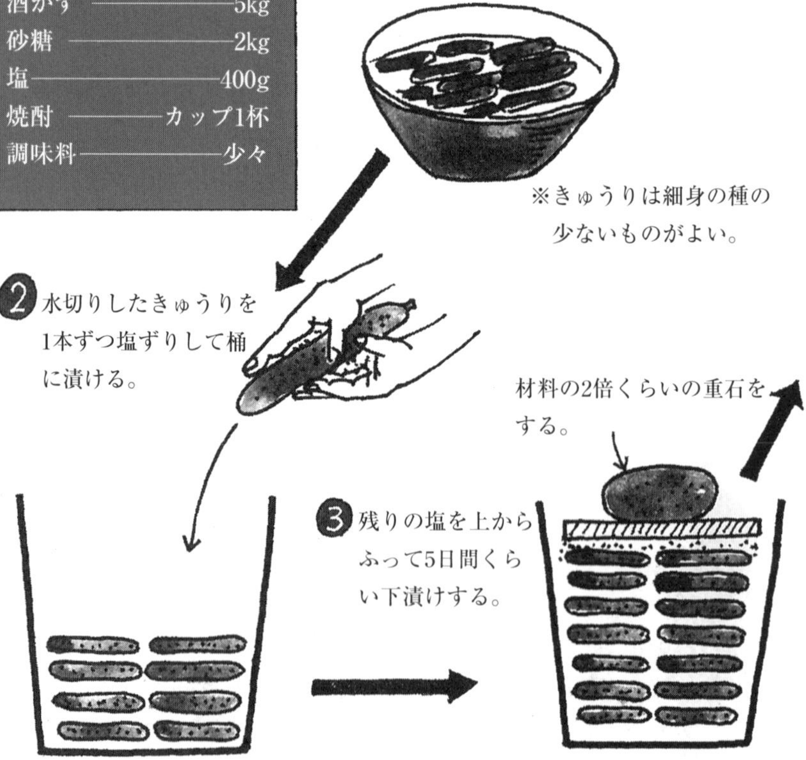

※きゅうりは細身の種の少ないものがよい。

❷ 水切りしたきゅうりを1本ずつ塩ずりして桶に漬ける。

材料の2倍くらいの重石をする。

❸ 残りの塩を上からふって5日間くらい下漬けする。

音成好子

④下漬けしたきゅうりを
塩抜きしないで、ばら
（竹製の干し器）に
1本ずつ並べる。

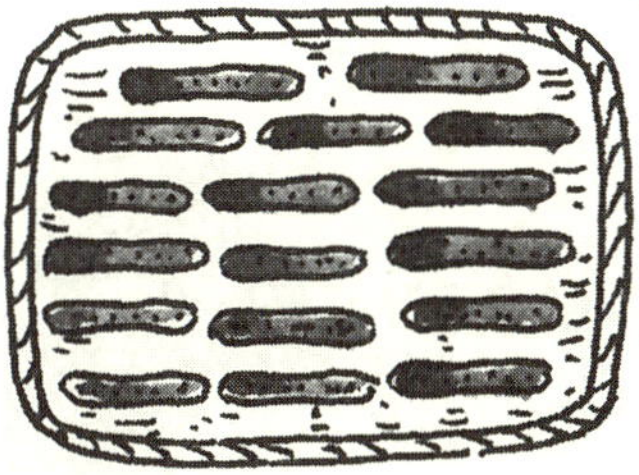

汁気のとれるくらい天日で干す。
長く干すと固くなる。好みで。

⑤酒かすを大きなボールに出して、砂糖・調味料を入れ、焼酎でのばしてやわらかくなるまでよく練る。

⑦かすの香りが抜けないように袋の口をしっかり結び、その上に塩を少しふって押しぶたをする。軽い重石をのせて、紙でおおってふたをし、冷暗所に保存する。

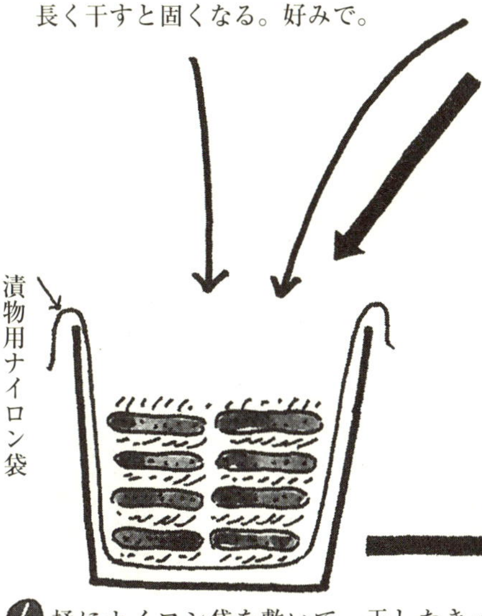

⑥桶にナイロン袋を敷いて、干したきゅうりとかすを交互に漬け込む。小さいきゅうりならそのまま混ぜてもよい。

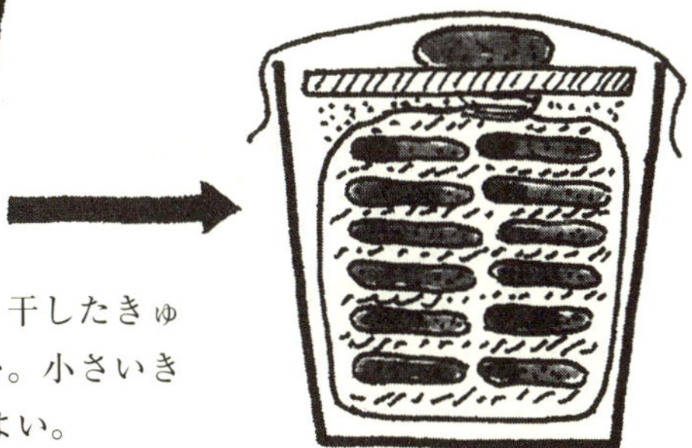

1カ月くらいで食べられる。

大分　干ししいたけのからし漬け

水あめを加えることで、照りが出て、おいしくなります。
少し甘いなと思ったら適当に調えてください。男の人たちのお酒の肴にも喜ばれています。

〈材料〉

	干ししいたけ	200g
	からし粉	40g
※	さとう	140g
※	水あめ	120g
※	塩	30g
※	みりん	12cc
※	酢	50cc

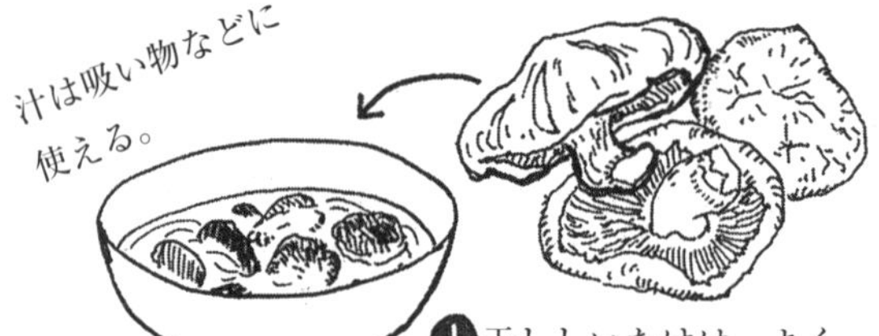

汁は吸い物などに
使える。

❶干ししいたけは、よく洗ってから水につけてもどす。

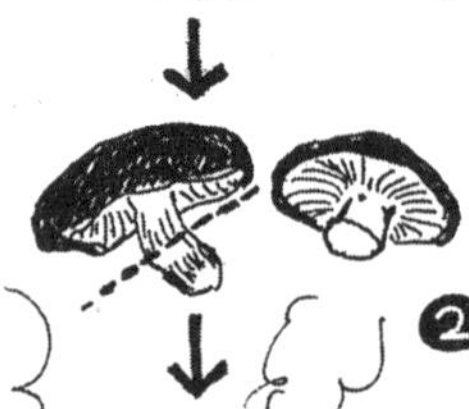

❷石づきをとり、蒸し器で15分蒸す。

❸蒸したら水気をしぼって冷ましておく。

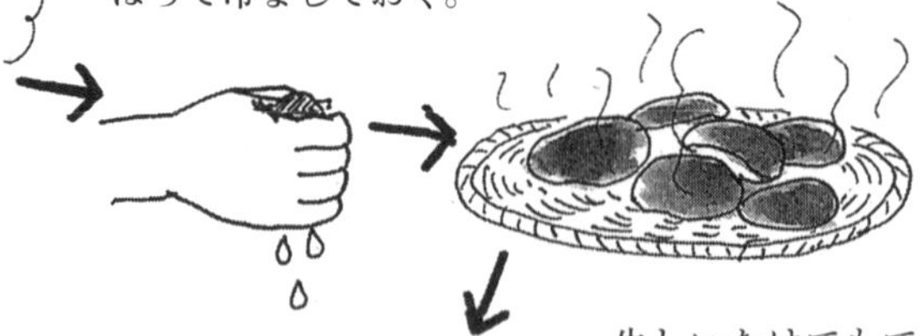

❹冷ましたら１口大に切る。

小さいしいたけを用意しておくと、都合がよい。

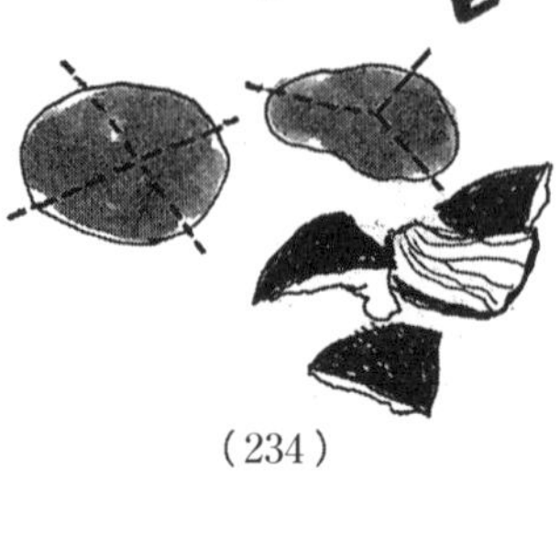

生しいたけでもできる。量は干ししいたけをもどしたときと同じくらいにする。

後藤イツ子

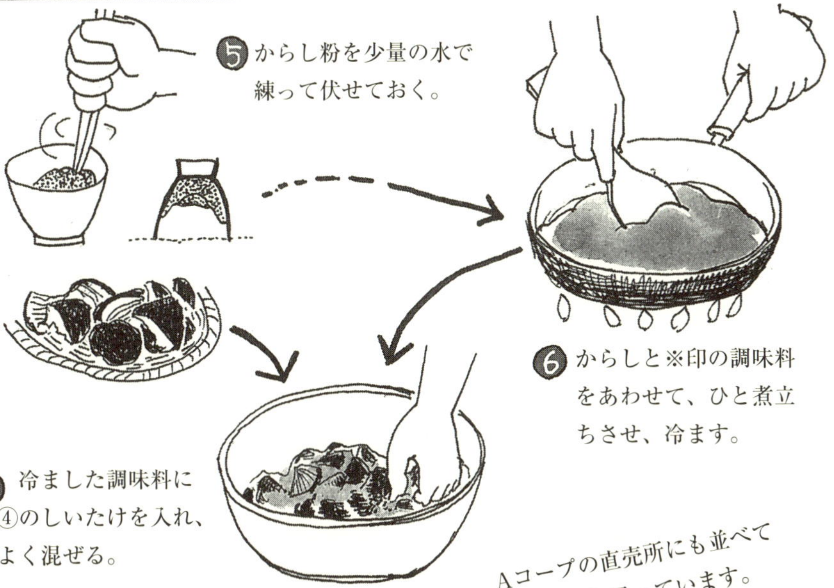

❺からし粉を少量の水で
練って伏せておく。

❻からしと※印の調味料
をあわせて、ひと煮立
ちさせ、冷ます。

❼ 冷ました調味料に
④のしいたけを入れ、
よく混ぜる。

Aコープの直売所にも並べて
みたいなと思っています。

合えもののようにすぐ食べられるし、漬け込んで味をなじませるとさらにおいしい。冷蔵庫に入れて保存すれば、1年以上食べられる。

宮崎

きゅうりの福神漬け

材　料

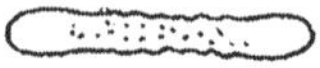
塩漬けキュウリ　1 kg

トウガラシ　少々

しょうゆ　360cc

ショウガ　30 g

水あめ　30 g

シソの実(塩漬け)　少々

砂糖　160g

食酢　40cc

焼酎　18cc

つくり方

①塩抜き

水を時々替えながら水にさらして，塩抜きをする。

②きざむ

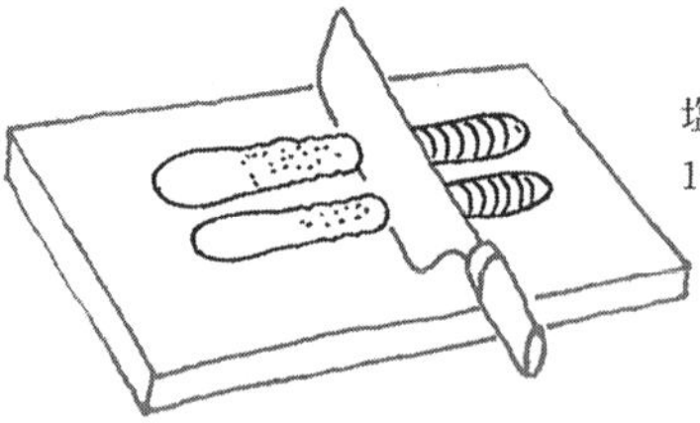

塩抜きしたキュウリを1～1.5cmの厚さに切る。

③しぼる

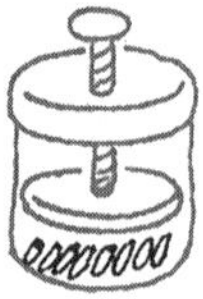

キュウリを入れる。

ネジをしめてさかさにする。

即席の漬け物器を利用してしぼる。時々ネジをしめこみながら水気を切る。

※布袋に入れて、かたく絞ってもよいです。

宮崎農業改良普及所

④調味液をつくる

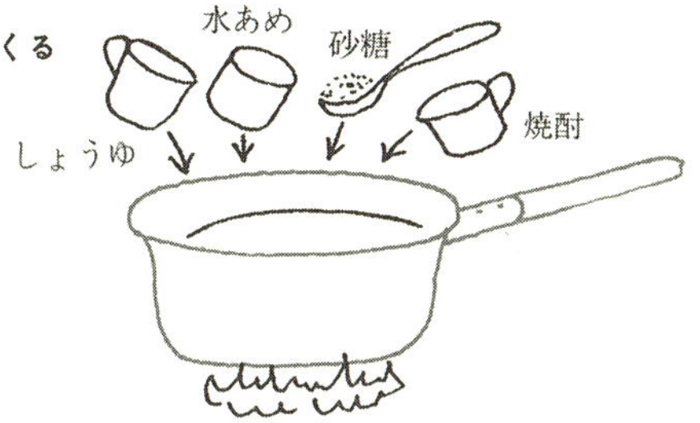

水あめ
砂糖
焼酎
しょうゆ

調味料を合わせて火にかける。
酢はあとから入れる。

⑤キュウリと調味液，薬味を合わせる

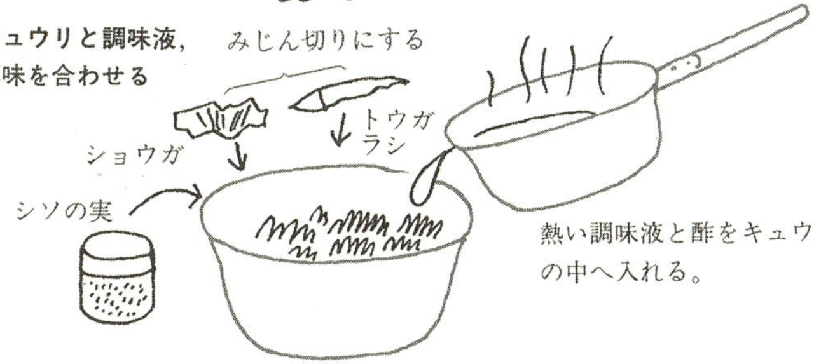

みじん切りにする
トウガラシ
ショウガ
シソの実

熱い調味液と酢をキュウリの中へ入れる。

⑥保存

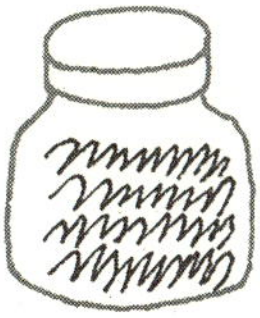

コーヒーやジャムの消毒した空ビンに入れて冷蔵保存する。

塩漬けキュウリ

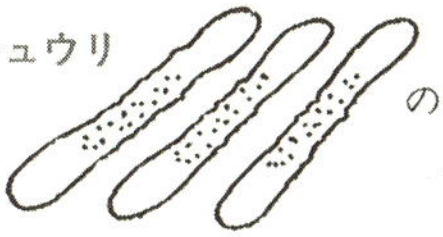

の短期漬けは５～６％の塩で
長期漬けは17～18％の塩で

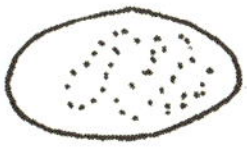

重石は材料の２倍くらい

シソの実の塩漬け

シソの実(生)１カップに塩１／４カップ
実のとりごろはシソの穂先１／３くらいに花の残っているころ

鹿児島

大根の梅酢漬け にがごいの味噌漬け

さっぱりしておいしいうえに、色がとてもきれいです。たえず少しずつつくっておきます。

材料

大根
梅酢
塩

①生の大根を花形に切る。

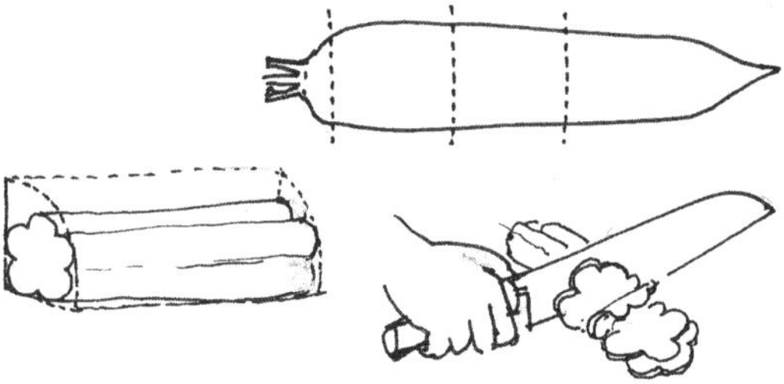

②塩をして、しばらくおいて水切りする。

③梅酢に漬ける。

一夜漬けていどにして食べる。

兒玉昌子
鶴田イツ子

ほろ苦いので子どもたちは食べないが、大人のお茶うけには
おいしい。

材料

にがうり

味噌

①にがごい（にがうり）を縦二つに割り、種とワタをとり出す。

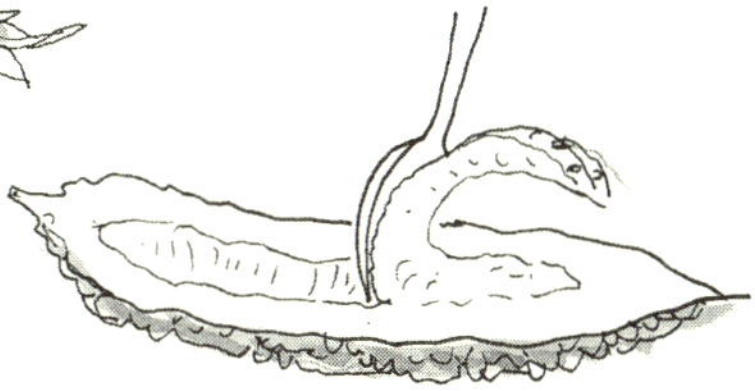

②２～３時間、日に干す。

③味噌に漬ける。翌日くらいから食べられる。

沖縄

パパイヤの辛味漬け

パパイヤは古くから産後の体力回復や、母乳の出をよくしたり、心臓病をはじめ内臓の疾患に効果があるとされています。

果物としてだけではなく、熟しないうちは野菜として、沖縄では重要な作物です。チャンプルーとして炒めたり、肉といっしょに煮込んだりするほかに、漬け物もおいしいです。

〈材料〉

パパイヤ ――――15kg
しいたけ――――200g
きくらげ――――400g
しょうが――――150g
ごま油 ――――1カップ
トウガラシ ――――10本

〈調味液〉

しょうゆ ――――3 ℓ
砂糖 ――――2kg
酒 ――――2カップ
酢 ――――2カップ

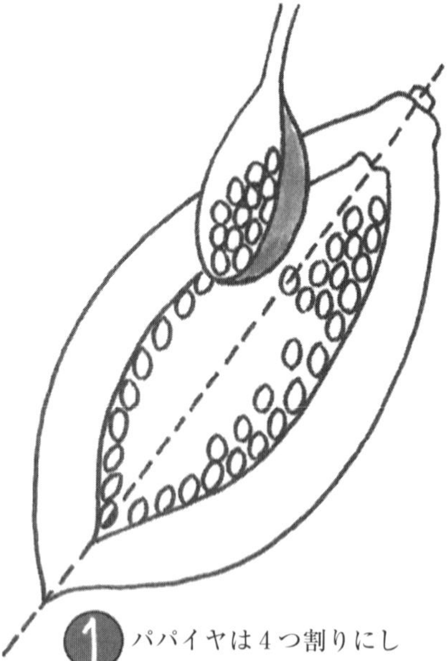

1 パパイヤは4つ割りにしスプーンでタネをとる。

仲田静子
島袋律子

沸騰した湯に塩を落とし、約３分間湯通しして、冷ます。

3 スライサーか包丁で、うす切りにする。

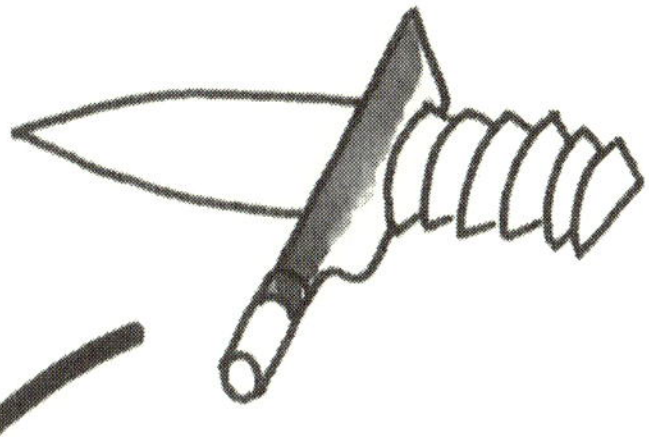

4 水にもどして、せん切り。

6 厚鍋にごま油を熱して、トウガラシ、しょうが、ニンニクを入れる。さらにしいたけ、きくらげ、パパイヤを入れ、調味液を加えて沸騰させて、５〜10分煮る。
ビン詰めにして殺菌すれば１年は保存できる。

5

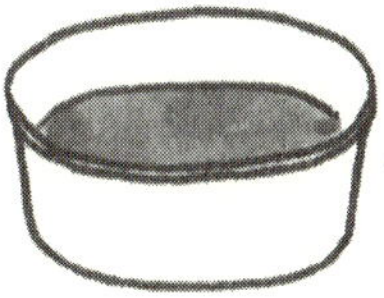

沖縄

ゴーヤーの甘酢漬け

沖縄の代表的な野菜といえばニガウリ。方言でゴーヤーとよばれ親しまれています。ゴーヤー独特の苦みには、食欲を増進させる働きがあり、夏バテ、食欲不振の方にもお奨めしたいものです。甘酢漬けにして、お茶うけに出すのもステキですね。

〈材料〉

ゴーヤー	1kg
荒漬	水10カップ
	塩2カップ
仮漬	砂糖50g
本漬	酢1カップ
	水 $\frac{1}{2}$ カップ
	砂糖600g

① ゴーヤーは縦2つ割りにして、たねを取り除き、長さ4cmの短冊切りにします。

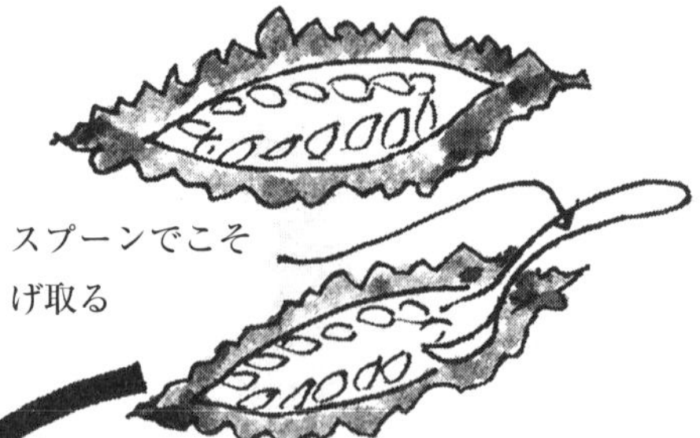

② 青い色をのこすためにたて塩（塩水）を作って①を漬け込み、おとしぶたをして1〜2日荒漬けします。

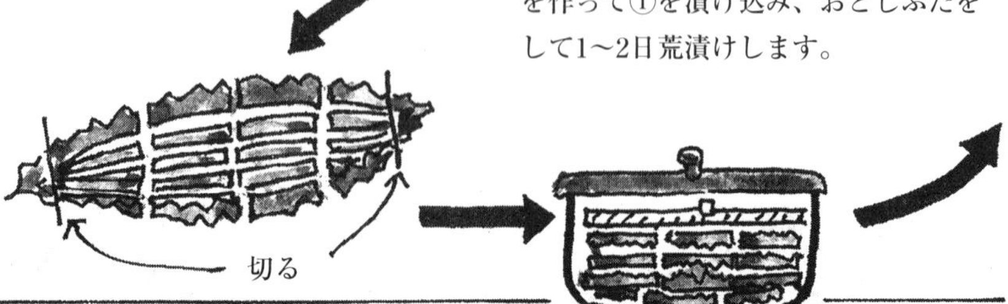

比嘉つや子
外間初恵

3 ②を脱水（水切り）して、砂糖を加えて1晩仮漬けします。
おとしぶたは荒漬けのときの半分くらいの重さです。

4 本漬用の液をまぜて火にかけ、よくさましておきます。

5 脱水（水切り）したゴーヤーを消毒した容器に入れて、漬液を注ぎこむ。
だいたい1週間ほどで食べられるようになる。

図解　漬け物お国めぐり　春夏編

2002年３月31日　第１刷発行
2014年７月31日　第11刷発行
編集　農山漁村文化協会

発行所　一般社団法人　農山漁村文化協会
郵便番号　107-8668　東京都港区赤坂７丁目6―1
電話　03(3585)1141(営業)　03(3585)1145(編集)
FAX　03(3589)1387　振替　00120-3-144478
URL http://www.ruralnet.or.jp/

ISBN978-4-540-00242-7　印刷・製本／凸版印刷
〈検印廃止〉　定価はカバーに表示

農文協・図書案内

坂本廣子の家庭料理コツ事典
—忙しくても安心レシピ300—
坂本廣子著
1857円＋税

プロのまねはもうやめよう。家庭のごはんだからできる安全・カンタン・無駄なしのやり方がある。毎日のおかずから甘くないおやつに保存食まで。主婦が究めたレシピ三〇〇を野菜・魚・肉・乾物など素材別に紹介。

簡素な食事の本
—四季の味・いつもの味—
千葉道子著
1476円＋税

〈旬のもの〉〈時知らず〉〈保存食〉この三つの組合わせで、素材を生かし安価で簡単な食卓づくり。「だしのきいた薄味で素材が季節と持ち味を十分に出し切る」、をベースにすえた粗食でない簡素な食のシンプルライフ。

こんなにたくさん豆料理
—気軽につくっておいしく食べる—
浅田峰子著
1267円＋税

「豆は初めて」という人にも一から手ほどき。選び方、ゆで加減のカンどころから一度に作ってこまめに応用する飽きのこないレシピまで。大豆、小豆、金時、虎豆、そら豆、黒豆、えんどうほかお豆たっぷりのおかず満載。

もっと自由に野菜料理
—ふつうの野菜を楽しく食べる発見の味&定番の味—
池上保子著
1219円＋税

野菜を義務感で食べてもつまらない。意外な調理法との相性、新しい味つけ…キャベツ一個、大根一本あれば楽しみ方は無限大。野菜三二種の食べ方ガイド。コップ一杯の水でできるおひたしなど、台所の知恵もぎっしり。

もっと自由にお魚料理
—ぴちぴちぴったり発見の味&定番の味—
池上保子著
1314円＋税

いわし、あじ、さば、さけ、たら、まぐろ…。よく使う魚四〇種のおなじみの味からちょっと新しい一品まで手軽な食べ方百科。魚屋さんとスーパーの上手な利用法。冷解凍のコツ、モノグサ派の下ごしらえ法も。

農文協・図書案内

たのしい四季の漬物
小川敏男・三好英晃著
971円＋税

四季おりおりにとれる野菜や農産物の個性を生かした漬け方の実際を、親から子に伝えるようにわかりやすく解説。豊富な図解も心強い。一年を通じて豊かな食生活を約束するたのしい本。

健康食つけもの
—懐しくて新しい野菜の食べ方九九—
小川敏男著
1267円＋税

これからの漬け物は低塩、増酸、低甘味。野菜の良さはそのままに酸やビタミンを増やす。糠漬け、しば漬けから洋風、即席、栄養ちゃんこ漬けまで、懐しくて新しい野菜の食べ方九九。

家庭でつくるこだわり食品 2
—野　菜—
岩城由子著
1219円＋税

各種漬物一八〇種、ジャム、ふりかけ、ピクルス、干し野菜、粉末、七味トウガラシ、ジュース、ケチャップ、ヘチマコロンなど、野菜別に最高に美味しい手作り加工を図解で手ほどき。

食品加工シリーズ3
漬　物
—漬け方・売り方・施設のつくり方—
佐竹秀雄著
1524円＋税

味や品質にばらつきがない高品質な製品を周年加工販売するにはどうするか。加工のための品種選びから塩の働きの理論に基づく加工のやり方、販売の工夫まで、中小企業技術アドバイザーとしての長年の蓄積を全公開。

日本農書全集（第II期）52・農産加工3
漬物塩嘉言　豆腐集説　豆腐皮　麩口伝書　仕込帳　醤油仕込方之控　製塩録
佐藤常雄・江原絢子・籠谷直人・吉田元編
5714円＋税

江戸期の漬物六〇余種の漬け方のコツ、豆腐とゆばの作り方とその加工品、生麩の取り方と生麩をつかった各種の麩のつくり方を図解入りで説明。さらに、能登の製塩法、八丁味噌・うすくち醤油の製造の実態を詳述する。